# Aspectos Jurídicos dos
# CONTRATOS DE SEGURO

### Ano III

*Conselho Editorial*
André Luís Callegari
Carlos Alberto Molinaro
Daniel Francisco Mitidiero
Darci Guimarães Ribeiro
Draiton Gonzaga de Souza
Elaine Harzheim Macedo
Eugênio Facchini Neto
Giovani Agostini Saavedra
Ingo Wolfgang Sarlet
Jose Luis Bolzan de Morais
José Maria Rosa Tesheiner
Leandro Paulsen
Lenio Luiz Streck
Paulo Antônio Caliendo Velloso da Silveira

---

Dados Internacionais de Catalogação na Publicação (CIP)

A838    Aspectos jurídicos dos contratos de seguro / Adilson Neri Pereira ... [et al.];
Angélica Carlini; Pery Saraiva Neto (organizadores). – Porto Alegre:
Livraria do Advogado Editora, 2015.
221 p.; 23 cm. (Ano III)
ISBN 978-85-7348-960-6

1. Seguros – Direito. I. Costa, Alex Sandro M. da. II. Carlini, Angélica.
III. Saraiva Neto, Pery.

CDU 347.764
CDD 346.086

Índice para catálogo sistemático:
1. Seguros: Direito                347.764

(Bibliotecária responsável: Sabrina Leal Araujo – CRB 10/1507)

**Angélica Carlini
Pery Saraiva Neto**

(Organizadores)

# Aspectos Jurídicos dos CONTRATOS DE SEGURO
## Ano III

Adilson Neri Pereira
Alexandre Mourão Bueno da Silveira
Aluízio Barbosa
Ana Flávia Ribeiro Ferraz
André Tavares
Angélica Carlini
Bárbara Bassani de Souza
Camila Leal Calais
Caroline Emi Kimura
Claudio Ribas
Daniel Flores Carneiro Santos
Daniela Zidan
Diego Filipe Casseb
Diego Nunes
Eduardo Damato
Eduardo Della Giustina Martins
Eduardo Rodrigues Silva
Elisângela Lima dos Santos Borges
Hilton Gomes dos Santos
Isabel Valeska Pinheiro de Lima
Ivy Cassa
João Felez
José Carlos Van Cleef de Almeida Santos
Luciana Gil Ferreira
Luís Antônio Giampaulo Sarro
Marcelo Barreto Leal
Mariana Ferraz Menescal
Mario de Queiroz Barbosa Neto
Nathália Suarti Gallinari
Pery Saraiva Neto
Shana Araujo de Almeida
Thais Helena dos Santos Cordioli
Thais Scavasin de Moraes Polla
Thiago Moutinho Ramos
Thyago Didini
Vivien Lys Porto Ferreira da Silva

livraria DO ADVOGADO editora

Porto Alegre, 2015

© dos Autores, 2015

*Capa, projeto gráfico e diagramação*
Livraria do Advogado Editora

*Revisão*
Rosane Marques Borba

Direitos desta edição reservados por
**Livraria do Advogado Editora Ltda.**
Rua Riachuelo, 1300
90010-273  Porto Alegre  RS
Fone/fax: 0800-51-7522
editora@livrariadoadvogado.com.br
www.doadvogado.com.br

Impresso no Brasil / Printed in Brazil

# Prefácio

Escribir un libro no es una tarea sencilla. Muchas ideas cruzan por la mente a la hora de imaginar que las palabras que uno plasme en el papel tomarán vida propia y pasarán a ser juzgadas por los lectores.

Elaborar un libro colectivo, es aún más desafiante, pues constituye una demostración, no solo de la pluma de un autor, sino del valor que otorga a una obra el intercambio inteligente de ideas.

Si a esto le sumamos, como es el caso en este libro, que la obra colectiva es fruto del esfuerzo conjunto de grupos de trabajo, de un verdadero trabajo en equipo, por parte de destacados profesionales apasionados por el Derecho de Seguros, la obra adquiere un valor muy especial.

Es por eso que redactar el Prefacio de este libro, fruto del esfuerzo colectivo de los grupos de trabajo, nacionales y regionales, de AIDA Brasil, constituye para mí una enorme satisfacción.

Sabido es que la Sección brasileña es altamente destacada dentro de nuestra estimada organización CILA, Comité Ibero-Latinoamericano de AIDA, que hoy tengo el honor de presidir.

En particular es una sección por la que personalmente siento una gran estima pues no solo conozco la valía de los colegas que la integran, sino que además reconozco el trabajo conjunto, organizado, que la Sección brasileña realiza.

Justamente, muchos de estos valiosos colegas son los que componen el elenco de autores que convergen en este libro, y el trabajo en equipo fluye en esta obra por ser producto de los grupos de trabajo.

Temas relacionados al seguro de salud, al seguro de responsabilidad civil, al seguro medioambiental, al seguro de garantía, al seguro automotor, al sistema previsional privado, aspectos procesales relevantes, la cuestión del pago al tercero y la acción directa, el costo y el premio del contrato, son solo algunos de los temas que esta obra nos presenta e invita a profundizar.

El contrato de seguros no es un contrato simple; muy por el contrario es un contrato con rasgos distintivos, propios, que lo destacan por ser un acuerdo de ejecución continuada, esencialmente de buena fe, en su generalidad de adhesión y con profundas bases técnicas, estadísticas y actuariales, que se reflejan en sus cláusulas contractuales.

Si a ello le agregamos la complejidad en la evaluación de los riesgos, a fin de tornarlos asegurables, en especial de aquellos aún en análisis como ser los emergentes de las nuevas tecnologías, o los aspectos que el seguro debe analizar en torno al interés asegurable en las distintas coberturas, el contrato de seguros se aleja cada vez más de ser un contrato tradicional.

Esto hace que deba ser objeto de constante estudio, entre otros aspectos, a efectos de poder evaluar periódicamente el debido equilibrio que el contrato debe suponer para las partes.

Los desvíos en materia de seguros suelen tener consecuencias mayores que pueden afectar tanto al consumidor-asegurado como a la colectividad de asegurados, por ser, el seguro, un contrato basado en la solidaridad de los riesgos. Asimismo, un desequilibro contractual puede afectar a la empresa aseguradora y por ende, también a la mutualidad de asegurados.

Otro aspecto bien específico del contrato de seguros, sin dudas, este de la mutualidad y la solidaridad de los riesgos.

No resulta sencillo a veces, para quienes no son especialistas en Derecho de Seguros, comprender cómo el seguro se encarga de repartir entre un gran número de personas expuestas a un riesgo de la misma especie, las pérdidas o daños que sufren aquellos para los que el riesgo acontece, o sea se convierte en siniestro.

Sin embargo, es justamente en este aspecto de la distribución de los riesgos y sus efectos sobre la mutualidad, en el que se centran y por lo que son objeto de estudio, trascendentes temas del contrato de seguros como la agravación del riesgo, la reticencia o falsa declaración, el fraude, entre muchos otros.

Por lo antedicho, el análisis serio de la temática relacionada al contrato de seguros, debe suponer un trabajo multidisciplinario y de investigación, donde el intercambio de ideas debe primar.

Por esto, la tarea en el ambiente colectivo de los grupos de trabajo especializados, resulta una metodología ideal para profundizar en este complejo contrato.

Por otro lado, el contrato de seguros, debido a su propia complejidad, suele atravesar situaciones problemáticas que deben ser resueltas a nivel judicial y por eso resulta esencial el estudio profundo de su problemática, así como el involucramiento, en dicho análisis, de todos quienes participan en estas instancias, entre otros, magistrados y abogados.

Por lo pronto, esta introducción tiene como finalidad esencial anticipar las bondades e importancia de esta obra, así como animar a los grupos de trabajo, nacionales y regionales, de la Sección brasileña, a continuar con su excelente tarea.

Asimismo, convocar a todos los colegas a compartir la labor de CILA y de AIDA, donde también existen grupos de trabajo internacionales e Ibero-Latinoamericanos. Creemos que el trabajo nacional ya realizado bien merece lograr una proyección a escala internacional que lo haga mayormente visible.

Felicito pues, a los autores, a todos los integrantes del los grupos de trabajo nacionales y regionales de AIDA Brasil, y a la Sección brasileña toda, en la persona de su actual Presidenta Dra. Angélica Carlini, apoyando con vehemencia el trabajo que desempeñan e invitándolos a perseverar en el trabajo colectivo de estudio e investigación que es el único medio para profundizar con seriedad en el contrato de seguros.

Por último, lo esencial, agradecer la amable invitación a participar en la obra con este Prefacio cuya redacción, reitero, resulta para mí una gran satisfacción.

*Dra. Andrea Signorino Barbat*
Presidenta de CILA – Comité Ibero-Latinoamericano de AIDA
Montevidéu, Diciembre/2014

# Sumário

Apresentação..................................................................................................11

I – Algumas reflexões sobre a judicialização da saúde pública e privada no Brasil
*Angélica Carlini*..............................................................................................13

II – Notas sobre o reajuste do prêmio do contrato de seguro saúde em função da idade
*José Carlos Van Cleef de Almeida Santos e Mario de Queiroz Barbosa Neto*...............19

III – Custo de apólice: questões controvertidas
*André Tavares*................................................................................................47

IV – Destinação dos recursos de planos de previdência privada em caso de separação matrimonial
*Ana Flávia Ribeiro Ferraz, Diego Filipe Casseb, Elisângela Lima dos Santos Borges, Isabel Valeska Pinheiro de Lima, Ivy Cassa e Marcelo Barreto Leal*............................59

V – A nova dinâmica regulatória da comercialização de seguros
*Aluízio Barbosa, Camila Leal Calais, Daniel Flores Carneiro Santos, Daniela Zidan, Diego Nunes, Eduardo Damato, Mariana Ferraz Menescal, Shana Araujo de Almeida, Thiago Moutinho Ramos e Vivien Lys Porto Ferreira da Silva*..................................76

VI – Do papel do órgão regulador e fiscalizador
*Diego Nunes*..................................................................................................91

VII – O seguro ambiental como ferramenta de gerenciamento de áreas contaminadas
*Nathália Suarti Gallinari e Pery Saraiva Neto*......................................................99

VIII – O *pool* de cosseguro no âmbito dos riscos ambientais: advertências e vantagens
*Pery Saraiva Neto e Luciana Gil Ferreira*..........................................................115

IX – Contrato de seguro de responsabilidade civil: o debate sobre a possibilidade de cobertura em relação à indenização punitiva e a polêmica jurídica envolvendo o art. 13 da Circular 440/2012 da SUSEP
*Thyago Didini*..............................................................................................131

X – Seguro garantia modalidade garantia trabalhista
*Adilson Neri Pereira, Alexandre Mourão Bueno da Silveira, Caroline Emi Kimura, Hilton Gomes dos Santos, João Felez, Thais Helena dos Santos Cordioli e Thais Scavasin de Moraes Polla*..........................................................................167

XI – O Incidente de Resolução de Demandas Repetitivas no substitutivo da Câmara dos Deputados ao Projeto de Lei de novo Código de Processo Civil e suas implicações no mercado de seguros
*Luís Antônio Giampaulo Sarro, Claudio Ribas e Bárbara Bassani de Souza*............187

XII – Regularização dos desmontes de veículos: análise dos benefícios para a sociedade e para o mercado securitário
*Eduardo Della Giustina Martins e Eduardo Rodrigues Silva*................................211

# Apresentação

A seção brasileira da Associação Internacional de Direito do Seguro cumpre mais uma vez a agradável tarefa de entregar ao setor de seguros sua nova obra coletiva, fruto do trabalho sistemático de seus Grupos Nacionais e Regionais de Trabalho.

Na atualidade, são 13 Grupos Nacionais e 2 Grupos Regionais que se reúnem com assiduidade para pesquisar e debater temas relevantes do cotidiano da atividade securitária, com o objetivo de contribuir para a expansão do conhecimento sobre seguro, matéria complexa e de grande relevância para a sociedade em todos os tempos.

Os grupos de trabalho da AIDA têm em sua composição advogados, técnicos, peritos, corretores de seguro, dentre outros profissionais, que constituem a diversidade necessária para que os temas sejam tratados de forma plural e profunda. Desse debate amadureceram os textos que compõem este trabalho.

A expectativa é contribuir para a ampliação do conhecimento em seguro e convidar a todos os interessados na matéria que participem dos Grupos de Trabalho da AIDA, para que eles possam ser cada vez mais um espaço de reflexão, pesquisa e construção do conhecimento na área de direito do seguro.

*Prof. Dra. Angélica Carlini*
*Prof. Ms. Pery Saraiva Neto*
Organizadores

# – I –
# Algumas reflexões sobre a judicialização da saúde pública e privada no Brasil[1]

## Angélica Carlini

Doutora em Direito Político e Econômico. Doutora em Educação. Mestre em Direito Civil e Mestre em História Contemporânea. Graduada em Direito pela PUC/SP. Docente do ensino superior na Universidade Paulista – UNIP e advogada militante na área de seguros. É presidente da seção brasileira da Associação Internacional de Direito do Seguro no biênio 2014-2016.

*Sumário*: 1. Introdução; 2. Responsabilidade e papel do médico; 3. O Judiciário na efetividade do direito fundamental à saúde; 4. Dimensão política e social das escolhas na saúde e do exercício do papel da sociedade politicamente organizada na definição das prioridades; 5. Conclusão.

### 1. Introdução

A judicialização dos contratos privados teve início a partir do final da década de 1990 quando ocorreu no Brasil significativo aumento das demandas judiciais para discussão de cláusulas contratuais (validade, objetividade, abusividade, entre outros), em especial nos contratos de saúde suplementar.

As principais razões desse fenômeno foram a Constituição Federal de 1988, o Código de Defesa do Consumidor, a Lei 9.656, de 1998 e, mais tarde o Código Civil de 2002. Esse novo arcabouço legal deu origem à chamada *constitucionalização do direito privado*, que em síntese significou a aplicação de princípios do Direito Constitucional, em especial da proteção da dignidade da pessoa humana às relações privadas.

Na área da saúde pública, a partir de metade da primeira década do século XXI, avolumaram os processos judiciais com objetivo de exigir a prestação da saúde por parte do Estado, e um pouco mais tarde por parte da saúde suplementar,

---

[1] Adaptação de palestra realizada no dia 22 de outubro de 2014, no II Fórum Juris Scientia, em São Paulo, organizado pela Associação Internacional de Direito do Seguro e pela Evidencia – Credibilidade Científica.

como *direito subjetivo exigido por um cidadão determinado para uma situação de vida específica.*

Esta reflexão tem três dimensões: a) A responsabilidade de quem pode do ponto de vista legal e do conhecimento científico dizer o que é saúde; b) O papel do Judiciário na efetividade de um direito fundamental para o qual lhe falta conhecimento técnico-teórico para avaliar a pertinência do pedido; e, c) A dimensão política e social das escolhas na saúde e o papel da sociedade politicamente organizada na definição das prioridades.

## 2. Responsabilidade e papel do médico

O conceito de saúde é até científico, mas sem dúvida, possui também dimensões históricas, sociais e econômicas. Antes de tudo, no entanto, é um conceito construído com exclusividade por médicos.

Ao longo da história no Brasil e no mundo, os médicos garantiram a exclusividade de dizer o que é saúde, o que é doença, o que é tratamento (e o que não é), e principalmente, como e quando deve ocorrer esse tratamento.

Por razões simples, ou seja, afastar a responsabilidade por eventual erro ou omissão, não inseriram o fator morte como um elemento do diálogo com o paciente, nem com a família e nem tampouco com a sociedade. Nessa medida, indiscutivelmente, contribuíram para fazer com que a morte se tornasse um assunto de difícil trato na sociedade brasileira contemporânea, em que pese nosso forte componente de religiosidade e de sincretismo religioso.

A luta da categoria foi para obter a exclusividade para definir saúde e doença e, com isso, afastar qualquer outra forma de tratamento, seja de curandeiros, pajés, pais de santo, benzedeiras, aplicadores de ventosas, sangradores, ou qualquer outro. Não apenas conseguiram a exclusividade como conseguiram a criminalização de práticas que não sejam aquelas definidas como as de medicina.

Até práticas legais como de enfermagem, fisioterapia, terapia ocupacional, farmácia, bioquímica, são integradas em uma categoria denominada *paramédicos* cuja denominação cumpre duas finalidades: demonstrar que não exercerão atividades médicas; e que se encontram subordinadas aos médicos.

O poder médico modificou o urbanismo das grandes cidades, afastou os doentes do convívio social, cooptou o Estado para apoiá-lo e para fazer tudo isso desenvolveu um espírito de corpo e de solidariedade que até hoje é significativo na sociedade contemporânea. Os estudos de História da Medicina e da Sociologia da Medicina são suficientes para demonstrar a veracidade do que aqui se afirma.[2]

---

[2] FOUCAULT. Michel. *Microfísica do Poder*. Rio de Janeiro: Graal, 1979. FREIDSON, Eliot. *Profissão Médica – Um Estudo de Sociologia do Conhecimento Aplicado*. São Paulo: Unesp. Porto Alegre: Editora do Sindicato dos Médicos, 2009.

Medicina é poder, como todo e qualquer conhecimento é poder. Mas no caso específico da medicina, é poder que determina utilização de verbas públicas e/ou privadas, sem que os médicos sejam instados pela lei ou pela sociedade a justificarem essa utilização.

O conhecimento médico dificilmente é questionado pela sociedade brasileira, salvo pelo próprio paciente quando requer uma *segunda opinião*. As decisões judiciais pesquisadas têm esse traço em comum: não discutem a validade da opinião médica, consideram-na sempre a mais adequada para o caso em debate.[3]

Hoje os próprios médicos começam a discutir, embora o debate ainda seja incipiente, a que ponto chegaram suas práticas.

Em 2012, na Resolução n. 1.995, chamada de Testamento Vital, nas considerações que justificam a adoção da medida, está escrito literalmente: "Considerando que os novos recursos tecnológicos permitem a adoção de medidas desproporcionais que prolongam o sofrimento do paciente em estado terminal, sem trazer benefícios, e que essas medidas podem ter sido antecipadamente rejeitadas pelo mesmo (....)".

Sem dúvida, é possível entender a partir da leitura dessa cláusula da Resolução n. 1.995, que os próprios médicos identificam que algumas práticas são desnecessárias e devem, sempre com autorização prévia do paciente ou da família, ser suprimidas para não prolongar inutilmente o sofrimento de todos.

Por fim, é preciso destacar que se estabeleceu entre alguns médicos um conflito de interesse com laboratórios farmacêuticos e fornecedores de equipamentos, próteses, órteses e materiais especiais. Essa relação complexa foi assumida pelo Conselho Federal de Medicina quando em 14 de fevereiro de 2012, assinou com a Associação da Indústria Farmacêutica de Pesquisa (Interfarma) um protocolo que estabeleceu bases para as boas práticas, em especial para limitar o custeio de viagens e brindes para médicos e acompanhantes, por parte da indústria farmacêutica.

O que é certo é que com todo o poder que possuem inclusive na liderança das equipes e dos hospitais, os médicos não são questionados sobre a utilização dos recursos públicos e/ou privados.

Definir a utilização dos recursos econômicos é atividade exercida com exclusividade pelos médicos, sem nenhuma cobrança social, sem nenhum diálogo com a sociedade e, por vezes, sequer com o próprio paciente.

---

[3] Súmulas do Tribunal de Justiça do Estado de São Paulo determinam que havendo expressa previsão médica não é necessário respeitar o rol da ANS e nem afastar o tratamento por se tratar de experimental (Súmula 102). No mesmo sentido, Súmula 95 para tratamento quimioterápico – basta a indicação médica).

## 3. O Judiciário na efetividade do direito fundamental à saúde

Qual o papel do Poder Judiciário na efetividade de um direito fundamental para o qual lhe falta conhecimento técnico-teórico para avaliar a pertinência do pedido?

Três aspectos devem ser considerados fundamentais para entender o novo papel dos magistrados na sociedade contemporânea:

a) A Constituição Federal e pouco mais tarde o Código de Defesa do Consumidor convocaram os magistrados a um labor mais intenso no estudo e aplicação da norma fundamental da dignidade da pessoa humana;

b) A complexidade da vida social e econômica a partir do final do século XX também proporcionou situações inovadoras, que exigiram do Poder Judiciário uma atividade maior até porque nem sempre se encontrava na lei a solução para o caso concreto que chegava aos Tribunais;

c) O desmonte dos *locus* de discussão política que haviam contribuído decisivamente para o retorno à democracia, como foi o caso dos movimentos sociais urbanos, do sindicalismo e dos partidos políticos em sua primeira fase de reconstrução. Com o passar do tempo, os movimentos sociais organizados refluem, e o diálogo político passa a ser exclusivo das forças legais (Legislativo, Executivo e agora, o Judiciário também).

O *ativismo judicial*, que neste trabalho é utilizado sem nenhuma conotação pejorativa, nasce no bojo desse momento histórico, político e social e tem uma enorme desvantagem em relação aos demais poderes republicanos: o legislador pode não legislar; o executivo pode não criar políticas públicas; mas o juiz não pode deixar de julgar o caso que lhe é apresentado.

Pode até demorar, mas tem que julgar!

O que preocupa em especial os juristas é a visão do senso comum social de que *a decisão judicial é que efetiva o processo democrático*, o que se constitui em uma evidente redução do sentido da política em nossa sociedade contemporânea.

O debate judicial é restrito, limitado pelas regras do processo, não é debate político em sentido amplo e nem tampouco é participação social cidadã. Além disso, no âmbito da saúde pública e também da saúde privada, a obtenção de uma decisão favorável é individual e não tem o condão de modificar práticas públicas e privadas e nem tampouco de definir políticas públicas.

O magistrado decide o caso concreto a partir de suas peculiaridades mas, ao mesmo tempo, sinaliza para toda a sociedade que situações análogas deverão merecer a mesma decisão. Com isso, efetiva os direitos da sociedade sem, no entanto, ser o responsável por definir de onde virão os recursos econômicos para que os direitos se concretizem.

Os orçamentos públicos, por inúmeras razões, mas também em decorrência das decisões judiciais, se tornaram peças secundárias quando, na verdade, são um importante instrumento de atuação política da sociedade que, a final, cumpre o dever de pagar tributos e não participa da discussão sobre a utilização desses volumosos recursos.

O Judiciário não pode continuar sendo o *locus* de definição das prioridades de saúde pública e também não pode deixar de julgar!

É preciso refletir sobre essa situação na busca de outros mecanismos públicos e dialéticos para a tomada de decisão sobre a construção do orçamento público.

Em outras palavras, decidir sobre as prioridades dos recursos de saúde pública não pode continuar sendo uma decisão judicial! A sociedade tem que participar desse debate de forma coletiva.

## 4. Dimensão política e social das escolhas na saúde e do exercício do papel da sociedade politicamente organizada na definição das prioridades

Nesta reflexão, vamos considerar duas possibilidades concretas:

a) **Núcleos de apoio técnico ao Judiciário** – que utilizem medicina baseada em evidencia, diretrizes clínicas e mecanismos de avaliação de incorporação de novas tecnologias.

Medicina Baseada em Evidências pode ser definido como a pesquisa sistemática realizada por meio de consulta a bancos de dados nacionais e internacionais a estudos científicos de grande credibilidade sobre o tema. Os dados encontrados são analisados e comparados, e o parecer sobre a conveniência da utilização daquele método no caso concreto que está sendo analisado estará alicerçado em dados científicos, o que vai além da experiência clínica do médico.

As Diretrizes Clínicas podem ser definidas como posicionamentos ou recomendações sistematicamente desenvolvidas por cientistas ou entidades médicas e de pesquisa, com o objetivo de orientar médicos e pacientes sobre cuidados apropriados e em circunstâncias clínicas específicas. Sugerem indicações, contraindicações, benefícios esperados, riscos, terapias e resultados em casos específicos.

Por fim, a Avaliação Tecnológica de Saúde é um subsídio técnico para mecanismos de regulação do ciclo de vida das tecnologias, em suas diferentes fases de existência. Conforme o Ministério da Saúde, ela compreende a análise da acurácia, da eficácia, segurança, efetividade, custo-atividade, custo-utilidade, impacto, equidade e ética.

b) **Núcleos de mediação**, nos moldes do proposto pela Resolução 125, do Conselho Nacional de Justiça.

Para efeito desta reflexão, foi considerada a MEDIAÇÃO não como ACORDO OU CONCILIAÇÃO, mas como o conceito de *desconstrução do conflito com uso de pressupostos de alteridade*.

Mediação como um exercício de ganha-ganha, e não como aquele acordo tradicional em que *alguém sempre perde,* já que no âmbito da saúde, da vida e no âmbito do direito fundamental perder é sempre *perder muito.*

Mediação é utilizado aqui como *empoderamento da parte* que vai poder colocar suas razões e argumentos, mas também como busca da *solução em coautoria*, aquela que seja o mais possível a representatividade da melhor compreensão das partes para seus problemas comuns.

O paradigma ético que vai conduzir essa modalidade de mediação é o cuidado com o outro, a responsabilidade, a tolerância, a consciência da nossa finitude material e da necessidade de agir para preservar a sustentabilidade dos sistemas público e privado de saúde, imprescindíveis para a sociedade em que vivemos.

## 5. Conclusão

Os Núcleos de Assistência Técnica são uma possibilidade de ampliação do conhecimento do magistrado para a fundamentação da decisão e ampliam o debate sobre a questão judicial levada a juízo.

Os Núcleos de Mediação também poderão cumprir esse importante papel de revitalizar o diálogo como prática política para a solução de conflitos, em especial para as situações em que não haja urgência ou emergência, como aquelas que cuidam de tratamento experimental, ou medicamentos *off label,* entre outra situações de saúde pública e privada.

É necessário recolocar a discussão da saúde pública no âmbito do coletivo e poupar o Judiciário de ter que realizar as escolhas trágicas e interferir tão diretamente no destino das verbas públicas que, ao fim e ao cabo, a todo a sociedade pertencem.

É preciso repensar a autonomia dos médicos na gestão dos orçamentos públicos e privados, sempre no sentido de que eles possuem responsabilidade pelo uso dos recursos públicos e privados oriundos de mutualidade.

E, por fim, é preciso que a sociedade brasileira amadureça para a realidade de que não é possível utilizar recursos finitos em sofrer as consequências de ameaça à sustentabilidade tanto do sistema público como do sistema privado.

A maturidade política da sociedade brasileira e de seus agentes públicos e privados é fundamental para que o impacto na sustentabilidade não seja altamente negativo para todos.

— II —

# Notas sobre o reajuste do prêmio do contrato de seguro saúde em função da idade

## José Carlos Van Cleef de Almeida Santos

Mestre e especialista em Direito Processual Civil pela PUC-SP. Especializando em Direito Marítimo e Portuário pela Universidade Católica de Santos. Professor da Pós-Graduação da Escola Paulista de Direito – EPD. Professor Assistente na PUC-SP. Membro do IBDP – Instituto Brasileiro de Direito Processual. Membro da AIDA BRASIL – Associação Internacional de Direito de Seguros.

## Mario de Queiroz Barbosa Neto

Especializando em Direito Processual Civil com ênfase em Direito Empresarial pelo Complexo Educacional Damásio de Jesus. Advogado.

*Sumário*: Apresentação; 1. Prolegômenos: as modalidades de seguro saúde e as regras de reajuste do prêmio; 2. A contraprestação do seguro saúde e o mutualismo; 3. Aleatoriedade e garantia da equivalência dos riscos: importante advertência; 4. A base objetiva do negócio jurídico; 5. O reajuste do prêmio em função da faixa etária: critério técnico e lícito; 6. Os contratos anteriores ao Estatuto do Idoso e o reajuste do prêmio em função da idade: recentíssima interpretação do Superior Tribunal de Justiça, que fixa tese jurídica em favor das melhores técnicas atuariais e securitárias; 7. Referências.

### Apresentação

O artigo aborda o reajuste do prêmio do contrato de seguro saúde por faixa etária. Explica-se a razão da existência dessa espécie de reajuste e, de modo geral, a técnica jurídica fundamenta a licitude de sua aplicação ao longo da execução do contrato. O artigo aborda, também, noções essenciais do contrato de seguro saúde, faz uma crítica à assimilação da natureza aleatória do contrato de seguro com a desproporção de riscos e procura demonstrar que a melhor maneira de proporcionalizar os riscos do contrato de seguro saúde em razão da idade do beneficiário é imputando-lhe a obrigação de contribuir com mais riquezas para o fundo sustentado pela massa segurada. Discute-se, ainda, o teor de recentes decisões do Superior Tribunal de Justiça, notadamente quanto aos reajustes dos prêmios de beneficiários com idade igual ou superior a 60 anos, que dão conta de demonstrar que há nítida tendência da Corte Superior de enfrentar o problema da ótica técnica.

## 1. Prolegômenos: as modalidades de seguro saúde e as regras de reajuste do prêmio

Em 03 de junho de 1998 foi editada a Lei nº 9.656, que regulamenta a atuação das pessoas jurídicas de direito privado no setor de seguros de assistência médico-hospitalar.

De acordo com o inciso VII do artigo 16 da referida lei – com a redação dada pela Medida Provisória nº 2177-44/01 – há três modalidades distintas de regime de contratação do seguro saúde, quais sejam: i) individual ou familiar; ii) coletivo empresarial; e iii) coletivo por adesão.[1]

Devido à relevância da diferenciação entre as espécies de contratação de assistência à saúde – mormente em razão da normatividade específica destinada a cada uma delas – os artigos 2º e 3º da Resolução CONSU nº 14 dispõem que "entende-se como planos ou seguros de assistência à saúde de contratação individual, aqueles oferecidos no mercado para a livre adesão de consumidores, pessoas físicas, com ou sem seu grupo familiar" e "entende-se como planos ou seguros de assistência à saúde de contratação coletiva empresarial, aqueles que oferecem cobertura da atenção prestada à população delimitada e vinculada a pessoa jurídica".

A distinção das espécies de seguro saúde é tão salutar, que a ANS editou a Resolução ANS nº 195, de 14 de julho de 2009, através da qual definiu, justamente, as características próprias de cada espécie de seguro saúde.[2]

Com efeito, é característica marcante das contratações individuais e familiares a realização de negociações de forma direta entre os beneficiários e as seguradoras. Eis o motivo da necessidade de tratamento diferenciado, pelo qual o Poder Público aplica maior atenção quanto à regulamentação e à fiscalização dessas modalidades securitárias.

---

[1] Art. 16. Dos contratos, regulamentos ou condições gerais dos produtos de que tratam o inciso I e o § 1º do art. 1º desta Lei devem constar dispositivos que indiquem com clareza: VII – o regime, ou tipo de contratação: a) individual ou familiar; b) coletivo empresarial; ou c) coletivo por adesão.

[2] Art. 2º Para fins de contratação, os planos privados de assistência à saúde classificam-se em: I – individual ou familiar; II – coletivo empresarial; ou III – coletivo por adesão. Art. 3º. Plano privado de assistência à saúde individual ou familiar é aquele que oferece cobertura da atenção prestada para a livre adesão de beneficiários, pessoas naturais, com ou sem grupo familiar. (...) Art. 5º. Plano privado de assistência à saúde coletivo empresarial é aquele que oferece cobertura da atenção prestada à população delimitada e vinculada à pessoa jurídica por relação empregatícia ou estatutária. (...) Art. 9º. Plano privado de assistência à saúde coletivo por adesão é aquele que oferece cobertura da atenção prestada à população que mantenha vínculo com as seguintes pessoas jurídicas de caráter profissional, classista ou setorial.

Por outro lado, sabe-se que a relação jurídica celebrada por meio de seguros coletivos é mantida diretamente entre pessoas jurídicas, quais sejam: i) as operadoras do plano; ii) as pessoas jurídicas contratantes do plano coletivo; e iii) por vezes administradoras de benefícios especializadas em seguros de assistência à saúde. Por essa razão, a relação contratual celebrada é negociada junto ao segurado (*rectius:* estipulante) de forma mais equilibrada do que as contratações individuais e familiares.

Especificamente no que se refere à regulamentação das formas de reajustes dos prêmios, as normas que regem o direito securitário e o direito de saúde suplementar tratam de forma diferenciada cada uma das modalidades contratuais, exigindo maior vigilância da ANS com relação ao regime familiar ou individual.

Com efeito, para os seguros individuais ou familiares, a ANS estabelece rígidos limites aos índices aplicáveis para o reajuste dos prêmios. Conforme dispõe o artigo 35-E, § 2º, da Lei nº 9.656/98, nessas espécies securitárias a aplicação de qualquer reajuste das contraprestações pecuniárias depende de prévia aprovação da ANS.[3]

Daí por que – segundo o artigo 2º da Resolução nº 171/2008[4] da ANS – os reajustes dos seguros individuais e familiares somente ocorrem após manifestação e divulgação expressa da Agência.[5]

No que se refere aos seguros saúde na modalidade coletiva, o artigo 13 da referida Resolução afirma, ao revés, que os percentuais de reajuste aplicados aos contratos apenas deverão ser informados à ANS, não exigindo qualquer limitação máxima dos índices.[6] De conseguinte, nessas modalidades contratuais os reajustes são negociados e aplicados com mais liberdade pela partes, que devem de qualquer modo respeitarem as imposições legais e técnicas regulamentadas pelo setor.

---

[3] Art. 35-E. (...) § 2º Nos contratos individuais de produtos de que tratam o inciso I e o § 1º do art. 1º desta Lei, independentemente da data de sua celebração, a aplicação de cláusula de reajuste das contraprestações pecuniárias dependerá de prévia aprovação da ANS.

4 Art. 2º Dependerá de prévia autorização da ANS a aplicação de reajustes das contraprestações pecuniárias dos planos individuais e familiares de assistência suplementar à saúde que tenham sido contratados após 1º de janeiro de 1999 ou adaptados à Lei nº 9.656, de 3 de junho de 1998.

[5] O artigo 8º da referida resolução é expresso, ainda, em afirmar que a ANS publicará no Diário Oficial da União e em sua página da internet, após a aprovação de sua Diretoria Colegiada, qual o índice de reajuste máximo das contraprestações pecuniárias desses mesmos planos individuais ou familiares, vejamos: Art. 8º O índice de reajuste máximo a ser autorizado pela ANS para as contraprestações pecuniárias dos planos tratados no artigo 2º, será publicado no Diário Oficial da União e na página da ANS na internet, após aprovação da Diretoria Colegiada da ANS. Parágrafo único. Os valores relativos às franquias ou co-participações não poderão sofrer reajuste em percentual superior ao autorizado pela ANS para a contraprestação pecuniária.

[6] Art. 13. Para os planos coletivos médico-hospitalares, com ou sem cobertura odontológica, com formação de preço pré-estabelecido, assim definidos pelo item 11.1 do anexo II da Resolução Normativa – RN nº 100, de 3 de junho de 2005, independente da data da celebração do contrato, deverão ser informados à ANS: I – os percentuais de reajuste e revisão aplicados; e II – as alterações de co-participação e franquia.

Há, basicamente, três espécies de reajustes praticados nos contratos de seguro saúde: i) reajuste financeiro, que é aplicado anualmente com base na variação dos custos médico-hospitalares, de administração, de comercialização e de outras despesas incidentes sobre a operação do seguro; ii) reajuste pela faixa etária; e iii) reajuste por sinistralidade, decorrente da razão entre os valores dos sinistros indenizados e os valores dos prêmios emitidos durante um determinado período de apuração, geralmente de doze meses.

Esse ensaio aborda, especificamente, o reajuste em função da faixa etária e – mesmo que de forma singela – procura demonstrar que se trata de critério técnico-atuarial imprescindível para a correta manutenção dos riscos e da segurança dos contratos de seguro saúde. Ademais, demonstra-se que caso a seguradora não possa aplicar, concretamente, o plano de reajuste previsto para operar no contrato, há significativo abalo na base objetiva do negócio jurídico, que causa sérias conturbações para o *pool* formado por todos os mutuários.

Comenta-se, ainda, recentíssima decisão do Superior Tribunal de Justiça, que – de forma inédita – enfrenta a *quaestio iuris* ligada ao reajuste por faixa etária como consequência fisiológica e inarredável da evolução dos riscos do contrato, revelando a idade propriamente dita para o segundo plano.

De efeito, procura-se contribuir com a discussão de um dos temas mais polêmicos sobre a matéria e que, em virtude da instabilidade da jurisprudência, resulta em inúmeros conflitos que poderiam deixar de existir se o instituto do seguro saúde fosse corretamente compreendido pela sociedade.

## 2. A contraprestação do seguro saúde e o mutualismo

O contrato de seguro saúde é eminentemente bilateral[7] (ou sinalagmático), pelo qual se estabelecem obrigações para ambos os contratantes, vale dizer: tanto seguradora quanto segurado (ou estipulante, se o caso) têm obrigações decorrentes da avença.[8]

Com efeito, através do contrato de seguro, o segurado (ou estipulante, se o caso) assume a obrigação de pagar o prêmio, de não agravar o risco do contrato, de se abster de tudo que possa ser contrário aos termos do estipulado e a cumprir as demais obrigações convencionadas. Por sua vez, a seguradora, dentre outras obrigações, compromete-se a efetuar a indenização securitária, estando o evento amparado pelos riscos previamente previstos na apólice.[9]

---

[7] Também assim sustentamos em nosso Manual de Direito Civil, p. 285. Nesse exato sentido: ALVIM, Pedro. *O contrato de seguro*. Rio de Janeiro: Forense, 1983, p. 119-121; WALD, Arnoldo. *Direito civil: contratos em espécie*. 18ª ed. São Paulo: Saraiva, 2009, v. 03, p. 285-286; DINIZ, Maria Helena. *Curso de direito civil brasileiro*. 26ª Ed. São Paulo: Saraiva, 2010, v. 03, p. 528.

[8] ALMEIDA SANTOS, José Carlos Van Cleef de; CASCALDI, Luis de Carvalho. *Manual de direito civil*. São Paulo: Editora Revista dos Tribunais, 2011. p. 285.

[9] Ver: ALVIM, Pedro. *O contrato de seguro*. Rio de Janeiro: Forense, 1983, p. 120.

De acordo com a doutrina de Gustavo Raúl Meilij, é inequívoco que "la carga más importante del asegurado está constituía por el pago en término de la prima del seguro, que resulta ser, además, la prestación principal a su cargo".[10]

A prestação central do segurado decorrente da avença securitária é, inegavelmente, o adimplemento da contraprestação em razão da assunção pela seguradora do risco (*proemium* vs. garantia).[11] Vale dizer: o dever que tem de assumir o prêmio nos exatos termos do contrato.

Destaque-se – pela relevância de seus próprios termos e elucidação acadêmica – a conceituação de prêmio ou contraprestação pecuniária dada pelo *Glossário Temático: Saúde Suplementar*, editado pelo Ministério da Saúde e pela Agência Nacional de Saúde Suplementar – ANS –, como sendo o "Pagamento de uma importância pelo contratante de plano de saúde a uma operadora para garantir a prestação continuada dos serviços contratados. A contraprestação pode ser preestabelecida, quando o valor é fixado previamente à utilização, ou pós-estabelecida, quando o valor é definido após a utilização dos serviços de saúde".[12]

A importância do prêmio no contrato de seguro é elevadíssima. Como ensina o insigne jurista Vivante, "la prima es la compensación debida por el asegurado por la obligación asumida por la empresa: es el correlativo, porque la suma de las primas deberá suministrarle, según sus previsiones estadísticas y financieras, las sumas de los capitales asegurados más la compensación de su trabajo. Este concepto se expresa sintéticamente diciendo que la prima es la compensación del riesgo".[13]

Os mecanismos contratuais destinados a garantir reajustes nos valores dos prêmios do contrato de seguro saúde, assim como aqueles que visam a limitar e garantir um mínimo de aproveitamento financeiro positivo em prol do fundo comum administrado pela seguradora são reflexo inconteste – nas palavras de Maria Leonor Baptista Jourdan – "da situação econômico-financeira do País, somando à peculiaridade do setor: o preço da saúde é caro".[14]

---

[10] Tradução livre: "a incumbência mais importante do segurado é o pagamento do prêmio em seu termo, que resulta ser, inclusive, a sua principal prestação". In: MEILIJ, Gustavo Raúl. *Manual de seguros*. 3ª ed. Buenos Aires: Depalma, 1998, p. 58.

[11] De acordo com o conceituado Dicionário de Seguros da FUNENSEG, a expressão "garantia" em direito securitário significa "a designação genérica utilizada para indicar as responsabilidades pelos riscos assumidos por um segurador ou ressegurador, também empregada como sinônimo de cobertura ou e do próprio seguro". In: IRB – Brasil Re. *Dicionário de seguros: vocabulário conceituado de seguros*. 3ª Ed. Rio de Janeiro: FUNENSEG, 2011, p.111.

[12] Brasil. Ministério da Saúde. Agência Nacional de Saúde Suplementar. *Glossário temático: saúde suplementar*. 2ª. Brasília: Ministério da Saúde, 2012, p 39 e 40.

[13] Tradução livre: "o prêmio é a compensação devida pelo segurado em razão da obrigação assumida pela seguradora: é o correlato, porque a soma dos prêmios deverá fornecer, conforme suas previsões estatísticas e financeiras, as somas dos valores segurados, além da remuneração de seu trabalho. Este conceito é expresso sinteticamente dizendo que o prêmio é a compensação do risco". In: VIVANTE, Cesar. *Del contrato de seguro, de la prenda, del deposito en los almacenes generales*. Traducción de Santiago Sentís Melendo. Buenos Aires: Adiar, 1952, v. I, p. 94.

[14] JOURDAN, Maria Leonor Baptista. *Dos contratos de seguro saúde no brasil. In Seguro, esse desconhecido*. Centro de Debates e Estudos (CEDES) do Tribunal de Alçada do Estado do Rio de Janeiro. Rio de Janeiro: EMERJ, 1994, p. 89.

Com efeito, sem uma estrutura rígida e eficaz de controle de receitas e despesas, a seguradora que opera plano privado de saúde suplementar põe em risco muito mais do que os próprios contratantes de determinada apólice: ameaça a estrutura de todo o mutualismo e qualquer problema daí decorrente propaga danos a milhares e milhares de pessoas.

O contrato de seguro é inexoravelmente um contrato de massa, que somente atinge seus objetivos comerciais com expansão em escala.[15] A seguradora é verdadeira gestora de recursos alheios e em razão da mutualidade, assim como extensão das operações negociais que giram em torno do seguro, é imprescindível seja garantido um elevado nível de segurança à saúde financeira de cada contrato, de modo a proporcionar – mesmo que esteja a seguradora prestando indenização constantemente – a vitalidade do fundo comum da massa segurada.

Como lembra uma das maiores autoridades na matéria, Pedro Alvim, "amadureceu, muito cedo, no espírito humano, a importância da solidariedade, como fator de superação das dificuldades que assoberbavam a vida de cada um ou da própria comunidade. Percebeu-se que era mais fácil suportar coletivamente os efeitos dos riscos que atingiam isoladamente as pessoas. O auxílio de muitos para suprir as necessidades de poucos amenizava as consequências danosas e fortalecia o grupo. A mutualidade, assim, serviu de suporte a todos os sistemas de prevenção ou reparação de danos".[16]

E é o princípio do mutualismo que desde a antiguidade orienta e justifica o contrato de seguro, de modo que não há como interpretar qualquer questão envolvendo a matéria de seguros senão da ótica da mutualidade.

Como ensina João Marcos Brito Martins, "o princípio do mutualismo, onde prepondera a reunião de muitos em favorecimento de alguns, induz visão do interesse coletivamente resguardado. A visualização do mutualismo não fica clara aos olhos de alguns. O contrato, individualmente considerado, pode transparecer a ideia de que um ganha e outro perde, já que condicionado a evento futuro e incerto. Não obstante, quando considerado o grupo, sempre haverá desembolso da seguradora. Em certos períodos de tempo, em alguns ramos de seguro, o segurador paga até mais do que recebe, fazendo com que no próximo exercício o preço (prêmio) do seguro precise ser majorado a fim de reequilibrar a relação sinistro/prêmio conveniente, desejável e necessária nesse tipo de atividade".[17]

De efeito o contrato de seguro é uma operação isolada entre segurado e segurador, mas a multiplicação desses contratos, dando a mesma garantia sobre o mesmo tipo de risco, para muitas pessoas, constitui sua base técnica. A contri-

---

[15] ALVIM, Pedro. *O contrato de seguro*. São Paulo: Saraiva, 1983, p. 148.
[16] Idem, p. 2.
[17] MARTINS, João Marcos Brito. *O contrato de seguro: comentado conforme as disposições do novo código civil*. Rio de Janeiro: Forense Universitária, 2003, p. 10.

buição dessas pessoas formará o fundo comum de onde sairão os recursos para pagamento dos sinistros. O segurador funciona como gerente do negócio: recebe de todos e paga as indenizações.[18]

E qualquer "escorregão" na gestão desempenhada pela seguradora pode causar inúmeros danos, sobretudo quando se trata de seguro saúde, cujo objeto central é o bem mais precioso de todos: a integridade da vida humana.

Frise-se que o prêmio é a única receita que a seguradora tem para constituir o fundo comum de onde deve retirar todas as verbas para cumprir com suas obrigações perante todos os seus segurados. Note-se a grandiosidade e a delicadeza que está por trás do contrato de seguro saúde. De efeito, a seguradora não lucra o quanto é expressado no prêmio. Este é destinado com pequenos abatimentos – que garantem o funcionamento da própria companhia – ao fundo comum do qual toda a mutualidade participa e dali é reempregado em mais indenizações, e assim sucessivamente.

O equilíbrio entre as receitas e as despesas no contrato de seguro, é, verdadeiramente, fato determinante para o sucesso e para a estabilidade das operações da seguradora, assim como pacificação social da massa de segurados.[19] Desse modo, quanto maior for o desequilíbrio de uma determinada carteira de seguros i) maior é o risco de abalo financeiro do ente segurador; ii) maior é a exposição de toda a massa segurada e, consequentemente; iii) maior é a possibilidade da seguradora praticar aumento nas taxas de prêmios, para toda a classe assegurada.

Com muita propriedade – e descomplicação que para alguns parece ser incompreensível – Robert L. Brown e Leon R. Gottlieb pontificam que da ótica técnica-atuarial "the insurance company administers the plan, invests all funds, pays all benefits, and so on. However, the insurance company can only pay out money that comes from the pooled funds. If claims rise, so too must premiums".[20]

Daí por que pode-se afirmar que é essencial manter-se o equilíbrio entre os riscos no bojo do contrato de seguro saúde, nada obstante tratar-se de espécie contratual classificada como aleatória pela maioria da doutrina.

---

[18] ALVIM, Pedro. *O contrato de seguro*. Rio de Janeiro: Forense, 1983, p. 59.

[19] De tão séria a questão, conforme dispõe o artigo 30 do Decreto-lei nº 73, de 21 de novembro de 1966, "as Sociedades Seguradoras não poderão conceder aos segurados comissões ou bonificações de qualquer espécie, nem vantagens especiais que importem dispensa ou redução de prêmio".

[20] Tradução livre: "A companhia de seguros administra o plano, investe todos os fundos, paga todos os benefícios e assim por diante. Todavia, a companhia de seguros somente pode valer-se dos valores arrecadados dos fundos comuns formados pelo mútuo. Se os sinistros aumentam, da mesma forma os prêmios devem aumentar". BROWN, Robert L.; GOTTLIEB, Leon R. *Introduction to ratemaking and loss reserving for property and casualty insurance*. Third Edition. Winsted, Connecticut: ACTEX Publications, Inc., 2013, p. 14.

## 3. Aleatoriedade e garantia da equivalência dos riscos: importante advertência[21]

Conquanto a maioria dos autores classifique o contrato de seguro como aleatório – e assim o faz acertadamente – é de suma importância deixarmos claro que essa característica não serve de fundamento para validar a desproporcionalidade dos riscos assumidos pelas partes no seguro.

Ensina Luiz Muñoz que "recebe a classificação de aleatório quando a prestação devida depende de um acontecimento incerto que faz com que não seja possível a determinação do ganho ou da perda, senão até que esse acontecimento se realize".[22]

Afirma-se que o contrato de seguro é eminentemente aleatório "porque, desassombradamente, os ganhos e as perdas das partes, por mais atuarial que seja a atividade da seguradora, por mais que se faça resseguro, cosseguro, retrocessão, estão na dependência de circunstâncias futuras e incertas do risco".[23]

Ocorre que a álea no contrato de seguro nada tem a ver com sorte, mas, apenas, com a desproporcionalidade das prestações objetivamente consideradas. O propósito do contrato de seguro é evitar as consequências econômicas do evento temido pelo segurado. Por isso entende-se que o objeto do contrato de seguro é o interesse legítimo do segurado sobre um determinado bem, isto é, a relação lícita de valor econômico que o une a esse bem. Com o seguro, o segurado procura justamente evitar as consequências materiais do risco concretizado no sinistro.

Para garantir a proteção do legítimo interesse do segurado a seguradora atua amparada em precisos critérios técnico-atuariais e de acordo com as máximas do mutualismo. É desse modo que consegue estabelecer as bases sobre as quais o contrato de seguro (em suas várias modalidades) necessita operar para garantir o equilíbrio dos riscos e a segurança da relação jurídica.

Ensina o egrégio Antigono Donati, que para caracterizar o contrato de seguro como aleatório basta que do evento dependa a proporção da quantificação das prestações que constituem os objetos das obrigações das duas partes.[24] Ou seja, a álea no seguro não deriva do risco securitário (sobre o qual repousa o interesse legítimo de seguro), mas na possibilidade de haver uma disparidade entre as prestações (*i.e.* prêmio vs. indenização).

Com efeito, o risco segurável é aquele ligado ao legítimo interesse do segurado – que é o objeto do seguro – e pode ser definido como o acontecimento

---

[21] Esse item emana *ipsis litteris* do capítulo sobre o contrato de seguro da recente 2ª edição de nosso livro "Manual de Direito Civil". ALMEIDA SANTOS, José Carlos Van Cleef de; e CASCALDI, Luís Carvalho. *Manual de direito civil.* 2ª ed. São Paulo: RT, 2014.

[22] MUÑOZ, Luiz. *Teoria general del contrato.* México: Cardenas Editor y Distribuidor, 1973, p. 17.

[23] SANTOS, Ricardo Bechara. *Direito de seguro no Novo Código Civil e Legislação Própria.* Rio de Janeiro: Forense, 2006, p. 15.

[24] DONATI, Antigono. *Trattato del diritto delle assicurazioni private.* Milano: Giuffrè, 1954, v. II, p. 45.

possível, futuro e incerto, ou de data incerta, que não depende somente da vontade das partes.[25]

A classificação do contrato de seguro como aleatório não se justifica, propriamente, nesse elemento essencial do seguro (*i.e.* risco), mas na possibilidade de desproporção entre as prestações objetivamente consideradas. Trata-se de noção que ganha espaço justamente após o risco tornar sinistro, momento em que a prestação da seguradora provavelmente será muito maior do que a prestação (ou o conjunto de prestações) que o segurado lhe transferiu.

Com isso queremos esclarecer que ao assumirmos que o contrato de seguro é aleatório, não nos permite concluir que nessa espécie contratual inexiste equivalência de riscos. Ou seja, independentemente da álea, há sempre de ser preservada a base objetiva do contrato de seguro, sem a qual própria mutualidade é ameaçada.

Sabe-se que a teoria da base objetiva do negócio jurídico decorre da cláusula geral da boa-fé objetiva (CCB 422) e considera o conjunto de circunstâncias cuja existência ou permanência é tida como pressuposto do negócio jurídico.

De acordo com o escólio de Nelson Nery Jr. e Rosa Maria de Andrade Nery, "nos contratos aleatórios, a base objetiva do negócio se caracteriza pela equivalência do risco de cada contratante: se o risco for apenas um ou se for desproporcional, muito mais arriscado para um, que para outro contratante; há quebra da base objetiva do negócio, que pode ensejar a revisão do contrato ou sua resolução, de acordo com o que vem previsto no sistema (v. CC 421, 422, 317 e 478), para que se recomponha a equivalência perdida".[26]

De efeito, todas as vezes que um contrato de seguro, por circunstâncias ocorridas ao longo de sua execução, oferecer um risco desproporcional e injusto para qualquer das partes, a sua essência restará alterada e, consequentemente, restará alterada a base objetiva do negócio jurídico aleatório securitário, hipótese na qual imprescindível seja readequada a equivalência dos riscos, não obstante mantenha-se a desigualdade das prestações objetivamente consideradas.

Portanto, a despeito da existência de álea no contrato de seguro, não se dispensa seja sempre mantida a equivalência dos riscos (garantia da equivalência de riscos inobstante o desequilíbrio das prestações objetivamente consideradas), para que a própria instituição do seguro se mantenha hígida e cumpra o seu papel na sociedade, já que riscos desproporcionais são extremamente maléficos ao direito securitário.

A compreensão de que a base objetiva do contrato aleatório de seguro – nada obstante o desequilíbrio das prestações objetivamente consideradas – e a garantia da equivalência dos riscos deve ser assimilada com a máxima urgência pelos ope-

---

[25] ALVIM, Pedro. *O contrato de seguro*. 3ª Ed. Rio de Janeiro: Forense, 2001, p. 215.
[26] NERY JR., Nelson; NERY, Rosa Maria de Andrade. *Código civil comentado*. 10ª ed. São Paulo: RT, 2013, p. 676

radores do direito, uma vez ser essa a essência que está presente em quase todas as lides forenses securitárias em trâmite em nosso Poder Judiciário, mormente quanto o assunto é o reajuste do prêmio do seguro saúde em função da idade.

## 4. A base objetiva do negócio jurídico

Como se sabe, à celebração do contrato associa-se a ideia de estabilidade. O contrato de seguro saúde, conquanto submetido a diversas particularidades, não foge à regra vigente em nosso ordenamento jurídico, pois deve ser estável mesmo na medida dos seus fatores naturais de instabilidade.[27]

É de bom alvitre rememorar que, além de aleatório (com as observâncias supra destacadas), o contrato de seguro saúde também é de execução continuada, ou seja, os seus efeitos jurídicos se projetam sem solução de continuidade e ensejam uma série de prestações periódicas, que se renovam ao longo do tempo.[28] Considerando que – conforme Vivante – "el tiempo pasa irreparablemente sobre las cosas y sobre las vidas, y la condición de los contratantes no puede restituirse a su estado anterior"[29] é inexorável que a simples continuidade de seguro saúde torna-se o principal fator de desestabilização do seu equilíbrio financeiro-atuarial.

De efeito, o contrato de seguro saúde é idealizado e projetado sobre bases objetivas, e os cálculos atuariais, utilizados para a fixação dos valores dos prêmios (se suas eventuais progressões, *v.g.* reajuste por idade), levam em consideração o risco assumido pela seguradora no momento da conclusão do contrato e a sua expectativa de projeção futura. E é exatamente para que se garanta a estabilidade que o princípio do equilíbrio econômico-financeiro ganha relevo no contrato de seguro saúde.

Assim também se posicionou Antigono Donati em seu relevantíssimo *Trattato del diritto delle assicurazioni provate*, quando concluiu que "la funzione di soddisfare il bisogno di sicurezza dell'assicurato non si esplica al momento del sinistro, ma si esplica per tutta la durata del rapporto".[30]

De conseguinte, percebe-se que é dever da seguradora manter os riscos atinentes ao contrato devidamente equilibrados, isto é: garantir de toda forma a equalização entre o valor do prêmio e a probabilidade da ocorrência do sinistro. Sem essa garantia, a seguradora, além de inadimplir seus deveres contratuais, coloca

---

[27] Por exemplo: aumento da sinistralidade, aumento da idade, aumento dos custos médico-hospitalares, variações econômicas, *etc*.

[28] Cf. ALMEIDA SANTOS, José Carlos Van Cleef e CASCALDI, Luís de Carvalho. *Manual de direito civil*. São Paulo: RT, 2011, p. 170.

[29] Tradução livre: "o tempo passa irreparavelmente para as coisas e para a vida, e a condição dos contratantes não pode restituir-se a seu estado anterior". In: VIVANTE, Cesare. *Del contrato de seguro*. Traducción de Santiago Sentís Melendo. Buenos Aires: Adiar Editores, 1952, v. I, p. 39.

[30] Tradução livre: "a função de satisfazer a necessidade de segurança do segurado não se executa no momento do sinistro, mas se executa em toda a duração da relação". In: DONATI, Antigono. *Trattato del diritto delle assicurazioni private*. Milano: Giuffrè, 1954, v. II, p. 41.

em risco todos aqueles que lhe transferiram confiança e, sobretudo, os recursos financeiros para gerir os temores da massa segurada.

O mutualismo e, consequentemente, a própria sorte do instituto do seguro depende do estrito respeito ao princípio do equilíbrio econômico do contrato, que inegavelmente toma relevo na espécie securitária própria para a saúde.[31]

Isso significa que todas as vezes que os condicionalismos pressupostos pelas partes para consentirem em contratar o seguro saúde restarem prejudicados em virtude do tempo e havendo a injusta perturbação da equivalência dos riscos das partes contratantes deve ser garantido o direito de revisão das circunstâncias atuais sobre as quais o contrato opera para aproximá-las das circunstâncias que vigiam quando da efetiva conclusão do negócio e, caso não haja a possibilidade desta revisão, deve ser autorizada a rescisão do contrato por parte daquele que está arcando com toda a onerosidade do pacto.[32]

Sobre o direito à revisão do contrato, o eminente jurista alemão Karl Larenz – um dos maiores pensadores do Direito de todos os tempos – pontificou que "quem conclui um contrato atua na base de uma situação, de que nem tem de se aperceber, mas que se integra em pressupostos imanentes do contrato. Na interpretação do contrato, há que contar não apenas com as declarações verbais das partes, mas também com as circunstâncias que as rodearam; uma modificação nessas circunstâncias, pode, caso o contrato se mantenha inalterado, subverter totalmente a ponderação de interesses e a distribuição de riscos pensadas pelas partes".[33]

A alteração das conjunturas sobre as quais o contrato foi projetado a operar é fato que, a depender do grau de variação, abala sobremaneira o vínculo jurídico que une as partes contratantes, as quais devem valer-se da função jurisdicional para readequar as circunstâncias e garantir a continuidade legítima e do contrato.

Nessa seara, a doutrina da base do negócio *Geschäftsgrundlage* – criada por Paul Oertmann (*Die Geschäftsgrundlage: Ein neuer Rechtsbegriff*. Leipzig-Erlangen: A. Deichert'sche Verlagsbuchhandlung Dr. Werner Scholl, 1921) e posteriormente aprimorada e desenvolvida pelo próprio Karl Larenz (*Geschäftsgrundlage und Vertragserfüllung: Die Bedeutung "Veränderter Umstände" im Zivilrecht*. 3ª ed. München-Berlin: Beck, 1963) – revela-se sobremaneira apta a solucionar adequadamente os conflitos de interesses decorrentes das situações de

---

[31] NEGREIROS, Teresa. *Teoria do contrato: novos paradigmas*. 2ª ed. Rio de Janeiro: Renovar, 2006, p.158-159.

[32] NERY JUNIOR, Nelson. *A base do negócio jurídico e a revisão do contrato*. In: PEREIRA DOS REIS, Selma Negrão (Coord.). *Questões de direito civil e o novo código*. São Paulo: Ministério Público. Procuradoria Geral da Justiça. Imprensa Oficial do Estado de São Paulo, 2004.

[33] LARENZ, Karl. *Geschäftsgrundlage und Vertragserfüllung: Die Bedeutung "Veränderter Umstände" im Zivilrecht*. 3ª Ed. München-Berlin: Beck, 1963, p. 52. Tradução em MENEZES CORDEIRO, António Manuel da Rocha. *Da boa fé no direito civil*. 4ª Reimp. Coimbra: Almedina, 2011, p. 1047-1048.

desequilíbrio contratual e da quebra da equivalência dos riscos inerentes aos contratos aleatórios, sobretudo no que se refere ao seguro saúde.[34]

A despeito da existência de álea não se dispensa nos contratos de seguro saúde seja mantida a equivalência dos riscos (garantia da equivalência de riscos inobstante o desequilíbrio das prestações), bem como não se dispensa a garantia de, não havendo adequação do contrato, possa este ser resilido. Ainda mais quando há previsão contratual para tanto (como é o caso da sistemática de reajuste do prêmio em função da idade).

Dessa forma, todas as vezes que um contrato de seguro saúde oferecer um risco desproporcional para qualquer das partes do contrato, a sua essência restará alterada e, consequentemente, restará alterada a base objetiva do negócio jurídico aleatório, o que garante a parte a possibilidade de revisão do contrato de acordo com o que vem previsto no sistema jurisdicional pátrio (*cf.* CCB 421, 422, 317 e 478), para que se recomponha a equivalência do riscos, sem prejuízo da possibilidade de alegação de onerosidade excessiva, que poderá culminar com o pedido de cancelamento do contrato.

Nesse sentido, é inegável que os reajustes dos prêmios respeitam exatamente essa base jurídica, sobretudo quando respeitada a sistemática pela qual na medida da majoração dos riscos à saúde causados pelo avanço da idade, eleva-se nas mesmas bases o prêmio devido pelo beneficiário.

Na medida em que o risco do contato de seguro saúde se torna desproporcional às bases objetivas sobre as quais foi celebrado, é necessário seja o prêmio readequado para se garantir, novamente, a equivalência dos riscos nos moldes contratados, sob pena de falência do sistema.

Isso quer significar que também os contratos aleatórios possuem uma base objetiva que pode vir a ser quebrada caso haja desproporção nos riscos aos quais as partes inicialmente propuseram-se a se submeter.

No momento em que os valores dos prêmios angariados pela seguradora passaram a caracterizar um cenário econômico-financeiro crítico da ótica da necessidade da prestação das indenizações, origina-se uma das situações mais abomináveis pelo Direito: a insegurança jurídica. Dessa forma, as bases objetivas do negócio devem ser reajustadas, *i.e.*: as taxas dos prêmios devem ser reajustadas proporcionalmente à evolução do risco evidenciado no caso concreto (*i.e.* idade), para que seja proporcionalizada novamente as bases do negócio tais como inicialmente contratadas (e, assim, equalizado os riscos tais como apresentavam-se quando da conclusão do contrato).

Com efeito, a teoria da base objetiva do negócio jurídico decorre da cláusula geral da boa-fé objetiva (CCB 422) e considera o conjunto de circunstâncias cuja

---

[34] LARENZ, Karl. *Base del negocio juridico y cumplimiento de los contratos*. Madrid: Editorial Revista de Derecho Privado, 1956.

existência ou permanência é tida como pressuposto do negócio jurídico[35] (*in casu* o equilíbrio do binômio prêmio *vs.* probabilidade do risco tornar-se sinistro, que inegavelmente se majora com a evolução da idade).

E foi amparada no § 242 do BGB[36] [cujo equivalente em nosso direito é o CCB 422] que a doutrina alemã desenvolveu a teoria da base do negócio *Geschäftsgrundlage*, que protege as partes contratantes nas situações em que há a quebra da proporcionalidade ínsita ao contrato, seja este comutativo (desequilíbrio de prestações) ou aleatório (desequilíbrio de riscos, como ocorreu no caso ora em questão).

Justamente porquanto fundada na boa-fé objetiva – subsumindo-se ao CCB 422 – que a teoria da base do negócio jurídico opera efeitos em diversos ordenamentos jurídicos no mundo, dentre os quais além do alemão, o italiano e o brasileiro.[37]

Sabe-se que a seguradora não aceita risco desproporcional ao prêmio que cobra do segurado (proteção do mutualismo), da mesma forma que o segurado não aceita o risco de contratar uma segurada de baixa ou péssima qualidade a pretexto de arcar com um baixo valor de prêmio (preservação do seu patrimônio). Qual seria a razão, então, de obrigar a seguradora manter-se em situação de nítida desproporcionalidade de riscos após a conclusão do contrato?

Reitera-se: para o sistema vigente o fato do contrato de seguro saúde conter prestações desiguais não significa tratar-se de uma avença calcada em riscos desproporcionais, vale dizer: os riscos assumidos – mesmo tratando-se de contrato aleatório – não comportam desequilíbrio sob pena de quebra da base objetiva do negócio jurídico.

Orienta com inegável precisão técnica e jurídica a doutrina de nosso ilustre Prof. Nelson Nery Jr. que "havendo a quebra da base objetiva do negócio jurídico *"Wegfall der Geschäftsgrundlage"* é possível à parte prejudicada exercer o direito de revisão do contrato, a fim de que os objetivos esperados pelos contratantes possam ser alcançados".[38]

---

[35] PONTES DE MIRANDA, Francisco Cavalcanti. *Tratado de direito privado. Parte especial*: direito das obrigações. Atualizado por Nelson Nery Jr. e Rosa Maria de A. Nery. São Paulo: RT, 2012, t. XXV, § 3.063, p. 306.

[36] BGB: "§ 242. Leistung nach Treu und Glauben. Der Schuldner ist verpflichtet, die Leistung so zu bewirken, wie Treu und Glauben mit Rücksicht auf die Verkehrssitte es erfordern." Tradução livre para o inglês: "§ 242. Performance in good faith. An obligor has a duty to perform according to the requirements of good faith, taking customary practice into consideration". Tradução livre para o português: "§ 242. Desempenho de boa fé. O devedor é obrigado a prestar como o exige a boa-fé, levando em consideração os usos".

[37] NERY JUNIOR, Nelson. *A base do negócio jurídico e a revisão do contrato. In* PEREIRA DOS REIS, Selma Negrão (Coord.). *Questões de direito civil e o novo código*. São Paulo: Ministério Público. Procuradoria Geral da Justiça. Imprensa Oficial do Estado de São Paulo, 2004, p. 62; e NERY JUNIOR, Nelson e NERY, Rosa Maria de Andrade. In: PONTES DE MIRANDA, Francisco Cavalcanti. *Tratado de direito privado. Parte especial: direito das obrigações*. Atualizado por Nelson Nery Jr. e Rosa Maria de Andrade Nery. São Paulo: RT, 2012, t. XXV, § 3.063.B, p. 307.

[38] NERY JUNIOR, Nelson. *A base do negócio jurídico e a revisão do contrato*. In: PEREIRA DOS REIS, Selma Negrão (Coord.). *Questões de direito civil e o novo código*. São Paulo: Ministério Público. Procuradoria Geral da Justiça. Imprensa Oficial do Estado de São Paulo, 2004, p. 65.

Com efeito, nada obstante tratar-se de contrato aleatório, o seguro também é um contrato bilateral (com prestação e contraprestação consentidos entres as partes) e mesmo seja possível haver desproporção numérica entre as prestações reciprocamente consideradas há equivalência de pertinência entre elas, isto é ambas as partes consentiram que há relação de conexão entre os proveitos da prestação e da contraprestação (relação de utilidade direta).

Nesse sentido, pondera com acuidade Karl Larenz que "en el contrato bilateral, cada parte se obliga frente a la otra a una prestación, y lo hace precisamente para obtener la contraprestación fijada en el contrato. No es esencial al contrato bilateral y a la equivalencia que implica, el que ambas prestaciones, medidas con arreglo a una escala objetiva y general, sean recíprocamente equivalentes. Únicamente lo es que cada parte esté dispuesta a recibir y entregar una contraprestación, un equivalente, y que la voluntad contractual concordante de ambas partes tenga por objeto una prestación a cambio de una contraprestación, o sea el intercambio de prestaciones, cada una de las cuales sea, a juicio de las partes, equivalentes a la otra. Cuando no sea posible considerar de este modo las prestaciones reciprocas, no se podrá hablar de contrato bilateral".[39]

Ou seja, o reajuste do prêmio no contrato de seguro saúde decorre – além de critérios técnicos – da própria essência da bilateralidade da avença, uma vez que ninguém pode ser obrigado a manter-se em uma relação jurídica contratual que lhe traga prejuízos, danos e ameaças, como é o caso da seguradora que vê-se impedida de cumprir com o plano de reajuste do prêmio dos beneficiários do contrato em função da evolução das respectivas idades.

## 5. O reajuste do prêmio em função da faixa etária: critério técnico e lícito

Na seara atuarial, a regulação das taxas dos prêmios objetiva garantir a maior amplitude possível para o acesso ao seguro, mediante o emprego de técnicas adequadas para assegurar que os prêmios sejam sempre suficientes para afiançar a segurança necessária da operação e, ao mesmo tempo, obedeçam a patamares razoáveis e acessíveis aos interessados.

É clarividente que não se trata de atuação simples, tampouco de fácil realização, mas de qualquer forma sem um controle preciso do binômio risco *vs.* prê-

---

[39] LARENZ, Karl. *Base del negocio juridico y cumplimiento de los contratos*. Madrid: Editorial Revista de Derecho Privado, 1956, p. 130.Tradução livre: "no contrato bilateral, cada uma das partes se obriga por uma prestação, e assim o faz precisamente para obter uma contraprestação fixada no contrato. Não é essencial ao contrato bilateral a equivalência que implica que ambas as prestações, medidas com base em uma escala objetiva e abrangente, sejam reciprocamente equivalentes. Unicamente o é que cada parte esteja disposta a receber e a entregar uma contraprestação, um equivalente, e que a vontade contratual concordante de ambas as partes tenham por objeto uma prestação em troca de uma contraprestação, ou seja um intercâmbio de prestações, cada qual sendo, a juízo das partes, equivalente a outra. Quando não seja possível considerar desse modo as prestações reciprocas, não há falar-se em contrato bilateral".

mio abre-se espaço à insegurança, que é fator que o instituto de seguro procura, justamente, afastar.

Tratando-se da equalização do prêmio em função da idade do beneficiário, a ciência atuarial indica que há, pelo menos, dois modelos de operacionalização técnica das carteiras de seguro: i) valores fixos para todos os beneficiários, determinados pelo custo médio da massa assegurada; e ii) valores escalonados entre os beneficiários que respeitam a proporcionalidade dos custos assistenciais esperados.[40]

Como sabido, o sistema brasileiro encampou a segunda técnica para compor as carteiras securitárias de assistência à saúde e nessa senda as regras de reajustes em função da idade dos beneficiários – *i.e.* escalonamento que imputa aos mais velhos o dever de contribuir de maneira proporcional com os custos que acarretam ao mútuo, onerando-os com valores de prêmios mais elevados do que os impostos àqueles mais jovens, que não tendem a acarretar frequentes despesas ao fundo comum dos poupadores do contrato – aplicam-se em todas as espécies de seguro saúde.

De efeito, em um país que ainda enfrenta diversos desafios ligados aos mais básicos elementos da sociedade moderna, parece tratar-se da melhor sistemática (quiçá a única economicamente viável), uma vez que se passássemos a estipular prêmios iguais a todos os beneficiários do seguro saúde certamente enfrentaríamos problemas (talvez intransponíveis) com a manutenção financeira do contrato.

Isso porque o *community rating* – como é designado pelos *experts* o método de precificação igualitária do prêmio – enseja uma desestabilização do fundo em virtude do gradual afastamento dos poupadores mais jovens, que obrigados a arcarem com expressivos valores de prêmio (iguais aos que pagam os mais velhos) tendem, naturalmente, a serem empurrados para fora do mútuo, já que não possuem um risco que compense, de fato, assumir com prêmio elevado.[41]

Essa sistemática, com o tempo, faz com que haja um acúmulo no contrato de beneficiários com riscos altos (*i.e.* aqueles de idades avançadas), cujas prestações mensais não são aptas a garantir a saúde econômico-financeira da apólice se comparados aos custos que geram para o *pool*. Referida técnica proporciona, igualmente, o afastamento dos beneficiários com baixos riscos (*i.e.* jovens), os quais são os responsáveis por garantir uma riqueza saudável ao fundo securitário, porquanto não proporcionam, com frequência, gastos substanciais.

E isso – em virtude da catividade do contrato – resulta no necessário aumento da taxa do prêmio para aqueles que permanecem no contrato, em virtude do aumento natural do custo médio. Ocorre que sem uma massa de beneficiários com riscos menores, tais taxas não conseguem ser dissolvidas de forma a proporcionar um valor final viável de prêmio, hipótese na qual o contrato entra em crise, e a

---

[40] TENNYSON, Sharon. *Efficiency Consequences of Rate Regulation in the Insurance Industry*. Networks Financial Institute. Policy Brief, 2007, PB nº 03.

[41] JONES, W. R.; DOE, C.T.; TOPODAS, J.M. *Pure Community Rating: A Quick Fix to Avoid*. Journal of American Health Policy, Jan-Fev, 1993, p. 29-33.

sua falência passa a ser uma questão de tempo (uma vez que contra a matemática não há manobra, *i.e.* custos maiores do que receitas durante um período longo de tempo acarreta a insolvência de qualquer operação).

De conseguinte, conquanto seja corriqueira a afirmação de que o reajuste por faixa etária constitui medida "politicamente incorreta", "discriminatória" e "desproporcional", a qual, por conta disso, deve ser coibida pelo Poder Judiciário, o que realmente verifica-se é que tal sistemática é essencial à própria existência do seguro saúde.

O aumento por faixa etária – além de lícito (se antes da Lei nº 9.656/98 não havia norma que o proibisse, com ela, a matéria passou a ser regulamentada, o que trouxe ainda mais segurança para todos) – constitui uma imposição da própria natureza do contrato de seguro, para sejam os prêmios atuarialmente escalonados em razão dos riscos. Frise-se, os prêmios são escalonados em razão dos riscos e não em razão, pura e simplesmente, da idade.

Sabe-se que antes da edição da Lei nº 9.656/98 não existia, no ordenamento jurídico brasileiro, norma específica acerca de seguro saúde, de modo que se aplicavam, ao caso, as regras contidas no Código Civil brasileiro, no Decreto nº 73, de 21 de novembro de 1966, e no Código de Defesa do Consumidor.

Naquela época, era inquestionável que os reajustes, previstos nos contratos, justificáveis pelos princípios que regem o direito securitário e aprovados pela autarquia federal competente (no caso, SUSEP e ANS), eram e são plenamente lícitos, já que não havia no ordenamento nenhuma lei que os proibisse (CF 50 II), além de não implicarem qualquer desvantagem para qualquer das partes.

Sobre a questão, inclusive, a Agência Nacional de Saúde Suplementar – ANS – editou a Súmula Normativa nº 03, de 21 de setembro de 2001, através da qual declarou – como órgão de regulamentação do setor – que, "desde que esteja prevista a futura variação de preço por faixa etária nos instrumentos contratuais, serão consideradas pela ANS as tabelas de venda e tabelas de preço anexas ou referidas nos textos contratuais informadas pelas operadoras, para fins verificação da previsão de variação por faixa etária".

Percebe-se que há mais de uma década a própria ANS já reconhecia a validade do mecanismo de reajuste dos valores dos prêmios do seguro em função da variação da faixa etária dos beneficiários mesmo que não houvesse no instrumento contratual tabela expressa que indicasse os índices de reajuste, mas fosse esta referenciada pela cláusula do contrato.

E assim o fez a ANS – nas palavras de Bruno Lemos Rodrigues – porque não poderia a agência responsável pelo setor deixar de reconhecer a realidade prática econômica dos seguros saúde e a necessidade destes manterem o equilíbrio atuarial-financeiro de seus contratos.[42]

---

[42] RODRIGUES, Bruno Lemos. *Aspectos legais dos contratos de seguro saúde.* São Paulo: IOB Thomson, 2006, p.116.

Ninguém pode negar a essência mutualística do contrato de seguro saúde. Nem mesmo o legislador foi capaz de ir de encontro às técnicas necessárias à manutenção do seguro. A questão é técnica: ou imputa-se àqueles que gastam mais o dever de contribuir mais para o fundo ou desestabiliza-se a essência técnica do contrato e abre-se margem à insegurança.

Daí por que com o avento da Lei nº 9.656/98, dúvida nenhuma restou: foi reconhecido pela lei a pertinência do escalonamento do prêmio de seguro por faixa etária e a imposição lógica de se permitir os respectivos aumentos *(et pour cause!)*.

Com efeito, é evidente que a utilização do critério da variação da idade do beneficiário é lícito, porquanto advém de expressa previsão de lei e é admitido e regulamentado pelo órgão de fiscalização do setor. Inclusive, como sabido, a Agência Nacional de Saúde Suplementar – ANS – não atua só na qualidade de agente fiscalizador das seguradoras e demais empresas operadoras de planos privados de assistência à saúde, mas, inclusive, pode interferir na própria atividade da empresa regulada.

Neste sentido, observe-se o disposto na Lei nº 9.961, de 28 de janeiro de 2000, que trata sobre as atribuições da Agência Nacional de Saúde Suplementar, em seus artigos 3º e 4º.[43]

Por conseguinte, a Agência Nacional de Saúde Suplementar – ANS – atua em nosso ordenamento jurídico como verdadeiro órgão normatizador e fiscalizador do setor econômico da exploração privada da saúde e estabelece as disposições

---

[43] Art. 3º A ANS terá por finalidade institucional promover a defesa do interesse público na assistência suplementar à saúde, regulando as operadoras setoriais, inclusive quanto às suas relações com prestadores e consumidores, contribuindo para o desenvolvimento das ações de saúde no País. Art. 4º Compete à ANS: I – propor políticas e diretrizes gerais ao Conselho Nacional de Saúde Suplementar – Consu para a regulação do setor de saúde suplementar; (...) V – estabelecer parâmetros e indicadores de qualidade e de cobertura em assistência à saúde para os serviços próprios e de terceiros oferecidos pelas operadoras; (...) IX – normatizar os conceitos de doença e lesão preexistentes; X – definir, para fins de aplicação da Lei no 9.656, de 1998, a segmentação das operadoras e administradoras de planos privados de assistência à saúde, observando as suas peculiaridades; XI – estabelecer critérios, responsabilidades, obrigações e normas de procedimento para garantia dos direitos assegurados nos arts. 30 e 31 da Lei no 9.656, de 1998; XII – estabelecer normas para registro dos produtos definidos no inciso I e no § 1º do art. 1º da Lei nº 9.656, de 1998; XIII – decidir sobre o estabelecimento de sub-segmentações aos tipos de planos definidos nos incisos I a IV do art. 12 da Lei nº 9.656, de 1998; (...) XVI – estabelecer normas, rotinas e procedimentos para concessão, manutenção e cancelamento de registro dos produtos das operadoras de planos privados de assistência à saúde; XVII – autorizar reajustes e revisões das contraprestações pecuniárias dos planos privados de assistência à saúde, ouvido o Ministério da Fazenda; (Redação dada pela Medida Provisória nº 2.177-44, de 2001) XVIII – expedir normas e padrões para o envio de informações de natureza econômico--financeira pelas operadoras, com vistas à homologação de reajustes e revisões; (...) XXI – monitorar a evolução dos preços de planos de assistência à saúde, seus prestadores de serviços, e respectivos componentes e insumos; XXII – autorizar o registro e o funcionamento das operadoras de planos privados de assistência à saúde, bem assim sua cisão, fusão, incorporação, alteração ou transferência do controle societário, sem prejuízo do disposto na Lei nº 8.884, de 11 de junho de 1994;(Redação dada pela Medida Provisória nº 2.177-44, de 2001); XXIII – fiscalizar as atividades das operadoras de planos privados de assistência à saúde e zelar pelo cumprimento das normas atinentes ao seu funcionamento; XXIV – exercer o controle e a avaliação dos aspectos concernentes à garantia de acesso, manutenção e qualidade dos serviços prestados, direta ou indiretamente, pelas operadoras de planos privados de assistência à saúde; (...) XXX – aplicar as penalidades pelo descumprimento da Lei nº 9.656, de 1998, e de sua regulamentação;

aplicáveis ao exercício da atividade regulada. Este poder é revelado, precisamente, quando da interferência das relações eminentemente privadas havidas entre seguradoras e estipulantes, por imposição de normas próprias que limitam, tangenciam, abafam a livre disposição de vontade.

Tem-se aí – nitidamente – o fenômeno que os doutrinadores alemães designam de eficácia indireta da Constituição, alusivo à extensão das normas constitucionais às relações civis. A efetividade indireta da Lei Maior, que traduz a sua assemelhação pela sociedade em suas práticas ordinárias de vida, revela a densidade normativa da Constituição, ou como prefere Schneider – a força normativa da Constituição em sua totalidade. Bem caracteriza o Estado contemporâneo a fragmentação normativa, pela qual a maioria dos atos-regras, para utilizar a conhecida classificação cunhada por León Duguit, não mais promanam das Assembleias de representação popular, mas sim de uma miríade de órgãos e conselhos da Administração Pública, com frequência conjugados ou em paralelo com instâncias representativas da sociedade civil, em testemunho da tendência institucional que consorcia o Poder Público com a coletividade administrada, predicado mais visível da chamada democracia participativa, e que traduz uma espécie de reserva normativa do corpo social.[44]

Mais do que permitido pela Agência Nacional de Saúde Suplementar – ANS –, o critério de reajuste do prêmio em função da variação da idade é por esta regulamentado, o que lhe emprega o *status* de norma cogente e especial do direito de saúde suplementar,[45] que está alçada ao *status* de mecanismo essencial à manutenção do equilíbrio financeiro-atuarial das várias espécies de contrato de seguro saúde existentes na atualidade.

Ademais, cumpre advertir que não há qualquer antinomia entre a regra estabelecida no artigo 15 da Lei nº 9.656/98 e as provenientes da atividade normativa da ANS e o CDC, já que não há qualquer desequilíbrio, onerosidade excessiva ou abusividade em se prever aumento que exprime a mutualidade que deve existir nos contratos de seguro saúde.

Conforme a correta lição de Rui,[46] a regra suprema da igualdade consiste em aquinhoar desigualmente os desiguais, na medida em que se desigualam.

---

[44] SIQUEIRA CASTRO, Carlos Roberto. *Função normativa regulatória e o novo princípio da legalidade.* In ARAGÃO, Alexandre Santos de (Coord.). *O poder normativo das agências reguladoras.* 2ª ed. Rio de Janeiro: Forense, 2011, p. 22, 29 e 30.

[45] A doutrina especializada defende, com efeito, que há quatro principais fontes do específico ramo do direito de saúde suplementar: i) a lei; ii) os atos normativos administrativos; iii) os contratos; e iv) os usos e costumes. Pontifica, nesse sentido, Leonardo Vizeu Figueiredo, que "o ato normativo administrativo pode e deve transcender a mera regulamentação da lei, quando for expressamente delegada pelo legislador infraconstitucional a eficácia do conteúdo normativo da lei à edição de ato administrativo infralegal, a qual explicitará os limites, alcances e os efeitos na norma perante os administrados". In: FIGUEIREDO, Leonardo Vizeu. *Curso de direito de saúde suplementar: manual jurídico de planos e seguros de saúde.* 2ª ed. Rio de Janeiro: Forense, 2012. p. 25.

[46] Esta definição de igualdade que predomina em toda doutrina nacional decorre de discurso escrito por Rui Barbosa para paraninfar os formandos da turma de 1920 da Faculdade de Direito do Largo de São Francisco, em São Paulo, intitulado *Oração aos Moços*, onde se lê: "a regra da igualdade não consiste senão em aquinhoar desigualmente aos desiguais, na medida em que se desigualam. Nesta desigualdade social, proporcionada à

De efeito, qualquer pessoa de mediano entendimento percebe a razão do escalonamento por faixa etária nos contratos de seguro saúde. É evidente, porque fato da vida, que uma pessoa de idade mais avançada está mais sujeita a problemas de saúde do que um adolescente. Em outras palavras: os riscos para aquele são, lamentavelmente, maiores do que para este, e por isso existe a diferenciação, que distingue o que urge distinguir, desigualando os desiguais.

Portanto – dentro das normas aplicáveis ao setor e conforme as disposições do direito securitário e do direito da saúde suplementar – o reajuste do prêmio em função da faixa etária é critério lícito que obedece ao princípio do equilíbrio econômico do contrato, sem o qual seria impraticável a atividade securitária no campo da saúde suplementar. "Trata-se de uma constatação natural, de um fato que se observa na vida e que pode ser cientificamente confirmado".[47]

É importante destacar, nesse sentido, tal como ensina a saudosa civilista Teresa Negreiros, que hodiernamente em contraste com o que se passava no direito contratual clássico, onde sobressaía a fase de formação e manifestação da vontade de contratar, o princípio do equilíbrio econômico incide sobre o programa contratual, servindo como parâmetro para a avaliação do seu conteúdo e resultado, mediante a comparação das vantagens e encargos atribuídos a cada um dos contratantes.[48]

O critério do reajuste em função dos agravamentos proporcionados pelo aumento da idade é critério técnico e estatístico analisado minuciosamente, quer por auditoria (interna e externa), quer por parecer de natureza contábil e atuarial. Por meio desse critério a seguradora é capaz de verificar de maneira precisa a equivalência dos riscos assumidos nos contratos de seguro saúde. Justamente por ser precisa na avaliação do equilíbrio do risco assumido, é critério de reajuste contratual lícito pois demonstra que o risco originariamente assumido tornou-se desproporcional ao prêmio contratado, mesmo tratando-se de contrato aleatório.

Há muito a concepção de agrupar segurados por faixas etárias permeia o direito securitário. Isso porque exprime o mutualismo que deve estar presente em todos os contratos de seguro, além de retratar a extensão do risco, fixado com base em complexos cálculos atuariais, destinados justamente a aferir essa correlação. Não é um número aleatório, um palpite, mas o resultado da aplicação de uma metodologia científica que foi desenvolvida ao longo de séculos, portanto, nada tem de potestativo.

---

desigualdade natural, é que se acha a verdadeira lei da igualdade. O mais são desvarios da inveja, do orgulho ou da loucura. Tratar com desigualdade a iguais, ou a desiguais com igualdade, seria desigualdade flagrante, e não igualdade real".

[47] STJ – REsp nº 866.840 – SP, 4ª Turma, Rel. Min. Luis Felipe Salomão, Rel. p. acórdão Min. Raul de Araújo, J. 07.06.2011.

[48] NEGREIROS, Teresa. *Teoria do contrato: novos paradigmas*. 2ª Ed. Rio de Janeiro: Renovar, 2006, p.158-159.

Afinal, como lecionam Garrone e Sammartino, "Los riesgos deben agrupar de acuerdo a la natureza del evento previsto (ramas) y los bienes y personas expuestas al mismo em relación com el grado de su resisttencia teórica al siniestro, lo que va a permitir la utilización de las estadísticas para el cálcula de la prima".[49]

E escalonamento por faixa etária permite justamente a "exacta correspondencia entre el riesgo, la prima y la prestación del assegurador"[50] essencial ao contrato de seguro e ao equilíbrio das partes.

Se a seguradora cobrasse um prêmio único, independentemente da idade e dos consequentes riscos do segurado, ocorreria, nessa hipótese, que os contratantes mais jovens pagariam mais do que, atuarialmente, seria necessário, para compensar o que os mais velhos estariam pagando de menos: um grupo de segurados quedaria onerado, em proveito de outro.

De conseguinte, se ninguém se espanta que a taxa do prêmio do seguro de automóvel é muito maior para o jovem que acabou de receber a habilitação para dirigir do que para um adulto que a possui há mais de cinquenta anos, por que gera tanta complexidade a regra do escalonamento do prêmio no seguro saúde pelo mesmo critério, qual seja: quanto maior o risco, maiores deverão ser o prêmios (=agrupar os riscos conforme a natureza do evento e reunir as pessoas e os bens que estão em um grau de proximidade maior da ocorrência do dano em um grupo diferente daqueles que se apresentam perante esse dano em um grau de proximidade menor).

Portanto, recorra-se ao Código de Defesa do Consumidor, ao Código Civil, à Constituição Federal ou mesmo à Lei 9.656/98 e se chegará a inevitável conclusão que a cláusula que prevê os reajustes por faixa etária é perfeitamente lícita, não possuindo nem vestígio de abusividade .

A própria doutrina consumerista reconhece referida sistemática – conforme Cláudia Lima Marques – segundo a qual, "os contratos de seguro saúde são contratos de cooperação e solidariedade, cuja essência é justamente o vínculo recíproco de cooperação (*wechselseitige Verbundenheit*), é a consciência da interdependência de cada um de seus participantes, com consciência da necessidade de direcionar-se para o mesmo fim, de manter uma relação de apoio e de adesão ao objetivo compartilhado (*Zusammengehörigkeitsgefühl*), única forma de realizar as expectativas legítimas de todos. O primeiro aspecto a destacar de forma especial nos contrato de seguro saúde é a vulnerabilidade especial dos consumidores de mais idade. Existem, neste tipo de contrato três fatores essenciais: o risco/sinistralidade, a solidariedade/mutualidade e o tempo/cativitade. Os riscos são abstratos,

---

[49] GARRONE, José Alberto y SAMMARTINO, Casto. *Ley de seguros*. Buenos Aires: Abelerdo-Perrot, 1998, p. 12. Tradução livre: "Os riscos devem ser agrupados de acordo com a natureza do evento previsto (ramos) e os bens e pessoas expostas ao mesmo em relação com o grau de sua resistência teoria ao sinistro, o que permite a utilização das estatísticas para o cálculo do prêmio".

[50] GARRONE, José Alberto y SAMMARTINO, Casto. *Ley de seguros*. Buenos Aires: Abelerdo-Perrot, 1998, p. 53. Tradução livre: "Exata correspondência entre o risco, o prêmio e a prestação do segurador".

logo, não ligados diretamente, mas estatisticamente à sinistralidade. Segurados ou transferidos são os riscos de saúde, ligados abstratamente à idade do consumidor, daí a previsão normal de preços diferentes por faixas etárias e consequentes reajustes sempre que um consumidor alcançar uma nova faixa etária, com outra estatística de risco".[51]

E no mesmo sentido posiciona-se um dos maiores juristas da atualidade – o nosso estimado Prof. Nelson Nery Jr. – que com a propriedade de poucos ensina que "quando a seguradora, tão logo se dá conta da inviabilidade atuarial que a manutenção da apólice defasada traria, constitui comissão para estudar a matéria e propor soluções e alternativas, de modo a preservar os interesses da companhia bem como os dos consumidores, a nosso ver age corretamente. Da mesma forma, quando contrata auditor independente para fazer estudo atuarial sobre as repercussões econômico-financeiras dessa defasada apólice, no sentido de preservar os direitos de todos os integrantes do grupo, bem como quando comunica todos esses fatos à estipulante e aos consumidores, manifestando sua expressa vontade de não renovar referida apólice, dando os motivos pelos quais assim agiria. Entendemos que, com esses procedimentos todos, terá sido respeitada a cláusula geral da boa-fé. Assim agindo, o segurador não se terá utilizado de nenhum subterfúgio para fugir às suas responsabilidades, mas, muito ao contrário, terá aberto todos os seus procedimentos para a estipulante, mandatária e representante dos segurados, para que não pairassem dúvidas sobre a justeza dos motivos que o levaram à manifestação da vontade de não renovar a apólice defasada".[52]

Inegável que o reajuste do prêmio em função da idade representa critério que respeita – além da técnica atuarial – o ordenamento jurídico de forma plena, inclusive quando aplicado para os beneficiários acima de 60 (sessenta) anos, conforme recentemente reconhecido pelo Superior Tribunal de Justiça.

### 6. Os contratos anteriores ao Estatuto do Idoso e o reajuste do prêmio em função da idade: recentíssima interpretação do Superior Tribunal de Justiça, que fixa tese jurídica em favor das melhores técnicas atuariais e securitárias

Nesse ponto permeia, sem sombra de dúvidas, uma das maiores discussões acerca dos reajustes por faixa etária.

Isso porque, com a entrada em vigor do Estatuto do Idoso, milhares de contratos celebrados anteriormente – que previam reajustes aos 60 anos ou posterior – passaram a receber uma leitura de avenças ilegais, por estarem em desacordo com o artigo 15 da referida lei.

---

[51] MARQUES, Claudia Lima. *Contratos no código de defesa do consumidor: o novo regime das relações contratuais*. 6ª ed. São Paulo: RT, 2011, p.520-521.
[52] NERY JUNIOR, Nelson. Contrato de seguro de vida em grupo e o código de defesa do consumidor. In: *Revista de Direito do Consumidor*, ano 01, nº 3, p. 165/210.

Não é difícil imaginar a quantidade de processos que esse fato desencadeou, assim como as diversas teorias que foram apresentadas para combater ou chancelar a proibição constante do Estatuto do Idoso.

Alguns passaram a defender que, como esses contratos foram celebrados antes da entrada em vigor da lei supracitada, a nova disposição legal não seria aplicável aos contratos "antigos", em atenção ao princípio da irretroatividade da lei.

Contudo, não demorou para surgirem teses contrárias, que defendem que os contratos de seguro saúde são de trato sucessivo ou de execução continuada, de modo que devem respeitar a legislação vigente no momento da aplicação de suas disposições. Dentre outras questões, os métodos de reajustes do prêmio por faixas etárias deveria respeitar a lei vigente no momento da aplicação do reajuste. Dessa forma, devem tais contratos sujeitar-se à lei nova, sem que daí advenha qualquer retroação em afronta ao disposto no art. 5º, inciso XXXVI, da Constituição Federal.

Considerando que o objetivo desse ensaio não é discorrer acerca dessas e de todas as demais teses atinentes ao assunto, cumpre-nos salientar que, atualmente, a segunda posição é a mais difundida pelos Tribunais da Federação, sendo que em parte deles – como é o caso do Tribunal de Justiça de São Paulo – a matéria está pacificada, conforme indica o enunciado 91 de sua súmula: "Súmula 91 – Ainda que a avença tenha sido firmada antes da sua vigência, é descabido, nos termos do disposto no art. 15, § 3º, do Estatuto do Idoso, o reajuste da mensalidade de plano de saúde por mudança de faixa etária".

Todavia, conforme já explanado acima, a discussão – atualmente assente na idade do beneficiário – deve ser deslocada para o risco que cada beneficiário previsivelmente acarreta ao mútuo inerente ao contrato de seguro saúde. Ou seja, sempre nos pareceu que a única solução correta para a celeuma jurídica (com o máximo respeitos às brilhantes teses tecidas pela doutrina) é a proporcionalização dos riscos, para seja garantida a saúde do mutualismo.

Nessa esteira, o STJ, em 2011, analisando profundamente o cerne da questão, decidiu que o reajuste aplicado aos sexagenários ou com idade superior, em si, não é ilegal.[53]

O Ministro-Relator do acórdão, Min. Raul Araújo, asseverou que "(...) não se extrai de tal norma interpretação que determine, abstratamente, que se repute abusivo todo e qualquer reajuste que se baseie em mudança de faixa etária (...), mas tão somente o reajuste discriminante, desarrazoado, que, em concreto, traduza verdadeiro fator de discriminação do idoso, justamente por visar dificultar ou impedir sua permanência no plano".

Continua e complementa que "(...) não há como se considerar violador do princípio da isonomia o reajuste, autorizado em lei, decorrente de mudança de

---

[53] STJ – Recurso Especial Nº 866.840 – SP (2006/0129056-3) – Min. Relator voto vencedor, Raul Araújo – 4ª Turma – Julgado em 07.06.2011.

faixa etária, baseado no já mencionado natural incremento do elemento risco, pois caracterizada a pertinência lógica que justifica tal diferenciação, máxime quando já idoso o segurado".

E, recentemente, em acórdão publicado na data de 31.10.2014,[54] tal entendimento foi reiterado pelo mesmo STJ, dessa vez pelo Eminente Ministro João Otávio Noronha, demonstrando uma crescente e importante mudança de orientação para a interpretação do reajuste do prêmio do seguro saúde em função da faixa etária.

No referido *decisum*, o Ministro Relator adotou premissas que, no nosso entendimento, resolvem da melhor forma possível a controvérsia que, nem de longe, havia sido resolvida pelas duas correntes supracitadas.

O voto vencedor enfatiza, especificamente, que "(...) os planos de saúde são ajustados de forma que aquele que apresente maior risco – na verdade, que mais se utiliza do plano –, arque com os custos disso. Tal fato não é discriminatório, pois não se está onerando uma pessoa pelo simples fato de ser idosa, mas por demandar mais do serviço ofertado. A discriminação, que é ato coibido por lei, é fomentada pelo preconceito, o qual, por sua vez, localiza-se na esfera da consciência do indivíduo e, ao ser externado, acaba por ferir direitos positivos. Nesse sentido, se considerado que os aumentos dos planos de saúde visam cobrir a maior demanda, não se pode falar em discriminação, que somente existiria na hipótese de o aumento decorrer, pura e simplesmente, do advento da idade. Aí sim, seria violado o art. 15, § 3º, do Estatuto do Idoso".

Não bastasse, ao final, o Relator do acórdão complementa o julgado com as razões adotadas pelo Ministro Raul Araújo no já citado REsp 866.840 – SP para fundamentar seu voto.

Ou seja, os dois acórdãos concluem que o reajuste aplicado aos 60 anos, ou após, se justifica pelo fato de que quanto mais idoso fica o beneficiário, maior é o risco assumido pelas operadoras de saúde. O foco é técnico, isto é dissociado à idade em si.

Entre outras palavras, o reajuste é necessário para se manter o equilíbrio contratual, e não por "simples discriminação", de modo que se a natureza impõe maiores complicações aos idosos não seria crível que o Poder Judiciário contrariasse as leis de Deus e ignorasse que aqueles que possuem idade avançada gastam muito mais do fundo comum do que os jovens, razão pela qual devem contribuir na mesma proporção de suas despesas. Ora, é essa a orientação básica de todo e qualquer seguro!

Por conseguinte – com a mudança de perspectiva proposta pelo STJ –, o operador do Direito deve entender que é perfeitamente natural que, com o aumento da idade, os usuários necessitem e utilizam cada vez mais a assistência

---

[54] STJ – Recurso Especial Nº 1.381.606 – DF (2013/0058831-6) – Terceira Turma – Relator João Otávio de Noronha – Julgado em 30.10.2014

médico-hospitalar, fazendo elevar o risco do contrato e, por conseguinte, o preço deve acompanhar este aumento (*i.e.* com a desestabilização das bases objetivas do negócio jurídico, em que o risco da seguradora eleva-se, deve-se, necessariamente, elevar-se a contribuição do beneficiário para seja mantida a proporcionalidade dos riscos).

Em razão disso, é evidente que não haveria, a princípio, discriminação no reajuste aplicado àqueles protegidos pelo Estatuto do Idoso, pois, como bem dito no acórdão destacado, os contratos que preveem estes reajustes nada mais fizeram do que calcular o risco que assumiriam quando os beneficiários atingissem determinada idade.

Conforme já explanado exaustivamente, o contrato de seguro baseia-se no mutualismo, e o prêmio é calculado na proporção do risco que é assumido. Desta feita, não há discriminação em calcular o prêmio com base na premissa – natural e incontestável – de que quanto mais envelhecemos, mais utilizaremos eventuais serviços médicos.

Nessa esteira é essencialmente importante que os órgãos do Poder Judiciário passem a respeitar a *tese jurídica* firmada pela Corte Superior de modo a garantir-se a harmonização dos julgados sobre o tema, para seja mantida a segurança jurídica e previsibilidade das decisões jurisdicionais, assim como respeito ao princípio da igualdade (CF 5º), imprescindíveis à correta manutenção do Estado Democrático de Direito.

Salienta-se, de imediato, que não se propõe o atrofiamento do princípio do livre convencimento motivado do magistrado. Muito pelo contrário, a importância da advertência deita-se na necessidade de se compreender o processo como instrumento eficiente e, ainda, suficiente, para a efetiva proteção do direito material.

Como adverte talvez o maior processualista que o nosso país já conheceu – José Carlos Barbosa Moreira – para o processo ser efetivo é preciso que desempenhe com eficiência o papel que lhe compete na economia do ordenamento jurídico, pois esse papel é instrumental em relação ao direito substantivo. Uma noção conecta-se com a outra e por assim dizer a implica. Qualquer instrumento será bom na medida em que sirva de modo prestimoso à consecução dos fins da obra a que se destina. Assim, será efetivo o processo que constitua instrumento eficiente de realização do direito material.[55]

Daí por que diferentes decisões judiciais sobre a mesma matéria não devem subsistir, haja vista que tais distorções causam, inexoravelmente, uma significativa insatisfação social, assim como promove a insegurança e a incerteza jurídica.

Não se olvide, que o princípio da igualdade contido na CF, art. 5º – que dispõe que todos são igual perante a lei – propaga, na bem da verdade, que essa igualdade

---

[55] BARBOSA MOREIRA, José Carlos. *Por um processo socialmente efetivo.* São Paulo: RT. Revista de Processo, 2002, v. 27, nº 105, p. 183 e ss.190.

não é somente a igualdade no processo, mas, também, a igualdade nas soluções dos conflitos de mesma natureza (*i.e.* igualdade nas decisões jurisdicionais).

Nas palavras de Rui Portanova, "trata-se de um princípio informativo, não só do processo civil, mas de todo o direito. É norma verdadeiramente supraconstitucional. É indispensável que o intérprete veja a necessidade do tratamento igualizador de forma mais abrangente do que a tão só *igualdade perante a lei*".[56]

Por fim, destaque-se a posição de um dos maiores juristas da atualidade – Claus-Wilhelm Canaris – que ao pregar a necessidade do Poder Judiciário perquirir o que classifica como "decisões padrões", pontifica que a ordem e a unidade do Direito são elementos fundamentais à ordem jurídica. Isso porque, trata-se "bem mais do que pressupostos da natureza científica da jurisprudência e do que postulados da metodologia; elas pertencem, antes, às mais fundamentais exigências ético-jurídicas e radicam, por fim, na própria ideia de Direito. Assim, a exigência de "ordem" resulta directamente do reconhecimento postulado da justiça, de tratar o igual de modo igual e o diferente de forma diferente, de acordo com a medida da sua diferença".[57]

A compreensão da importância da coesão dos julgados e do respeito às teses jurídica fixadas pelo STJ é imprescindível para a garantia do Estado Democrático de Direito e com esse artigo esperamos contribuir, singelamente, à reflexão do tema da ótica do reajuste do prêmio do contrato de seguro saúde pela faixa etária (inclusive acima dos 60 anos), cuja prática é e sempre será fisiologicamente ligada à prestação da saúde suplementar.

## 7. Referências

ALMEIDA SANTOS, José Carlos Van Cleef de. O transito em julgado progressivo das decisões de mérito – uma visão da ótica das decisões interlocutórias. *Revista de Processo*. São Paulo: RT, 2011, nº 202.

——. A decisão interlocutória de mérito no processo civil brasileiro: uma visão da perspectiva do procedimento de conhecimento do processo contencioso em primeiro grau de jurisdição. *Dissertação de Mestrado*. São Paulo: Pontifícia Universidade Católica de São Paulo, 2012.

—— A resolução parcial do mérito no saneamento do processo e a natureza jurídica do pronunciamento judicial: da doutrina de Pontes de Miranda ao Projeto do Novo Código de Processo Civil. *In* DIDIER Jr., Fredie; NOGUEIRA, Pedro Henrique Pedrosa e GOUVEIA FILHO, Roberto P. Campos (Coord.). *Pontes de Miranda e o Direito Processual*. Salvador: JusPodivm, 2013.

——. A coisa julgada e a decisão interlocutória de mérito. A reafirmação do sistema pelo Projeto do novo CPC. In AURELI, Arlete Inês; SCHMITZ, Leonard Ziesemer; DELFINO, Lúcio; ALMEIDA RIBEIRO, Sérgio Luiz de; e FERREIRA, William Santos (Coord.). *O direito de estar em juízo e a coisa julgada: livro em homenagem à Thereza Alvim*. São Paulo: RT, 2014.

---

[56] PORTANOVA, Rui. *Princípios no processo civil*. Porto Alegre: Livraria do Advogado, 2005, p. 37.

[57] CANARIS, Claus-Wilhelm. *Pensamento sistemático e conceito de sistema na ciência do direito*. 2ª ed. Lisboa: Fundação Calouste Gulbenkian,1996, p. 18.

——. Pronunciamentos jurisdicionais sobre parcela do meritum causae: coisa julgada material progressiva, multiplicidade de ações rescisórias, o fim do enunciado 401 da súmula do STJ (?) e notas sobre o PNCPC. *Revista dos Tribunais*. São Paulo: RT, 2014, v. 948.

ALMEIDA SANTOS, José Carlos Van Cleef de; CASCALDI, Luís de Carvalho. *Manual de direito civil*. São Paulo: RT, 2011.

——;——. *Manual de direito civil*. 2ª ed. São Paulo: RT, 2014, no prelo.

ALVIM, Pedro. *O contrato de seguro*. Rio de Janeiro: Forense, 1983.

——. ——. 3ª ed. Rio de Janeiro: Forense, 2001.

BARBOSA MOREIRA, José Carlos. *Por um processo socialmente efetivo*. São Paulo: RT. Revista de Processo, 2002, v. 27, nº 105.

BRASIL. Ministério da Saúde. Agência Nacional de Saúde Suplementar. *Glossário temático: saúde suplementar*. 2ª. Brasília: Ministério da Saúde, 2012.

CANARIS, Claus-Wilhelm. *Pensamento sistemático e conceito de sistema na ciência do direito*. 2ª ed. Lisboa: Fundação Calouste Gulbenkian,1996.

DINIZ, Maria Helena. *Curso de direito civil brasileiro*. 26ª ed. São Paulo: Saraiva, 2010, v. 03.

DONATI, Antigono. *Trattato del diritto delle assicurazioni private*. Milano: Giuffrè, 1954, v. II.

FIGUEIREDO, Leonardo Vizeu. Curso de direito de saúde suplementar: manual jurídico de planos e seguros de saúde. 2ª ed. Rio de Janeiro: Forense, 2012.

GARRONE, José Alberto y SAMMARTINO, Casto. *Ley de seguros*. Buenos Aires: Abelerdo-Perrot, 1998.

GONTIJO JÚNIOR, Ivan Luiz. A indeterminação do beneficiário no seguro de pessoas. Alvará judicial: seus limites. *In Seguro, esse desconhecido*. Centro de Debates e Estudos (CEDES) do Tribunal de Alçada do Estado do Rio de Janeiro. Rio de Janeiro: EMERJ, 1994, p. 109.

IRB – Brasil Re. *Dicionário de seguros: vocabulário conceituado de seguros*. 3ª ed. Rio de Janeiro: FUNENSEG, 2011.

JONES, W. R.; DOE, C.T.; TOPODAS, J.M. *Pure Community Rating: A Quick Fix to Avoid*. Journal of American Health Policy, Jan-Fev, 1993.

JOURDAN, Maria Leonor Baptista. Dos contratos de seguro saúde no brasil. *In Seguro, esse desconhecido*. Centro de Debates e Estudos (CEDES) do Tribunal de Alçada do Estado do Rio de Janeiro. Rio de Janeiro: EMERJ, 1994.

LARENZ, Karl. *Base del negocio juridico y cumplimiento de los contratos*. Madrid: Editorial Revista de Derecho Privado, 1956.

——. *Geschäftsgrundlage und Vertragserfüllung*: Die Bedeutung "Veränderter Umstände" im Zivilrecht. 3ª ed. München-Berlin: Beck, 1963.

MANCUSO, Rodolfo de Camargo. *A resolução dos conflitos e a função judicial no contemporâneo estado de direito*. São Paulo: RT, 2009.

MARQUES, Cláudia Lima. *Contratos no código de defesa do consumidor*: o novo regime das relações contratuais. 6ª Ed. São Paulo: RT, 2011.

MARTINS, João Marcos Brito. *O contrato de seguro*: comentado conforme as disposições do novo código civil. Rio de Janeiro: Forense Universitária, 2003.

MENEZES CORDEIRO, António Manuel da Rocha. *Da boa fé no direito civil*. 4ª Reimp. Coimbra: Almedina, 2011.

MEILIJ, Gustavo Raúl. *Manual de seguros*. 3ª ed. Buenos Aires: Depalma, 1998.

MESQUITA, Maria Angélica Fonseca de. A regulação da assistência suplementar à saúde: legislação e contexto institucional. *In* Brasil. Ministério da Saúde. Agência Nacional de Saúde Suplementar. Regulação & Saúde: estrutura, evolução e perspectivas da assistência médica suplementar. Rio de Janeiro: ANS, 2002.

MUÑOZ, Luiz. *Teoria general del contrato*. México: Cardenas Editor y Distribuidor, 1973.

NEGREIROS, Teresa. *Teoria do contrato: novos paradigmas*. 2ª Ed. Rio de Janeiro: Renovar, 2006.

NERY JUNIOR, Nelson. *A base do negócio jurídico e a revisão do contrato*. In PEREIRA DOS REIS, Selma Negrão (Coord.). *Questões de direito civil e o novo código*. São Paulo: Ministério Público. Procuradoria Geral da Justiça. Imprensa Oficial do Estado de São Paulo, 2004.

——. *Contrato de seguro de vida em grupo e o código de defesa do consumidor*. In Revista de Direito do Consumidor, ano 01, nº 3.

——; NERY, Rosa Maria de Andrade. *Código civil comentado*. 10ª Ed. São Paulo: RT, 2013.

PONTES DE MIRANDA, Francisco Cavalcanti. *Tratado de direito privado*. Parte especial: direito das obrigações. Atualizado por Nelson Nery Jr.; Rosa Maria de Andrade Nery. São Paulo: RT, 2012, t. XXV, § 3.063.

PORTANOVA, Rui. *Princípios no processo civil*. Porto Alegre: Livraria do Advogado, 2005.

RODRIGUES, Bruno Lemos. *Aspectos legais dos contratos de seguro saúde*. São Paulo: IOB Thomson, 2006.

SANTOS, Ricardo Bechara. *Direito de seguro no Novo Código Civil e Legislação Própria*. Rio de Janeiro: Forense, 2006.

SIQUEIRA CASTRO, Carlos Roberto. Função normativa regulatória e o novo princípio da legalidade. In: ARAGÃO, Alexandre Santos de (Coord.). *O poder normativo das agências reguladoras*. 2ª ed. Rio de Janeiro: Forense, 2011.

TENNYSON, Sharon. *Efficiency Consequences of Rate Regulation in the Insurance Industry*. Networks Financial Institute. Policy Brief, 2007, PB nº 03.

VIVANTE, Cesar. *Del contrato de seguro, de la prenda, del deposito en los almacenes generales*. Traducción de Santiago Sentís Melendo. Buenos Aires: Adiar, 1952.

WALD, Arnoldo. *Direito civil: contratos em espécie*. 18ª Ed. São Paulo: Saraiva, 2009, v. 03.

WAMBIER, Teresa Arruda Alvim. Precedentes e evolução do direito. In: WAMBIER, Teresa Arruda Alvim. *Direito jurisprudencial*. (Coord.). São Paulo: RT, 2012.

## — III —

# Custo de apólice: questões controvertidas

## André Tavares

Bacharel em Direito pela PUC/RJ. Pós-graduado em Direito Securitário pelo MBA parceria Universidade Cândido Mendes/FUNENSEG. Professor de Seguros de Automóvel no MBA de Direito Securitário da FUNENSEG. Secretário-geral da Comissão de Direito do Seguro e Resseguro da OAB/RJ. Membro do Conselho Deliberativo da Associação Internacional de Direito de Seguros – AIDA. Conselheiro Editorial da Revista Eletrônica da Associação Internacional de Direito de Seguros – AIDA – e da Revista de Seguros.

*Sumário*: Apresentação; 1. Introdução; 2. Prêmio: digressão necessária; 3. Breve histórico; 4. Verba necessária; 5. Valores definidos; 6. Incompreensão lesiva; 7. Rubricas similares; 8. Conclusão; 9. Referências.

### Apresentação

Muito se falou sobre o "custo de apólice, fatura e endosso" nesses últimos anos. Trata-se de verba que incide sobre o cálculo do prêmio e tem a finalidade de cobrir as despesas da formação do contrato de seguro e de subscrição do risco objeto da garantia. A validade e a causa eficiente do "custo de apólice" impõem-se questão controvertida entre os técnicos de seguro e os que defendem, irrefletidamente, os direitos do consumidor. Os detratores dessa rubrica atuarial afirmam que o "custo de apólice" está embutido no "carregamento" e que a cobrança desses valores resultaria em *bis in idem*.

### 1. Introdução

Até bem pouco tempo, antes de editada a Resolução CNSP nº 264, de 05 de outubro de 2012, o "custo de apólice" afigurava-se autonomamente em relação às demais partículas do prêmio. A partir daí, a cobrança do custo tornou-se possível apenas inserindo-se a verba no prêmio bruto, sem que se a decomponha autonomamente, o que resulta em algumas implicações, de caráter técnico e jurídico.

Diga-se, desde logo, que a doutrina especializada discrimina os componentes do prêmio bruto da seguinte forma: "O prêmio a ser pago ao cliente se compõe de: prêmio tarifário; menos desconto do corretor (abatido da comissão); mais adicional de fracionamento, caso o prêmio seja parcelado (é usual não incidir o adicional até uma certa quantidade de parcelas – 4,5...); mais custo de apólice; e mais IOF – Imposto Sobre Operações Financeiras".[1]

O objeto deste estudo consiste, então, em esclarecer que o "custo de apólice, fatura e endosso" (a) significa relevante rubrica atuarial, destinada à formação própria de reservas atinentes aos custos de aferição dos riscos e instrumentalização da apólice; (b) compõe o prêmio bruto [na medida em que sobre ele, por exemplo, incide IOF]; (c) decorre de previsão regulamentar específica; e (d) contém uma finalidade definida dentro da complexa operação de seguro.

## 2. Prêmio: digressão necessária

Como se sabe, o prêmio apresenta-se como um dos elementos objetivos definidores do contrato de seguro (CC, art. 757). É a contraprestação que o segurado paga ao segurador para a garantia dos riscos assumidos no contrato de seguro, a partir da qual serão formadas as reservas e provisões necessárias ao desempenho da operação de seguro. Segundo a doutrina clássica, é "a compensação pela assunção do risco, por isso uma corrente doutrinária admite que, etimologicamente, prêmio significa 'proemium' com sentido de recompensa".[2]

Do ponto de vista econômico, entende-se que o prêmio deve ser capaz de fazer frente às obrigações do segurador, principalmente no que concerne ao exercício de sua atividade de garantidor de riscos, em termos amplos, pois "O cálculo dos prêmios dos seguros é provavelmente o mais importante estudo para uma seguradora, pois a receita deste tipo de empresa dependerá basicamente deste número. Sendo assim, é oportuno abordarmos – mesmo que conceitualmente – os princípios básicos que nortearão este cálculo. A ideia básica inicial do prêmio do seguro é derivada do conceito de ela ser capaz de cobrir as despesas derivadas dos sinistros esperados pagos. Neste caso, define-se a equação (PE = Sinistros Totais Esperados [ST]/Quantidade de segurados [Q]), o conceito de Prêmio Estatístico (PE). Adicionalmente, considera-se, por simplificação, que as Importâncias Seguradas (o valor a ser coberto pelo seguro) dos bens sejam idênticas entre si e iguais à variável IS. Deste modo, define-se na equação (TE = PE/IS = ST/[Q x IS]) o

---

[1] PITA, Renato; DOMINGUEZ, Alexandre. *Seguro de Automóvel*. FUNENSEG. Rio de Janeiro, 2011, p. 27.

[2] ALVIM, Pedro. *O Contrato de Seguro*. 2ª edição. Rio de Janeiro: Forense, 1986, p. 269.

conceito de Taxa Estatística (TE). Pela equação, essa taxa corresponderá ao percentual que será multiplicado à IS para obtenção do Prêmio Estatístico".[3]

Recorra-se à qualificada doutrina portuguesa para a apreensão do conceito de prêmio, sob uma perspectiva eminentemente jurídica, no sentido de que "Prêmio advém do latim *praemium, prae* (prévio, preliminar ou primeiro) + *emo* (tomar para si ou capturar) e que, inicialmente, significava a parte da presa tomada ao inimigo e retirada, em primeiro lugar, para ser oferecida ao vencedor ou à divindade que assegurou a vitória. Passou, depois, a exprimir algo que era dado ou tomado em primeira linha ou lugar. Nos seguros, a utilização do termo prêmio poderá ter um sentido profundo: o tomador começa por pagar uma certa quantia, transferindo o risco para o segurador. Como veremos, o prêmio deve mesmo ser pago em momento prévio: depois de corrido o momento 'perigoso', saber-se-á já se houve ou não 'sinistro'. O seguro não faz, então, qualquer sentido. A expressão prêmio está etimologicamente ligada ao pagamento preliminar".[4]

A análise estritamente atuarial a respeito da matéria, por sua vez, leva em consideração, expressamente, o custo específico para a formação do contrato (custo de apólice) quando define o *prêmio total do seguro*:

O preço de um seguro, chamado prêmio, mais precisamente premio comercial, é o valor que a seguradora cobra do segurado para assumir riscos de acordo com o contrato de seguro.
O modelo simples, que será utilizado neste texto, de formação do prêmio comercial compõe-se das seguintes variáveis:
- Prêmio puro;
- Despesas de comercialização;
- Remuneração do capital empregado na empresa.
O prêmio puro (prêmio destinado a cobrir os sinistros esperados) será a base para a formação do preço. Os outros itens serão chamados de carregamentos, simbolizados pela letra *c*.
Taxa estatística + carregamento estatístico de segurança = taxa pura + carregamento com: despesas administrativas, despesas comerciais, lucro esperado... = taxa comercial.
Mas despesas administrativas estão incluídos os impostos, taxas e contribuições. O IOF – imposto sobre as operações financeiras – bem como o custo de apólice são adicionados ao prêmio comercial para encontrar-se o prêmio total do seguro.
Na prática, as seguradoras somam à DA (despesas administrativas) o lucro esperado pelos acionistas.[5]

Ressalte-se, por relevante, que a lei de seguros portuguesa, de forma técnica e vanguardista, define que o "prêmio de seguro é a contrapartida da cobertura acordada e inclui tudo o que seja contratualmente devido pelo tomador do seguro, nomeadamente os custos da cobertura do risco, os custos de aquisição, de gestão e de cobrança e os encargos relacionados com a emissão da apólice" (DL 72/08, art. 51.1). Ou seja, o ordenamento jurídico português contempla e reconhece a existência de custos necessários à formação do contrato e à emissão da apólice, destinando, por lei, parcela específica do prêmio a essa finalidade.

---

[3] GALIZA, Francisco. *Economia e Seguro: uma Introdução*. 3ª ed. Rio de Janeiro: FUNENSEG, 2011, p. 40.
[4] CORDEIRO, Antônio Menezes. *Direito de Seguros*. Coimbra: Almedina, 2013, p. 518
[5] LUCCAS FILHO, Olívio. *Seguros*. São Paulo: Atlas, 2011, p. 20/30.

## 3. Breve histórico

O "custo de apólice" não é tema novo dentro do setor regulatório securitário. Pelo contrário, foi alvo de regulamentação por parte do Banco Central do Brasil, na Circular nº 54, de 5 de outubro de 1966, do Conselho Nacional de Seguros Privados (CNSP), por intermédio da Circular nº 1, de 1974, e, por óbvio, da Superintendência de Seguros Privados (SUSEP), a quem cabe hoje, concorrentemente, a regulamentação em virtude do disposto na Resolução CNSP nº 15, de 11 de agosto de 1998.[6]

Nesse contexto, em 05 de março de 1969, a SUSEP editou a Circular nº 05, segundo a qual "o imposto sobre operações financeiras instituído pela Lei nº 5.143, de 20 de outubro de 1996, que (...) incide sobre o prêmio de seguro recebido do segurado, será cobrado também sobre a parcela relativa ao custo de apólice ou do bilhete, por isso que se trata de elemento integrante daquele prêmio".[7]

Em 18.12.80, foi editada a Resolução CNSP nº 12, com o fim de "aprovar a tabela de custo de apólice, fatura e endosso". A Resolução CNSP nº 08, de 14 de dezembro de 1982, contém tabela de atualização anual do "custo de apólice, fatura e endosso". Por sua vez, a Resolução CNSP nº 04, de 06 de março de 1990 dispôs (art. 1º) que "para efeito da Tabela de Custo de Apólice aprovada pela Resolução CNSP nº 08, de 14.12.82, deverá ser considerado o Maior Valor de referência (MVR) vigente em 01 de março do corrente ano".

Em 06.3.90, foi editada a Resolução CNSP nº 04, prevendo, em seu art. 2º, que a "SUSEP encaminhará ao CNSP proposta de nova Tabela de Custo de Apólice, disciplinando a forma e periodicidade de seu reajuste". A Resolução CNSP nº 12, de 26 de maio de 1998, veio, em seu art. 1º, a "facultar a cobrança do custo de apólice, fatura e endosso em contratos de seguro até o limite de R$ 60,00 (sessenta reais)".

Em 31.7.01, foi editada a Circular SUSEP nº 159, dispondo em seu art. 2º que "fica facultada a cobrança do custo de emissão até o valor correspondente a 10% do prêmio emitido, observado o limite máximo de R$ 60,00". A Circular SUSEP nº 56, de 12 de agosto de 1998, e a Circular SUSEP nº 176, de 11 de dezembro de 2001, dentre outra medidas, consoante os termos da Resolução CNSP nº 12/98, estabeleceram, ambas, o limite de R$ 60,00 para a cobrança do "custo de apólice".[8]

---

[6] Art. 1º Delegar à Superintendência de Seguros Privados – SUSEP, a atribuição de definir, por normativo próprio, os critérios para cobrança do custo de apólice, fatura e endosso em contratos de seguro. Art. 2º Revogar a Resolução CNSP nº 12, de 26 de maio de 1998.

[7] Circular SUSEP nº 05 de 05 de março de 1969, art. 1º.

[8] Art. 1º Para efeitos do disposto nesta Circular, denomina-se custo de emissão o custo de apólice, fatura e endosso em contratos de seguro a que se refere o art. 1º da Resolução CNSP nº 15, de 11 de agosto de 1998. Art. 2º Fica facultada a cobrança do custo de emissão até o limite de R$ 60,00 (sessenta reais). Art. 3º É vedada a cobrança do custo de emissão para os endossos que tenham por objeto a correção ou alteração de informações e que não impliquem na cobrança de prêmio de seguro adicional, ou para aqueles que promovam qualquer tipo de restituição de prêmio. Art. 4º Na contratação de seguro de crédito à exportação, crédito interno, seguro garantia e fiança locatícia, independentemente do limite imposto no art. 2º, poderá ser incluído no cálculo do custo de emissão valor relativo ao custo de cadastro e acompanhamento de crédito, desde que previamente aprovado pela SUSEP por meio de nota técnica. Art. 5º Esta Circular entra em vigor na data de sua publicação, com efeito a partir de 1º de dezembro de 2001.

A Circular SUSEP nº 401, de 25 de fevereiro de 2010,[9] atendendo a anseios do mercado, atualizou os valores cobrados a título de "custo de apólice", passando a verba a ter o valor de R$ 100,00. Note-se que, até então, jamais se cogitara da ilegalidade ou ausência de causa eficiente do "custo de apólice". A Circular SUSEP nº 432/12 suspendeu temporariamente o aumento de R$ 100,00, restaurando o valor da taxa aos R$ 60,00 anteriores.

Nesse contexto, destaque-se que a CNSP, em 05 de outubro de 2012, no uso de sua atribuição legal, editou a Resolução nº 264, cujo objeto é "vedar a cobrança do custo de emissão de apólice, fatura e endosso separadamente do prêmio em contratos de seguros", nos termos do art. 1º da referida Resolução.[10]

O que se verifica, portanto, é que o "custo de apólice" instituiu-se a partir de vasto lastro regulamentar. Parece correto, então, entender-se que todas as cobranças feitas a esse título ocorreram sob a égide regulamentar expressa. Impõe-se de fundamental importância a compreensão de que a Resolução CNSP nº 264/12 não extinguiu o "custo de apólice", mas o incorporou ao carregamento do prêmio.

## 4. Verba necessária

Quando editada a Resolução CNSP nº 264/12, iniciou-se uma grande (e despropositada) confusão. Explique-se: o fato de o "custo da apólice" ter previsão técnica a atuarial – o que faz com que a verba componha o prêmio bruto – não significa que a verba não possa ser ressalvada em rubrica própria, e que essa ressalva não faça parte integrante e indissociável do prêmio. E mais: a causa justa e eficiente da cobrança do "custo de apólice" fundamenta-se nas despesas inerentes

---

[9] Art. 1º Para efeitos do disposto nesta Circular, denomina-se custo de emissão o custo de apólice, fatura e endosso em contratos de seguro a que se refere o art. 1º da Resolução CNSP nº 15, de 11 de agosto de 1998. Art. 2º Fica facultada a cobrança do custo de emissão, até o limite de R$ 100,00 (cem reais), respeitado o disposto nesta Circular, ressalvados os casos expressamente previstos em regulamentação específica. Art. 3º É vedada a cobrança do custo de emissão para endossos que tenham por objeto a correção ou alteração de informações e que não impliquem a cobrança de prêmio de seguro adicional, ou para aqueles que promovam qualquer tipo de restituição de prêmio. Parágrafo único. Na hipótese de o endosso implicar a cobrança de prêmio adicional, o custo de emissão, caso previsto, deverá respeitar o limite proporcional ao aumento empreendido no prêmio de seguro. Art. 4º Nos seguros coletivos é vedada a cobrança do custo de emissão, individualmente, por certificado. Art. 5º O custo de emissão a que se refere esta Circular não poderá ser cobrado nas contratações operacionalizadas por meio eletrônico com assinatura digital, na forma da regulamentação específica. Art. 6º Na contratação de seguro de crédito à exportação, crédito interno, seguro garantia e fiança locatícia, independentemente do limite estabelecido no artigo 2º, poderá ser incluído no cálculo do custo de emissão valor relativo ao custo de cadastro e acompanhamento de crédito, desde que previamente autorizado pela SUSEP por meio da respectiva nota técnica. Art. 7º Esta Circular entra em vigor na data de sua publicação, ficando revogada a Circular SUSEP nº 176, de 11 de dezembro de 2001.

[10] Mesmo quando editada a Resolução CNSP nº 264/12, a cobrança do custo de apólice no Seguro DPVAT manteve-se de forma apartada, como previsto na Resolução CNSP nº 198, de 30 de dezembro de 2008, em seu art. 2º, §1º, segundo o qual *"adicionalmente ao prêmio tarifário do seguro, será cobrado o valor de R$ 3,90 (três reais e noventa centavos), a título de custo da emissão e da cobrança da apólice ou do bilhete do Seguro DPVAT, em atendimento ao disposto nos §§ 3º e 4º do art. 12 da Lei nº 6.194, de 19 de setembro de 1974, incluídos pelo artigo 19 da Medida Provisória No 451, de 15 de dezembro de 2008."*

à formação do contrato de seguro e na adoção de medidas necessárias, pelo segurador, para que se reduza a assimetria de informação.

E nem poderia ser diferente. O "custo de apólice" tem finalidade própria na operação do seguro, sendo certo que os valores recebidos a esse título formam provisão definida, destacada em nota técnica atuarial. Desfaça-se a suposição de que o "custo da apólice" seria uma cobrança aleatória sem contraprestação respectiva. Afaste-se também a tese de que a sua estipulação se deu através da exclusiva conveniência da SUSEP, em desrespeito às regras formais aplicáveis ao setor regulatório. Isso está muito longe de corresponder à verdade.

A título de esclarecimento acerca do que engloba a referida verba, explicitou a FENSEG, em ofício encaminhado à SUSEP, tratar-se dos "valores dispendidos pelas Seguradoras com toda a parte de folheteria (apólice propriamente dita + endossos + impressos elucidativos + cartões para assistência 24 horas e boletos bancários), o custo de apólice foi criado, à época, com o principal objetivo de cobrir também as despesas para análise e aceitação dos riscos, e, em especial, para suprir os gastos com a realização de vistorias. Durante este longo período houve maior interiorização do seguro no país, trazendo aumento das distâncias a serem cobertas para as vistorias prévias, bem como para o envio de condições gerais e todos os materiais necessários para o segurado conhecer melhor o produto que está adquirindo".

Evidente, portanto, que a cobrança corresponde a despesas efetivamente incorridas pelas seguradoras e não a uma verba aleatória.

Por isso, não assiste razão aos que pretendem classificar o "custo de apólice" como sendo um "adicional acrescido ao prêmio", eis que, segundo a doutrina, dentre os quatro elementos que compõe o prêmio, estão os seguintes: "1. Prêmio Estatístico: é aquele destinado a cobrir o custo total estimados dos prejuízos; 2. Prêmio Puro: é o resultante de um carregamento técnico de segurança, matematicamente calculado, a ser aplicado sobre o Prêmio Estatístico, pela possível oscilação da Probabilidade de Ocorrência (ou Valor Matemático do Risco); 3. Prêmio Comercial ou Tarifário: é o resultante do carregamento comercial (comissão de corretagem, despesas administrativas e lucro do Segurador) sobre o Prêmio Puro, sendo também chamado de Prêmio Líquido; 4. Prêmio Bruto: é o resultante do acréscimo de emolumentos (custo de apólice, adicional de fracionamento – quando houver – e IOF) sobre o Prêmio Tarifário ou Líquido no contrato".[11]

Com efeito, o "custo de apólice" corresponde a valores que reembolsarão parte dos custos necessários à instrumentalização da apólice e à subscrição dos riscos (inclusive com a realização de vistorias por parte do segurador), e, por isso, serão alocadas em reservas técnicas específicas (por exemplo, provisões matemáticas carregadas ou modificadas, nos seguros de vida individuais formadores de reserva).

---

[11] DEL FIORI, Alexandre. *Dicionário de Seguros, Manuais Técnicos de Seguros.* São Paulo, 1996, p. 55.

Essa realidade comprova-se em diversos aspectos. Nos termos da Circular SUSEP nº 256, de 16 de junho de 2004, que "dispõe sobre a estruturação mínima das Condições Contratuais e das Notas Técnicas Atuariais dos Contratos de Seguros de Danos e dá outras providências", constata-se, em seu art. 51, que a "Nota Técnica Atuarial deverá manter perfeita relação com as Condições Contratuais e conter os seguintes elementos mínimos: (...) IX – os percentuais dos carregamentos que serão utilizados para as despesas administrativas, o lucro e a corretagem, bem como os limites máximos e mínimos do carregamento total".

São esses os exatos termos do Decreto 3.633, de 18 de outubro de 2000, segundo o qual o art. 1º, § 3º, expõe que as "notas técnicas atuariais deverão explicitar o prêmio puro, o carregamento, a taxa de juros, o fracionamento e todos os demais parâmetros concernentes à mensuração do risco e dos custos agregados, observando-se, em qualquer hipótese, a equivalência atuarial dos compromissos futuros".

Isso significa dizer que a SUSEP exige que conste de nota técnica atuarial o "carregamento" – consistente nas despesas administrativas, lucro e corretagem – bem como o "carregamento total", que é o resultado desses componentes incluindo-se aí o "adicional de fracionamento" e o "custo de apólice".

Assim, tem-se que a validade do "custo de apólice" confirma-se com a nova Resolução CNSP nº 264/12, vista sempre em harmonia com conjunto normativo concernente à matéria. Independentemente do "custo de apólice" ter sido, formalmente, incorporado ao "carregamento total", o fato é que, na realidade, em termos substantivos, a verba continua a existir com o alcance definido pela sua finalidade, sempre relacionada à formação do contrato de seguro. Veja-se que tal rubrica sobressai como sendo de natureza técnica, fazendo parte integrante do prêmio e de caráter essencial ao aperfeiçoamento do vínculo segurado/segurador.

Não há, portanto, qualquer brecha para que se invoque interpretação diversa daquela dada pela SUSEP e pelo mercado segurador acerca do conceito técnico de "custo de apólice", que nada mais é do que parte integrante do prêmio cobrado dos segurados. Lembre-se que o destaque do "custo de apólice" em incidência unitária favorece aos próprios consumidores.

Reconheça-se que, quando deixa de ser tarifado em rubrica própria e autônoma, o "custo de apólice" insere-se nas demais partículas do prêmio, sobre as quais incidem outros encargos (comissão de corretagem, por exemplo), o que encarecerá o preço médio do seguro. Isso não interessa a ninguém. A cobrança em separado é, na verdade, uma emanação do dever de informar, em estrito cumprimento do disposto no art. 6º, III, do Código de Defesa do Consumidor. A separação da rubrica "custo de apólice", que integra o prêmio bruto, é benéfica ao próprio consumidor, pois confere clareza e transparência a esse custo, do qual se dá a todos os interessados absoluta ciência.

Desse modo, o "custo de apólice" – na modalidade em que arbitrado pela SUSEP em patamar estático, transparente e controlado (conforme estabelecido em momento anterior à Resolução CNSP 264/12) – revela-se mais do que uma garantia de preservação do valor do prêmio, na medida em que, sobre ele, incide uma verba não variável, o que induz a uma diminuição entre a eventual diferença de tarifas praticadas pelas seguradoras e mostra-se, portanto, como um panorama mais favorável ao consumidor.

## 5. Valores definidos

Até a edição da Circular SUSEP nº 401, de 25 de fevereiro de 2010, que acolheu demanda do mercado no sentido da atualização dos valores cobrados a título de "custo de apólice", jamais se cogitou de sua ilegalidade. A SUSEP, ao editar o referido ato normativo, o fez partindo da premissa de que, desde 1998 (Resolução CNSP nº 12), o valor do "custo de apólice" estava estacionado em R$ 60,00, sendo que, no mesmo período, além do reajuste dos preços dos serviços reembolsados, surgiram diversas novas exigências técnicas, que, por óbvio, elevaram os custos de emissão das apólices e da operação como um todo.

Através de estudos, foi demonstrado que, se aplicados quaisquer dos índices inflacionários, apenas a título de correção monetária, sem levar em consideração os novos custos, a referida taxa deveria estar fixada entre R$ 110,93 (IPC-FIPE) e R$ 164,58 (IGP-M), diante disso sugeriu-se que o valor do "custo de apólice" pudesse ser atualizado para R$ 100,00.

Diante da razoabilidade da medida, os anseios do mercado foram atendidos, o que ensejou a publicação da Circular SUSEP nº 401/2010, que alterou de R$ 60,00 para R$ 100,00, valor a ser aplicado sobre o "custo de apólice".

Contudo, em 20 de setembro de 2011, a Advocacia Geral da União apresentou parecer suscitando irregularidades de ordem formal na edição da Circular SUSEP nº 401/2010, que, antes de ser editada, deveria ter sido submetida a estudo técnico e, posteriormente, ao parecer da Procuradora Autárquica. E, diante da necessidade de realizar-se estudo técnico, a referida circular foi prontamente suspensa, por intermédio da Circular SUSEP nº 432/2012, até que apurados os fatos.

Como se percebe, a irregularidade que ensejou a suspensão da eficácia da Circular SUSEP nº 401/2010 tem natureza meramente formal e temporária, não havendo qualquer indício que decorra da ilegalidade da referida cobrança. E mais. A irregularidade formal e a suspensão que dela decorreu atingem apenas a norma que gerou o incremento do valor do custo da apólice de R$ 60,00 para R$ 100,00 (Circular nº 401/2010). Tais fatos não afetam em nada toda a ampla regulamentação do CNSP e da SUSEP, que permite, como sempre permitiu, a cobrança do "custo de apólice", limitada, contudo, a R$ 60,00, até que a suspensão gerada pela Circular nº 432/12 deixe de operar.

Note-se, por relevante, que a novel Resolução CNSP 264/12 não alterou a suspensão de que trata a Circular SUSEP nº 432/12, o que significa que, caso haja disposição regulamentar do CNSP a respeito, poderia atribuir-se ao "custo de apólice", em tese, o valor de R$ 100,00.

Conquanto a Resolução CNSP 264/12 afirme, em seu art. 2°, que "entra em vigor no dia 1 de janeiro de 2013, ficando revogadas as Resoluções do CNSP n° 1, de 28 de fevereiro de 1974, n° 12, de 18 de dezembro de 1980, n° 8, de 14 de dezembro de 1982, n° 4, de 6 de março de 1990 e n° 15, de 11 de agosto de 1998 e demais disposições contrárias", não se enxerga, a princípio, contraditória a incorporação do "custo de apólice" ao carregamento e a eventual possibilidade de taxar-se essa rubrica em consonância aos valores previstos na Circular SUSEP n° 432/12.

## 6. Incompreensão lesiva

Demonstrada a finalidade específica do "custo da apólice", que se destina a arcar com as despesas específicas da formação do contrato de seguro (emissão de folhetaria, despesas com a subscrição do risco, vistorias, etc.), e levando-se em conta que esses custos não estão incluídos em qualquer outra parcela do prêmio bruto, a eventual extinção dessa verba geraria um efeito óbvio e direto: as atividades a que o "custo da apólice" se presta a remunerar seriam incluídas na verba atinente ao "prêmio comercial", o que, fatalmente, seria repassado ao consumidor através de aumento no valor global da tarifa.

Como sabido, a mensuração dos riscos de forma particularizada e homogênea é o cerne da atividade securitária, sendo esse o princípio técnico através do qual se fixa o prêmio estatístico. Contudo, é importante deixar claro que a fixação da parcela do prêmio comercial é livre e baseia-se na concorrência do mercado, que, como sabido, é bastante acentuada em diversos ramos.

Então, o que acontecerá à verba atinente ao "custo de apólice", se inserida no prêmio comercial? Significará, fatalmente, um incremento natural desse valor, a observar a variação inflacionária – sempre levada em consideração nas notas técnicas – e a incidir sobre eles comissões de corretagem. Lembre-se de que o valor de R$ 60,00 determinado pela SUSEP, como demonstrado acima, não sofria qualquer mudança há mais de 14 anos.

É o que se pode depreender da declaração do Exmo. Sr. Deputado ARMANDO VIRGÍLIO, à época do ocorrido:

> Durante o XV CONEC, em São Paulo, na sexta-feira, 12, Armando Virgílio dos Santos Júnior, afirmo que o preço do seguro de automóveis pode sofrer reajustes médios de 10%, já no começo de 2013 em decorrência do fim da cobrança do custo de apólice, de terminado pela Susep.
> "O preço vai subir e muito. Não tem como evitar". Até agora, havia um custo de subscrição, que incluía gastos não apenas com a emissão de apólice, mas também com as vistorias, call center e análise de risco. A partir de janeiro, além desses custos, haverá o desembolso para constituição de reservas e impostos, entre outros. Disse ainda que, para o corretor, nada muda, pois continuará a receber sua comissão normalmente. "Quem vai sofrer é o consumidor, que pagará muito mais pelo seguro, princi-

palmente na carteira de automóveis. É só comparara o preço cobrado agora e o que será válido em março do ano que vem.", sinaliza.[12]

Contudo, essa mesma interpretação já foi sugerida ao Ministério Público de São Paulo, que após se debruçar sobre a questão, concluiu pela óbvia legalidade do "custo de apólice", mesmo porque, a verba possui previsão legal e presunção de legalidade decorrente do arcabouço normativo do CNSP e da SUSEP, apenas afastada se comprovado vício de natureza material ou formal.

A denúncia feita ao Ministério Público de São Paulo consistiu "prática abusiva cometida pela empresa consistiria na imposição ao consumidor da cobrança de 'custo de apólice' no valor de R$ 60,00 (sessenta reais), sem correspondência, em tese, a qualquer prestação de serviço". O ilustre órgão do Ministério Público fundamentou que "através da resposta da reclamada à nossa notificação (fls. 27/32), a mesma explanou que através da Resolução do Conselho Nacional dos Seguros Privados nº 15, de 11 de agosto de 1998, delegou-se à SUSEP a atribuição de definir, por ato normativo próprio, os critérios para a cobrança do custo de apólice, fatura e endosso nos contratos de seguro". A Resolução CNSP nº 16, de 25 de agosto de 1998 referendou, na forma do disposto no §6º do art. 33 do Decreto-Lei nº 73, de 21 de novembro de 1966, com a nova redação que lhe foi dada pelo art. 2º da Lei 8.127, de 20 de dezembro de 1990, a Resolução CNSP nº 15/98. Desse modo a SUSEP, através da Circular nº 176, de 11 de dezembro de 2001, artigo 2º, regulamentou os critérios de cobrança do custo de apólice, facultando a cobrança do custo de emissão até o limite de R$ 60,00 (sessenta reais).

Concluiu no sentido de que "diante desse quadro, não se vislumbra a prática abusiva apontada na representação, inexistindo, assim, qualquer lesão ou ameaça de lesão aos direitos dos consumidores".

Isso, por si só, já mostra a fragilidade dos argumentos que se restringem à eventual lesão aos preceitos consumeristas. Ao assim fazer-se, ignora-se que a legalidade das normas de natureza administrativa não é passível de discussão unicamente a partir dos fundamentos do Código de Defesa do Consumidor, devendo ser enfrentada, do modo mais amplo, a partir dos princípios de Direito Público inerentes à matéria.

## 7. Rubricas similares

Interessante notar que existem outras verbas que incidem sobre os contratos de consumo – com traços de similaridade bastante marcantes, relativamente ao custo de apólice. Em diversas dessas incidências financeiras, o Judiciário, após acurado exame, decidiu pela sua irrestrita legalidade.

---

[12] Jornal: Notícias de Mercado – Sindicato das Empresas de Seguros Privados, de Resseguros, de previdência Complementar e de Capitalização nos Estados de Paraná e do Mato Grosso do Sul.

Traga-se, como exemplo, a jurisprudência da e. 2ª Seção do Superior Tribunal de Justiça, que, ao decidir acerca da legalidade da cobrança das tarifas de despesas administrativas para abertura de crédito (TAC) e de emissão de carnê (TEC), entendeu pela validade das referidas verbas, desde que previamente contratadas e cobradas com o devido destaque pela instituição financeira:

> São legítimas as cobranças das tarifas de despesas administrativas para abertura de crédito (TAC) e de emissão de carnê (TEC), quando efetivamente contratadas, não importando em violação ao CDC. Os diversos serviços bancários cobrados sob a forma de tarifas devidamente divulgadas e pactuadas com o correntista, desde que em conformidade com a regulamentação do CMN/Bacen, atendem ao princípio da transparência e da informação, em nada onerando o consumidor, pois este só pagará as tarifas dos serviços que pactuar com o banco. Caso essas tarifas fossem embutidas na taxa de juros remuneratórios, todos os tomadores de empréstimo pagariam pela generalidade dos serviços, independentemente de utilização. Assim, não viola o CDC a especificação do valor dos custos administrativos no contrato bancário, visto que quanto mais detalhada a informação mais transparente será o contrato. Portanto, somente com a demonstração objetiva e cabal da vantagem exagerada por parte do agente financeiro é que estará configurado o desequilíbrio da relação jurídica, podendo ser considerada ilegal e abusiva a cobrança das tarifas. Precedentes citados: AgRg no REsp 1.003.911-RS, DJe 11.2.10, e REsp 1.246.622-RS, DJe 16/11/2011.[13]

Exponha-se que, como acontece com o "custo de apólice", as taxas tidas como lícitas pelo Superior Tribunal de Justiça (a) destinam-se à formação do contrato de consumo, tendo finalidade definida e relevante, não diretamente ligada à prestação objeto da avença principal; (b) possuem prévia regulamentação do Poder Público autorizando a sua cobrança; (c) são cobradas com o devido destaque, como uma rubrica autônoma; e (d) seriam embutidas no custo do produto financeiro, caso não devidamente ressalvadas.

Aqui, no "custo de apólice", muito mais lícita ainda são as cobranças a esse título, pois, além de decorrerem de valor fixo determinado pela SUSEP, possuem previsão atuarial e referem-se à constituição de reservas técnicas destinadas a despesas com causa justificada no contrato de seguro.

## 8. Conclusão

Pelo que se expôs, verifica-se que o "custo da apólice, fatura e endosso" significa relevante rubrica atuarial, destinada à formação própria de reservas atinentes aos custos de aferição dos riscos e instrumentalização da apólice. Não se pode pretender compor o prêmio sem o cômputo dessa verba.

A cobrança do "custo de apólice" autonomamente mostra-se, na verdade, consentânea aos princípios inerentes Código de Defesa do Consumidor. A separação da rubrica "custo de apólice", que integra o prêmio bruto, é benéfica ao próprio consumidor, conferindo clareza e transparência, inclusive, com o devido destaque quanto ao valor efetivo da taxa.

---

[13] Ministra ISABEL GALLOTTI, Relatora do Recurso Especial nº 1.270.74-RS, 2ª Seção do STJ, julgado em 10.10.12, publicado no DJ de 05.11.12.

Ademais, não há que se falar em ilegalidade da referida verba, em especial depois de ter o Superior Tribunal de Justiça reconhecido a legalidade de taxas análogas, que cumprem criteriosamente os mesmos requisitos do "custo de apólice".

Portanto, absolutamente claro que o "custo de apólice" mantém previsão técnica definida, constituindo-se em verba autônoma e necessária à formação do contrato de seguro, pois compreende uma parte das despesas administrativa calculada pelos atuários.

## 9. Referências

ALVIM, Pedro. *O Contrato de Seguro.* 2ª ed. Rio de Janeiro: Forense, 1986.

CIRCULAR SUSEP nº 05, de 05 de março de 1969.

CIRCULAR SUSEP nº 159, de 31 de julho de 2001.

CIRCULAR SUSEP nº 401, de 25 de fevereiro de 2010.

CORDEIRO, ANTÔNIO MENEZES. *Direito de Seguros.* Coimbra: Almedina, 2013.

DEL FIORI, Alexandre. *Dicionário de Seguros, Manuais Técnicos de Seguros.* São Paulo, 1996.

GALIZA, Francisco. *Economia e Seguro*: uma introdução. 3ª ed. Rio de Janeiro: FUNENSEG, 2011.

JORNAL: *Notícias de Mercado* – Sindicato das Empresas de Seguros Privados, de Resseguros, de previdência Complementar e de Capitalização nos Estados de Paraná e do Mato Grosso do Sul.

LUCCAS FILHO, Olívio. *Seguros.* São Paulo: Atlas, 2011.

PITA, Renato e DOMINGUEZ, Alexandre. *Seguro de Automóvel.* FENASEG. Rio de Janeiro, 2011.

RECURSO ESPECIAL nº 1.270.74-RS, 2ª Seção do STJ, Relatora Ministra ISABEL GALLOTTI, julgado em 10.10.12, publicado no DJ de 05.11.12.

RESOLUÇÃO CNSP nº 15, de 11 de agosto de 1998.

RESOLUÇÃO CNSP nº 264, de 05 de outubro de 2012.

– IV –

# Destinação dos recursos de planos de previdência privada em caso de separação matrimonial

### Ana Flávia Ribeiro Ferraz

Advogada, Especialista em Direito Empresarial pela Universidade Mackenzie e com especialização em Previdência Complementar e Seguros pela FIA/USP.

### Diego Filipe Casseb

Advogado, graduado pela Universidade Presbiteriana Mackenzie, com Especialização em Direito Tributário pela Escola de Direito da Fundação Getúlio Vargas. Mestrando do mestrado profissional em Direito Tributário da FGV Direito SP.

### Elisângela Lima dos Santos Borges

Advogada, especialista em direito tributário pela COGEAE PUC/ SP; Especialista em direito processual civil e direito civil pela FDDJ – Faculdade de direito Damásio de Jesus; Mestre em Direito Previdenciário pela PUC/SP.

### Isabel Valeska Pinheiro de Lima

Advogada, graduada pela Associação de Ensino Unificado do Distrito Federal e Pós-Graduada em Licitações e Contratos pela Universidade Gama Filho.

### Ivy Cassa

Advogada, doutoranda, mestra e graduada em Direito pela USP, MBA em Seguros pela FGV/SP e Especialista em Seguros de Vida, Saúde e Previdência pela Universidade de Salamanca. Presidenta do GNT Previdência Privada da AIDA.

### Marcelo Barreto Leal

Advogado, graduado em Ciências Jurídicas e Sociais e Especialista em Direito, Mercado e Economia pela PUCRS. Presidente da Comissão Especial de Seguros e Previdência Complementar da OAB/RS.

*Sumário*: 1. Introdução; 2. Ementa da decisão analisada; 3. Análise geral; 4. Aspectos de Direito de Família; 5. Análise comparativa com o FGTS; 6. Aspectos de direito regulatório; 6.1. Papel do Estado: regulador, "quase legislador"; 6.2. Dispositivos regulamentares aplicáveis; 7. Aspectos tributários; 8. Considerações finais; 9. Referências.

## 1. Introdução

O presente artigo tem por objeto a análise de decisão jurisprudencial proferida pelo Tribunal de Justiça de Santa Catarina, que versou sobre a possibilidade de transferência de recursos de reserva de plano de previdência privada fechada, de participante já aposentado, para sua ex-esposa, também participante assistida do mesmo plano, com a qual era casado em regime de comunhão universal de bens.

Inicialmente, cumpre-nos esclarecer que, pelo contexto bastante abrangente que representa a previdência privada, operada por entidades fechadas[1] e abertas,[2] cada qual com suas particularidades e constituindo um verdadeiro mundo à parte, o raciocínio aqui desenvolvido não será necessariamente o mesmo se o caso em tela disser respeito a um plano de entidade aberta ou, até mesmo no âmbito das entidades fechadas, consoante o tipo de plano em questão. Ademais, salienta-se que até mesmo quando se estiver tratando de um mesmo tipo de plano[3] e no próprio contexto das entidades fechadas, a solução poderá ser diversa conforme a fase[4] em que se situar o plano do participante. Por fim, frise-se ainda que será determinante para o tipo de solução a ser adotada o tipo de regime de bens escolhido pelo casal.

Portanto, deve-se cuidar para que generalizações nessa matéria, que é tão ampla, não acabem por desnaturar o sentido que se pretendeu abordar.

## 2. Ementa da decisão analisada

CAUTELAR INOMINADA. LIMINAR EM PARTE DEFERIDA. MANIFESTAÇÃO JUDICIAL NULA. FALTA DE FUNDAMENTAÇÃO. HIPÓTESE DESCARTADA. BLOQUEIO DE PERCENTUAL DA RESERVA DE POUPANÇA DO AGRAVANTE JUNTO À ENTIDADE DE PREVIDÊNCIA FECHADA. VERBA

---

[1] Conforme a definição do art. 31 da Lei Complementar 109/01 (LC 109): "as entidades fechadas são aquelas acessíveis, na forma regulamentada pelo órgão regulador e fiscalizador, exclusivamente: I – aos empregados de uma empresa ou grupo de empresas e aos servidores da União, dos Estados, do Distrito Federal e dos Municípios, entes denominados patrocinadores; e II – aos associados ou membros de pessoas jurídicas de caráter profissional, classista ou setorial, denominadas instituidores. (...)".

[2] Segundo o art. 36 da LC 109, "As entidades abertas são constituídas unicamente sob a forma de sociedades anônimas e têm por objetivo instituir e operar planos de benefícios de caráter previdenciário concedidos em forma de renda continuada ou pagamento único, acessíveis a quaisquer pessoas físicas." Em complementação, o art. 26 da mesma lei estatui: "Os planos de benefícios instituídos por entidades abertas poderão ser: I – individuais, quando acessíveis a quaisquer pessoas físicas; ou II – coletivos, quando tenham por objetivo garantir benefícios previdenciários a pessoas físicas vinculadas, direta ou indiretamente, a uma pessoa jurídica contratante".

[3] Seja de contribuição definida, contribuição variável ou de benefício definido.

[4] *V.g.* Fase de acumulação de recursos ou de concessão de benefícios.

DE CARÁTER ALIMENTAR. NÃO INTEGRAÇÃO AO PATRIMÔNIO PARTILHÁVEL DO CÔNJUGE VARÃO. *FUMUS BONI IURIS* E *PERICULUM IN MORA*, NÃO CARACTERIZADOS. DECISÃO IMPROSPERÁVEL. REFORMA. AGRAVO DE INSTRUMENTO, PARA TANTO, ACOLHIDO.

I. Tratando-se de decisão não terminativa, natureza em que se enquadram os provimentos judiciais concessivos de liminares acautelatórias, suficiente é que tenha ela motivação concisa, curta, lacônica. Observado esse requisito, não há que se cogitar de lesão ao art. 165, do CPC e, pois, de nulidade.

II. A reserva de poupança, mais precisamente reserva matemática individual, própria dos planos de previdência privada, não é passível de partilhamento em ações de separação judicial, eis que não integra ele o patrimônio comum, mas, com exclusividade, o patrimônio particular do titular do plano de complementação previdenciária, não podendo os respectivos valores, de outro lado, ser sacados pelo beneficiário em vida. Se assim é, não há consistência legal para se determinar o bloqueio de parte dessa reserva em favor do cônjuge mulher ou o repasse de percentual dessa reserva para aquela mantida pela autora, notadamente porque aludidos valores não integram o patrimônio partilhável dos cônjuges.

III. Tratando-se de valores correspondentes à reserva técnica existente junto à entidade de previdência privada, valores esses não passíveis de levantamento por vontade do titular do plano, não se entrevê caracterizado o *periculum in mora* e nem o do *fumus boni iuris* a autorizar o bloqueio de percentual desses valores, a fim de garantir eventual direito à partilha dos mesmos em favor da consorte do beneficiário do plano, no processo de separação judicial entre eles em tramitação. Dado provimento ao recurso por votação unânime.[5]

## 3. Análise geral

Trata-se de decisão proferida pela 4ª Câmara de Direito Civil do Tribunal de Justiça de Santa Catarina em 03 de abril de 2008, transitada em julgado em 18 de abril daquele mesmo ano, a qual acolheu, por unanimidade, os termos do Agravo de Instrumento interposto por cônjuge varão em razão da decisão proferida pelo MM. Juiz da 1ª Vara da Família da Comarca da Capital, nos autos de ação cautelar inominada contra si aforada por sua ex-esposa.

A decisão de primeira instância havia deferido parcialmente a liminar pleiteada pela ex-esposa, determinando o bloqueio de parte da reserva de plano de titularidade do agravante, já aposentado, mantida junto à entidade de previdência privada fechada, a fim de que fosse resguardado eventual direito de meação da esposa requerente sobre tal percentual, perseguido em ação de separação judicial. No caso em análise, a agravada, casada com o agravante no regime de comunhão universal de bens, pretendia o repasse do referido percentual para a sua própria reserva, uma vez que era titular de plano de benefício junto à mesma entidade, na qualidade de aposentada ou assistida.

As razões recursais do agravante, em síntese, baseiam-se no fato de que a sua reserva não se caracterizaria como verba trabalhista, mas, sim, de um valor que tem por objetivo garantir o pagamento de um benefício previdenciário de aposentadoria. Nesse sentido, contestou a alegação da ex-esposa de que deveria ser feita uma analogia entre a destinação do plano de previdência privada e o Fundo de Garantia

---

[5] Tribunal de Justiça de Santa Catarina – Agravo de Instrumento n. Agravo de Instrumento n. 2007.037721-8, da Capital. Relator: Des. Trindade dos Santos.

do Tempo de Serviço (FGTS).⁶ Conforme a argumentação do agravante, a manutenção da decisão de primeira instância de bloqueio de parte do valor da sua reserva reduziria o montante recebido a título de aposentadoria, impedindo-o de honrar seus compromissos financeiros pessoais assumidos para o futuro.

Ademais, alegou o agravante falta de fundamentação jurídica na decisão agravada e ausência dos requisitos necessários para a concessão da liminar, quais sejam, o *fumus boni iuris*, ou seja, a plausibilidade do direito pleiteado pela ex-esposa, e o *periculum in mora*, entendido como a iminência de irreparabilidade ou difícil reparação desse direito caso o processo tivesse de aguardar o seu trâmite normal. Isso porque, em se tratando de recursos oriundos de plano de entidade fechada e em fase de concessão de benefício, o próprio Regulamento do plano veda o seu resgate, a não ser por meio da própria concessão de renda de que o agravante já estava em gozo.

O relator, na decisão em comento, quanto ao mérito, primeiramente afastou qualquer semelhança entre os recursos provenientes do FGTS e a reserva existente em plano de previdência privada, fundamentando haver ausência de identidade entre um instituto e outro.

Ao analisar o cerne da questão, aduziu que "a soma complementar auferida pelo aposentado, ainda que tenha fonte em plano previdenciário privado, constitui verba de natureza alimentar e, portanto, está excluída da partilha de bens em eventual separação judicial do inativado". Ressaltou ainda que valores provenientes de plano de previdência complementar não integram os bens partilháveis na separação conjugal, ainda que os litigantes sejam casados sob o regime da comunhão universal de bens.

Por fim, constatou a inexistência dos requisitos essenciais para a manutenção da liminar concedida, especialmente pelo fato do Regulamento do plano proibir "o saque dos valores constantes da 'Reserva Matemática Individual', exceto sob a forma de recebimento dos valores mensais dos benefícios da previdência privada".

## 4. Aspectos de Direito de Família

O regime de comunhão universal de bens é aquele no qual todos os bens atuais e futuros do casal, bem como as suas dívidas passivas são comuns ambos os cônjuges (art. 1.667 do Código Civil).

Esse regime era a regra durante a vigência do Código Civil de 1916, nos termos do art. 258.⁷ Tal regramento se justificava em um contexto histórico que

---

[6] A ex-esposa, a respeito do FGTS, argumentou que as verbas pelo casal a esse título foram depositadas em contas conjuntas e aplicadas no sistema financeiro e na aquisição de imóveis, bens e valores esses que são objeto de partilha igualitária na ação de separação entre eles em tramitação.

[7] Não havendo convenção, ou sendo nula, vigorará, quanto aos bens, entre os cônjuges, o regime da comunhão universal.

refletia valores sociais e econômicos da época, no qual as mulheres muitas vezes não tinham sua independência financeira ou o destaque profissional que alcançaram ao longo das últimas décadas. Na qualidade de "mães" ou administradoras do lar, por não auferirem, em regra geral, de nenhum tipo de renda, parecia razoável que o regime mais comum fosse o da comunhão universal, de maneira que a renda recebida pelo marido pudesse ser repartida, até mesmo como forma de compensação pelas atividades domésticas desempenhadas. Nas palavras de Thiago Felipe Vargas Simões,[8] "sua razão de ser fundava-se na extrema submissão da mulher (e de sua vontade) as desejos de seu esposo, o qual ostentava a condição de líder responsável pela condução da família, figurando por óbvio, como o administrador do acervo patrimonial daquele núcleo".

Em 1977, com a publicação da Lei nº 6.515 ("Lei do Divórcio".), mudou a regra do art. 258, que passou a viger nos seguintes termos: "Não havendo convenção, ou sendo nula, vigorará, quanto aos bens entre os cônjuges, o regime de comunhão parcial".

Esse entendimento foi acolhido no Código Civil de 2002, art. 1.640, que estabeleceu: "Não havendo convenção, ou sendo ela nula ou ineficaz, vigorará, quanto aos bens entre os cônjuges, o regime da comunhão parcial".

No regime de comunhão universal, como explica Deise Maria Galvão Parada,[9] o que cada cônjuge trouxe anterior ao casamento, bem como o que se adquiriu durante a sua constância, funde-se em um único patrimônio, do qual ambos passam a ser condôminos. "Os bens permanecem indivisos na propriedade unificada dos cônjuges, a cada um dos quais pertence metade imaginária que só se desligará da outra quando cessar a sociedade conjugal",[10] esclarece a autora.

Entretanto, a comunhão universal não é absoluta, encontrando seus limites no art. 1.668 do Código, o qual tem seu sentido complementado pelo art. 1.659, incisos V a VII.

Os artigos em comento trazem a regra da exclusão da comunhão universal entre os cônjuges dos proventos do trabalho pessoal de cada um e das "pensões, meios-soldos, montepios e outras rendas semelhantes".

Tais verbas estariam afastadas da comunhão por serem decorrentes de obrigações personalíssimas, ou seja, vinculadas fortemente à pessoa de quem realizou determinada atividade (no caso do contrato de trabalho) ou recebeu alguma prestação (no caso das pensões, meio-soldos, montepios e outras rendas semelhantes), além de terem caráter alimentar.

---

[8] SIMÕES, Thiago Felipe Vargas. *O regime de bens no casamento e união familiar*. Porto Alegre: Livraria do Advogado, 2015, Kindle Edition, posição 3528 de 5338.
[9] PARADA, Deise Maria Galvão. *Regime de bens entre cônjuges*. São Paulo: Quartier Latin, 2008, p. 109.
[10] PONTES DE MIRANDA, Francisco Cavalcanti. *Tratado de Direito de Família*. 3ª ed. São Paulo: Max Limonad, 1947, vol. II. p. 208, *apud* Deise Maria Galvão Parada, op. cit, p. 109.

Frise-se, contudo, que, embora tais valores sejam, a princípio, incomunicáveis, a partir do momento em que geram frutos, passam a ser de propriedade comum do casal, nos termos do que dispõe o art. 265 do Código Civil.[11]

Analisando a previdência privada a partir dessa lógica, primeiramente, cumpre esclarecer que, tanto por força do art. 68 da LC 109, quanto do § 2º do art. 202 da Constituição Federal brasileira, estatuiu-se que "as contribuições do empregador, os benefícios e as condições contratuais previstos nos estatutos, regulamentos e planos de benefícios das entidades de previdência complementar não integram o contrato de trabalho dos participantes, assim como, à exceção dos benefícios concedidos, não integram a remuneração dos participantes".

Há, entretanto, de se analisar esse dispositivo com alguma ressalva. Isso porque nos parece que o seu sentido é de evidenciar que os benefícios pagos pelo empregador ao seu empregado, tais como seguro de vida e a própria previdência privada, não são considerados como salário, como fica claro pelo próprio art. 458,[12] § 2º, inciso VI, da Consolidação das Leis do Trabalho – CLT – e pelo artigo 28, § 9º, "p", da Lei 8.212/91,[13] que prescreve que tal parcela não integra a remuneração para efeito de incidência da contribuição social devida ao Instituto Nacional do Seguro Social – INSS.

Tal circunstância, contudo, não significa um não reconhecimento à condição de que determinados planos efetivamente nascem no âmbito de uma relação de trabalho como, por exemplo, os planos patrocinados das entidades fechadas (como no caso em análise) e os planos coletivos das entidades abertas.

Portanto, parece razoável a assertiva de que as verbas decorrentes dos planos de previdência privada estariam, a princípio, dentro da literalidade da lei, excluídas da comunhão, por serem decorrentes do provento de trabalho pessoal do indivíduo, desde que se adote uma interpretação ampla do sentido de "provento", não se restringindo apenas ao "salário", e desde que tais valores não venham a

---

[11] Sobre esse tema, é oportuna a crítica de Thiago Felipe Vargas Simões (*op. cit*, posição 3424 de 5338) no sentido de ser uma questão delicada, objeto de longa discussão doutrinária que remonta a codificação civil de 1916 e uma "imprecisão do legislador" que em nada facilita a interpretação desse dispositivo. Para o autor, "há de se ressaltar que a noção de comunhão implica a necessidade de se observar o somatório de esforços que deverão ser empregados pelos cônjuges com vistas à manutenção e preservação do ambiente familiar, o que nos impõe afirmar que a incomunicabilidade versa sobre o direito à remuneração, e não sobre o valor já percebido". Complementando essa crítica, o mesmo autor cita (op. cit., posição 3444 de 5338) o entendimento de Rolf Madaleno (*Curso de direito de família*, 4ª ed. Rio de Janeiro: Forense, 2011, p. 724), segundo o qual "premiar o cônjuge que se esquivou de amealhar o patrimônio por ter preferido conservar em espécie os proventos do seu trabalho pessoal é incentivar uma prática de evidente desequilíbrio das relações conjugais econômico-financeiras, mormente porque o regime matrimonial de bens serve de lastro para a manutenção da cédula familiar". Ou seja, é muito sutil a diferença entre a incomunicabilidade do direito ao recebimento de um valor e dos frutos desse mesmo valor.

[12] § 2º Para os efeitos previstos neste artigo, não serão consideradas como salário as seguintes utilidades concedidas pelo empregador: (...) VI – previdência privada; (...).

[13] § 9º Não integram o salário-de-contribuição para os fins desta Lei, exclusivamente: (...) p) o valor das contribuições efetivamente pago pela pessoa jurídica relativo a programa de previdência complementar, aberto ou fechado, desde que disponível à totalidade de seus empregados e dirigentes, observados, no que couber, os art. 9º e 468 da CLT; (...).

ser convertidos em outros bens, hipótese em que a regra da incomunicabilidade perderia seu sentido.

Quanto à exclusão da comunhão das pensões, meio-soldos, montepios e outras rendas semelhantes, afigura-se claro que o conceito de previdência privada poderia, em determinadas situações, e nos termos específicos do texto normativo, aqui ser encaixado, desde que o tratamento se referisse aos recursos durante a fase de concessão de benefícios. A destinação dos recursos dos planos enquanto na fase de acumulação, por fugirem ao assunto do acórdão em análise, não será objeto do presente trabalho.

## 5. Análise comparativa com o FGTS

Para a análise da perspectiva de partilha dos valores de planos de previdência privada em comparação com aqueles acumulados em decurso do FGTS, quando da dissolução do vínculo conjugal, certos pontos demandam prévia avaliação.

Inicialmente, verifica-se que o FGTS – criado pela Lei nº 5.107/66, teve o escopo de conferir alguma estabilidade aos trabalhadores (a exemplo do art. 492 da CLT),[14] oferecendo garantia na forma de compensação econômica frente à contraprestação do serviço, reprimindo, com o mesmo objetivo, a despedida injustificada.

Atualmente regulamentado pela Lei nº 8.036/90, o FGTS é uma espécie de "poupança", um valor constituído por meio de depósitos mensais efetivados pelo empregador, equivalentes a 8% do salário pago ao empregado, acrescidos de atualização monetária e juros.

Nos termos dos já referidos artigos 1658 e 1659, VI, do Código Civil, são excluídos da comunhão os proventos do trabalho pessoal de cada cônjuge. Seguindo essa regra, os valores oriundos do FGTS, em primeira leitura, não seriam objeto da devida partilha entre os cônjuges, posto decorrentes do trabalho individual de cada um dos cônjuges.

Vale lembrar aqui novamente que os frutos decorrentes de modo exclusivo do trabalho são impassíveis de comunicabilidade via divórcio, mas isso não ocorre com os frutos de natureza civil, ou seja, aqueles decorrentes, por exemplo da aquisição de um bem que passe a ter como característica o ser um bem comum, esse sim é passível de comunicação pela via da dissolução do vinculo conjugal.

De tal sorte, a comunicabilidade dos valores decorrentes do FGTS será possível quando os mesmos tiverem sido utilizados para a aquisição de bem de uso comum à sociedade conjugal, motivo pelo qual integraria o patrimônio de ambos, de modo indistinto, tornando apta a celebração da partilha.

---

[14] Art. 492. O empregado que contar mais de 10 (dez) anos de serviço na mesma empresa não poderá ser despedido senão por motivo de falta grave ou circunstância de força maior, devidamente comprovadas.

Tal entendimento teve a sua pacificação realizada pelo Min. Paulo de Tarso Sanseverino, no julgamento do REsp 848.660, ocasião em que se consolidou a orientação de que, mesmo sendo o FGTS considerado provento pessoal do trabalho, a ocorrência de saques voltados à aquisição de bens retiraria a sua natureza de fruto civil do trabalho, tornando apta a partilha:

> RECURSO ESPECIAL. CIVIL. DIREITO DE FAMÍLIA. REGIME DE BENS DO CASAMENTO. COMUNHÃO PARCIAL. BENS ADQUIRIDOS COM VALORES ORIUNDOS DO FGTS. COMUNICABILIDADE. ART. 271 DO CÓDIGO CIVIL DE 1916. INTERPRETAÇÃO RESTRITIVA DOS ARTS. 269, IV, E 263, XIII, DO CC DE 1916. INCOMUNICABILIDADE APENAS DO DIREITO E NÃO DOS PROVENTOS. POSSIBILIDADE DE PARTILHA.
>
> 1. Os valores oriundos do Fundo de Garantia do Tempo de Serviço configuram frutos civis do trabalho, integrando, nos casamentos realizados sob o regime da comunhão parcial sob a égide do Código Civil de 1916, patrimônio comum e, consequentemente, devendo serem considerados na partilha quando do divórcio. Inteligência do art. 271 do CC/16.
>
> 2. Interpretação restritiva dos enunciados dos arts. 269, IV, e 263, XIII, do Código Civil de 1916, entendendo-se que a incomunicabilidade abrange apenas o direito aos frutos civis do trabalho, não se estendendo aos valores recebidos por um dos cônjuges, sob pena de se malferir a própria natureza do regime da comunhão parcial.
>
> 3. Precedentes específicos desta Corte.
>
> 4. RECURSO ESPECIAL DESPROVIDO.[15]

No caso que aqui se analisa, conforme as informações constantes do acórdão, os recursos do FGTS do ex-marido foram utilizados, juntamente com os da ex-esposa, para aplicação no sistema financeiro e aquisição de bens imóveis,[16] motivo pelo qual tais valores, por serem a partir de então considerados "frutos" daqueles recursos, passaram a integrar a partilha.

No que tange à comparação com a previdência privada, pode-se afirmar que há alguma entre eles no sentido de ambos serem instrumentos de acumulação de valores de longo prazo, para utilização em momento de necessidade futura e porque ambos decorrem de uma relação de trabalho (no caso dos planos patrocinados das entidades fechadas), observadas as ressalvas feitas no tópico anterior.

Contudo, são institutos bastante peculiares, cada qual com função social e regramentos diversos.

Quanto à aplicação da regra do art.1.659, VI, do Código Civil, é até possível fazer uma analogia entre eles, por serem ambos, em certa medida e com as devidas excepcionalidades de cada um, decorrentes do trabalho individual.

Dessa forma, os recursos dos benefícios de plano de previdência privada, a rigor e nos termos estritos da letra da lei, seriam partilháveis se os frutos dos benefícios tivessem sido utilizados, por exemplo, para a aquisição de outros bens,

---
[15] RESP 848.660. Relator: Min. Paulo e Tarso Sanseverino. 3ª Turma. Publicado no DJ-e 13/05/2011, RBDFS vol. 22, p. 145.

[16] Destacou que as verbas do FGTS percebidas pelo casal foram depositadas em contas conjuntas e aplicadas no sistema financeiro e na aquisição de imóveis, bens e valores esses que são objeto de partilha igualitária na ação de separação entre eles em tramitação".

oportunidade em que se evidenciaria, a princípio, o afastamento do "caráter alimentar" do benefício, permitindo, em um primeiro momento, a sua exclusão da partilha. Porém, pelas informações constantes do acórdão, não parece ter sido essa a hipótese, pois a esposa pleiteia a transferência de uma reserva para a outra, de onde se depreende que tais recursos ainda não teriam perdido tal caráter alimentar, não justificando a sua exclusão da regra da incomunicabilidade.[17]

## 6. Aspectos de direito regulatório

Por se tratar o assunto objeto deste artigo matéria objeto de regulação pelo Estado,[18] teceremos a seguir algumas considerações do ponto de vista do Direito Regulatório.

### 6.1. Papel do Estado: regulador, "quase legislador"

Alexandre Santos de Aragão[19] leciona que a regulação estatal da economia é um conjunto de medidas legislativas, administrativas, convencionais, materiais e econômicas, abstratas ou concretas, pelas quais o Estado, de maneira restritiva da autonomia empresarial ou meramente indutiva, determina, controla ou influencia o comportamento dos agentes econômicos, evitando que lesem os interesses sociais definidos no marco da Constituição e orientando-os em direções socialmente desejáveis.

Para Calixto Salomão Filho,[20] a teoria da regulação pode representar a contribuição mais útil de um Estado que decide reiterar-se da intervenção econômica

---

[17] Sobre esse assunto, já decidiu o STJ: "Recurso Especial (art. 105, III, a, da CF) – Procedimento de inventário – Primeiras declarações – Aplicação financeira mantida por esposa do de cujus na vigência da sociedade conjugal – Depósito de proventos de aposentadoria – possibilidade de inclusão dentre o patrimônio a ser partilhado – Perda do caráter alimentar – Regime de comunhão universal – Bem que integra o patrimônio comum e se comunica ao patrimônio do casal – exegese dos arts. 1.668, V e 1.659, VI, ambos do Código Civil – Recurso desprovido. (...) Os proventos de aposentadoria, percebidos por cônjuge casado em regime de comunhão universal e durante a vigência da sociedade conjugal, constituem patrimônio particular do consorte ao máximo enquanto mantenham caráter alimentar. Perdida essa natureza, como na hipótese de acúmulo do capital mediante depósito das verbas em aplicação financeira, o valor originado dos proventos de um dos consortes passa a integrar o patrimônio comum do casal, devendo ser partilhado quando da extinção da sociedade conjugal. Interpretação sistemática dos comandos contidos nos arts. 1.659, VI e 1.668, V, 1565, 1566, III e 1568, todos do Código Civil." (REsp 1053473 / RS)

[18] Nos termos do art. 3º da LC 109, art. 3º: A ação do Estado será exercida com o objetivo de: (...) II – disciplinar, coordenar e supervisionar as atividades reguladas por esta Lei Complementar, compatibilizando-as com as políticas previdenciária e de desenvolvimento social e econômico-financeiro (...). Ainda a mesma LC 109 estabelece no art. 74 que as funções do órgão regulador e do órgão fiscalizador serão exercidas pelo Ministério da Previdência e Assistência Social, por intermédio, respectivamente, do Conselho de Gestão da Previdência Complementar (CGPC) e da Secretaria de Previdência Complementar (SPC). O CGPC, a partir do Decreto nº 7.123/10, foi substituído pelo Conselho Nacional de Previdência Complementar – CNPC, e a SPC, por força da lei nº 12.154/09, pela Superintendência Nacional de Previdência Complementar – PREVIC.

[19] ARAGÃO, Alexandre Santos de. *Agências Reguladoras e a Evolução do Direito Administrativo Econômico*. 3ª ed. Rio de Janeiro: Forense, 2013, p 40.

[20] SALOMÃO FILHO, Calixto. *Regulação da Atividade Econômica*. São Paulo: Malheiros. 2001, p. 14 e 15.

direta e passa a exercer a função de organizador das relações sociais e econômicas e que passa pelo dilema da insuficiência do mero e passivo poder de polícia sobre os mercados.

Em matéria de previdência privada, a necessidade de regulação estatal tornou-se mais evidente no país em meados das décadas de 60 e 70 do século passado. Naquela época, as entidades de previdência já tinham atuação de certa forma expressiva no cenário brasileiro. Entretanto, pelo fato de não haver legislação específica, nem parâmetros para a operacionalização dos planos e sequer fiscalização por parte do Estado, algumas entidades não conseguiam honrar os compromissos assumidos para como seus participantes. Isso acabou por gerar uma crise de confiança no setor.

Em resposta a essa demanda, com a publicação da Lei nº 6.435 (posteriormente revogada pela LC 109), em 1977, estabeleceu-se a competência do órgão normativo do Sistema Nacional de Seguros Privados para atuar na regulação do setor aberto,[21] e de órgão a ser designado[22] (na época ainda não havia sido criada a SPC nem a Previc) para as entidades abertas.

Observa-se que o órgão regulador, em algumas oportunidades, acaba por ultrapassar sua função de normatização, assumindo uma função "quase legislativa". A propósito desse tema, Maria Sylvia Zanella Di Pietro[23] alerta que tal função tem sido objeto de grandes contestações, tendo em vista principalmente a ideia de indelegabilidade de poder, decorrente do princípio da separação dos poderes, bastante rígido no direito norte-americano, princípio este que impede o Legislativo delegar sua função de legislar a órgão de outros poderes.

Talvez, como assevera Bruno Miragem,[24] tal problema possa ser mitigado quando a atividade de regulação, seja dos serviços públicos, seja da atividade

---

[21] Conforme o art. 8º da Lei 6.435/77: "Para os fins deste Capítulo compete exclusivamente ao órgão normativo do Sistema Nacional de Seguros Privados: I – fixar as diretrizes e normas da política a ser seguida pelas entidades referidas no artigo anterior; II – regular a constituição, organização, funcionamento e fiscalização de quantos exerçam atividades subordinadas a este Capítulo, bem como a aplicação das penalidades cabíveis; III – estipular as condições técnicas sobre custeio, investimentos, correção de valores monetários e outras relações patrimoniais; IV – estabelecer as características gerais para os planos de pecúlio ou de rendas, na conformidade das diretrizes e normas de política fixadas; V – estabelecer as normas gerais de contabilidade, atuária e estatística a serem observadas; VI – conhecer dos recursos interpostos de decisões dos órgãos executivos da política traçada pelo órgão normativo do Sistema; VII – disciplinar o processo de cobrança de comissões de qualquer natureza para a colocação de planos".

[22] Art. 35. Para os fins deste Capítulo, compete ao Ministério da Previdência e Assistência Social: I – através de órgão normativo a ser expressamente designado: a) fixar as diretrizes e normas da política complementar de previdência a ser seguida pelas entidades referidas no artigo anterior, em face da orientação da política de previdência e assistência social do Governo Federal; b) regular a constituição, organização, funcionamento e fiscalização dos que exercem atividades subordinadas a este Capítulo, bem como a aplicação das penalidades cabíveis; c) estipular as condições técnicas sobre custeio, investimentos e outras relações patrimoniais; d) estabelecer as características gerais para planos de benefícios, na conformidade do disposto na alínea a, supra; e) estabelecer as normas gerais de contabilidade, atuária e estatística a serem observadas; f) conhecer dos recursos de decisões dos órgãos executivos da política traçada na forma da alínea a deste inciso.

[23] DI PIETRO, Maria Sylvia Zanella. *Direito Administrativo*. 26ª ed. São Paulo: Atlas, 2013, p 526.

[24] MIRAGEM, Bruno. *A Nova Administração Pública e o Direito Administrativo*. São Paulo: Revista dos Tribunais, 2011, p 88.

econômica *stricto sensu*, observar o princípio democrático sob dois aspectos: um primeiro a adoção de mecanismos institucionais que assegurem a participação de cidadãos (usuários) de serviços públicos e cidadãos (agentes econômicos e consumidores) partes das relações estabelecidas no âmbito da atividade econômica em geral, dos processos de tomada de decisão regulatórios; em seguida, assegurar, por intermédio da possibilidade de controles externos à atividade de regulação (em especial do controle judicial), a razoabilidade e vinculação da decisão regulatória ao interesse público e às diretrizes legais e constitucionais correspondentes.

## 6.2. Dispositivos regulamentares aplicáveis

Feitas essas considerações iniciais a respeito do papel do Estado enquanto regulador ou "quase legislador", passamos a analisar a matéria em si, percorrendo os preceitos regulamentares do regime complementar de previdência no seu segmento fechado, buscando identificar e discorrer, ainda que brevemente, sobre os dispositivos orientadores do tratamento das reservas acumuladas quando da dissolução do casamento.

Considerando o objetivo deste trabalho – averiguar o tratamento conferido às reservas (ou provisões) constituídas pelo titular do plano quando da dissolução do seu casamento – necessário se faz restringir tal análise em duas dimensões: "a) quanto à modalidade de plano, limitando-nos aos planos estruturados no *regime contribuição definida*,[25] uma vez que essa era a modalidade do plano de que o cônjuge varão era titular; e b) quanto ao período ou fase do plano, considerando unicamente a eventual divisão das reservas durante o *período de concessão de benefícios*, uma vez que, no caso em tela foi durante essa fase que se deu o litígio".

O titular do benefício de aposentadoria da entidade é o participante do plano e a transferência de reserva do plano de um participante para outro, ainda que ambos sejam vinculados a uma mesma entidade fechada (como ocorre no presente caso) não encontra previsão na regulamentação aplicável.

Em algumas hipóteses, pode ocorrer, por força de ordem judicial, um *desconto* de determinado valor, a título de pensão, do benefício a ser pago ao participante. Porém, não se trata do caso em comento, no qual a ex-esposa pleiteia uma efetiva *transferência* de uma reserva para a outra, ou repasse de percentual da reserva do ex-marido para a sua própria reserva.

A única hipótese que poderia levar, no caso de um plano de contribuição definida, à distribuição da reserva do participante para outra pessoa seria a sua própria morte. Além disso, não há garantia de ser ele, o cônjuge supérstite, o beneficiário indicado para receber tal pagamento.

---

[25] Segundo o art. 3º da Resolução CGPC nº 16/2005, "Entende-se por plano de benefícios de caráter previdenciário na modalidade de contribuição definida aquele cujos benefícios programados têm seu valor permanentemente ajustado ao saldo de conta mantido em favor do participante, inclusive na fase de percepção de benefícios, considerando o resultado líquido de sua aplicação, os valores aportados e os benefícios pagos".

Nem mesmo o instituto da portabilidade poderia ser invocado para respaldar tal cessão, uma vez que é expressamente vedada a transferência de recursos entre participantes (LC 109/01, art. 15, II,[26] e art. 16 da Resolução CGPC nº 06/03[27]).

Diante do silencio legislativo e regulamentar, duas são as possíveis conclusões: "a) não ter sido opção do legislador, tampouco do regulador, se competente fosse, atribuir às provisões dos planos previdenciários privados o tratamento de patrimônio passível da partilha justa na dissolução do casamento, retirando-lhes, por exclusão, a possibilidade de partilha; ou b) não ter o regulador aventado tal possibilidade simplesmente por entender ser matéria fora de sua competência, cujo tratamento deve observar a legislação civil em geral e, em especial, o direito de família".

Qualquer que seja a conclusão a respeito da intenção do legislador no regime fechado, não encontramos orientação clara e definitiva a respeito do tratamento das reservas constituídas por uma das partes, seja no sentido de dividi-la ou de preservar-lhes a titularidade original.

Posição diferente é encontrada, por exemplo, no Canadá, cujo regime de previdência privada permite, desde 1978, a divisão igualitária e imediata da reserva em caso de dissolução do casamento ou união estável. São os chamados "Credit Splitting", por meio do qual o cônjuge (ou companheiro) habilita-se à divisão da reserva acumulada (*credit split*) a partir da comprovação de alguns requisitos (mínimo de 12 meses de casamento ou união e renda tributável do cônjuge solicitante). A solicitação do *credit splitting* é efetivada automaticamente quando apresentada nos primeiros 36 meses após o divórcio. Passado esse prazo, pode ser feita a qualquer tempo enquanto o cônjuge titular do plano estiver vivo, ficando sujeita à concordância do mesmo. Acordos de separação não afetam o direito ao *credit splitting* (ressalvada legislação específica das províncias canadenses) de forma que não é dada aos cônjuges a possibilidade de transigir sobre tais recursos.

De volta ao regime previdenciário brasileiro, resta, assim, ao Judiciário determinar, no caso concreto, o tratamento das reservas previdenciárias quando da dissolução do patrimônio, confrontando, caso a caso, a situação patrimonial, as necessidades de cada parte e esforços empreendidos na constituição do patrimônio do casal.

Tal assertiva não impede o casal de ajustar a divisão das reservas previdenciárias por ocasião do divórcio, computando na partilha os valores acumulados no plano previdenciário. Todavia, há de se notar que, dadas as restrições regulamentares do regime previdenciário, como vimos no tocante à portabilidade, a operacionalização da partilha no âmbito da entidade não admite, de imediato, a divisão

---

[26] Art. 15. Para efeito do disposto no inciso II do *caput* do artigo anterior, fica estabelecido que: (...) II – é vedado que os recursos financeiros correspondentes transitem pelos participantes dos planos de benefícios, sob qualquer forma.

[27] Art. 16. É vedado que os recursos financeiros transitem pelos participantes dos planos de benefícios, sob qualquer forma.

direta dos recursos entre os cônjuges, sendo necessário utilizar-se do resgate e eventualmente do depósito em juízo do valor atribuído ao cônjuge como forma de operacionalizar tal divisão.

Trata-se, a nosso ver, de "remendo" que em nada contribui para o enfrentamento do tema e a instrução de sua discussão, em especial, pelos aspectos tributários envolvidos.

Por fim, registre-se que, ainda nos termos da regulamentação aplicável, como acertadamente decidiu o magistrado no acórdão em comento, a questão do *periculum in mora* estaria de fato afastada porque, no âmbito dos planos patrocinados de entidades fechadas, o art. 24 da Resolução CGPC nº 06/03 é expresso ao determinar que "o resgate não será permitido caso o participante esteja em gozo de benefício".

Em outras palavras, se o participante, por estar aposentado, não teria possibilidade de resgatar os recursos, seja para qual finalidade for, não haveria sentido na concessão de liminar, uma vez que não haveria um perigo iminente de irreparabilidade ou difícil reparação de eventual direito a que a ex-esposa tivesse caso o processo tivesse de aguardar o seu trâmite normal.

### 7. Aspectos tributários

Dependendo da destinação dos recursos acumulados no plano de previdência privada, pode haver a incidência de Imposto de Renda (IR) e/ou de Imposto sobre a Transmissão *Causa Mortis* e Doação (ITCMD).

O IR incide com base em alíquotas progressivas que variam de acordo com a forma de tributação escolhida pelo participante do plano. A tributação pode ocorrer pela tabela progressiva mensal, primeiramente na forma de retenção pela fonte pagadora e, após, pelo cômputo dos valores na Declaração de Ajuste Anual. Por opção do participante, pode ocorrer, alternativamente, de forma exclusiva na fonte, com base na tabela instituída pelos artigos 1º e 2º da Lei nº 11.053/04 (que possui alíquotas menores para recursos acumulados por mais tempo).

O tipo de plano contratado também influencia na forma de tributação. Nos planos das entidades fechadas, na modalidade de contribuição definida, como é o caso em análise, o IR incide sobre o total do benefício pago (e o valor das contribuições pode ser deduzido em até 12% do total dos rendimentos computados na Declaração de Ajuste Anual).

Em caso de dissolução de vínculo matrimonial, considerando o presente caso, em que o plano esteja em fase de recebimento do benefício e os valores sejam mensalmente divididos entre os cônjuges durante o período contratado, incidirá o IR sobre cada parcela paga, de acordo com a forma de tributação escolhida.

A Secretaria da Receita Federal do Brasil (RFB) é responsável por fiscalizar o recolhimento do IR, tanto de forma retida na fonte pela entidade que efetua o pagamento, quanto com relação à incidência informada pela pessoa física.

A esse respeito, vale ressaltar que, além da Declaração de Ajuste Anual mencionada acima (cuja apresentação é de responsabilidade da pessoa física), a RFB instituiu obrigações acessórias que devem ser cumpridas pelas entidades de previdência privada para viabilizar o controle da arrecadação, o que ocorre pela prestação de informações sobre os participantes dos planos, a forma de tributação escolhida, os valores pagos, entre outras.

Além das questões acima, a depender da forma como ocorre a partilha dos bens, pode haver a incidência do ITCMD sobre os valores objeto de divisão.

Se na partilha um dos cônjuges permanecer com a integralidade ou a maior parte dos recursos comunicáveis de um plano de previdência privada, pode-se entender que houve uma doação por parte do outro cônjuge (que ficou com a menor parte). Nesse caso, incidiria o ITCMD (cuja fiscalização e arrecadação competem aos Estados, conforme artigo 155, inciso I, da Constituição Federal de 1988) sobre a parcela relativa à diferença.

Nesse sentido, como exemplo, o parágrafo 5º do artigo 2º da Lei nº 10.705, de 28 de dezembro de 2000, do Estado de São Paulo, que institui o ITCMD, determina que "estão compreendidos na incidência do imposto os bens que, na divisão de patrimônio comum, na partilha ou adjudicação, forem atribuídos a um dos cônjuges, a um dos conviventes, ou a qualquer herdeiro, acima da respectiva meação ou quinhão". Nesse Estado, o contribuinte deve declarar o valor devido por meio da "Declaração do ITCMD" preenchida pela internet.

## 8. Considerações finais

Sintetizando o que se expôs anteriormente, pode-se concluir o seguinte:

Do ponto de vista do direito de família, considerando que o regime matrimonial entre os ex-cônjuges era de comunhão universal, a previdência privada somente poderia ser considerada excluída da comunhão se estivesse expressamente mencionada na regra do artigo 1.668 do Código Civil, cujo sentido é complementado pelos incisos V a VII do art. 1.659 do mesmo diploma legal.

Uma vez que no caso em análise o litígio se dá durante a fase de concessão de benefícios, resta evidente o enquadramento da provisão do plano de que o cônjuge varão é titular como excluída da comunhão, nos termos do inciso VII do art. 1.659.

Também, pelo fato de se tratar de plano patrocinado de entidade fechada de previdência privada, poder-se-ia apelar para o enquadramento dos recursos no inciso VI do art. 1.659, uma vez que o plano decorre de relação de trabalho e que os proventos de tal relação também são, a princípio, incomunicáveis com o do outro cônjuge.

Quanto à analogia utilizada como argumento pela ex-esposa de que à provisão do plano deveria ser dado o mesmo tratamento que se confere ao FGTS, nota-se que, embora tanto o FGTS quanto a previdência sejam institutos destinados à constituição de poupança de longo prazo com o objetivo de resguardar o indivíduo de uma necessidade futura, cada um tem suas peculiaridades e é preciso ter alguma cautela na sua aproximação. De qualquer forma, ambos poderiam ser considerados, ainda que cada qual à sua maneira e respeitada sua natureza, decorrentes de relação de trabalho e, portanto, os dois seriam, em um primeiro momento, excluídos da comunhão. Todavia, os frutos de um e de outro não são considerados dentro dessa regra da exclusão, razão pela qual se poderia argumentar que para esses frutos estaria afastado o caráter alimentar e, portanto, a regra da exclusão da comunhão.

Sob a ótica do Direito Regulatório, não obstante a crítica que se faz ao regulador "quase legislador", parece que os próprios normativos aplicáveis à previdência privada fechada aqui analisados corroboram o entendimento de que a única maneira de "transferir" os recursos da reserva de um participante para outro seria quando da sua morte, por meio do resgate ou devolução da reserva. Posto que a presente análise é sobre um plano na fase de concessão de benefícios, isso ainda só seria possível se a ex-cônjuge figurasse como beneficiária desse plano. Tampouco se poderia alegar a utilização do instituto da portabilidade, seja porque ela só ocorre durante a fase de acumulação, seja porque a portabilidade só pode ocorrer entre planos de mesma titularidade, sendo vedada a transferência de recursos entre participantes.

Por fim, pelo prisma do direito tributário, frisou-se que, admitindo como única hipótese possível de ser considerada, diante do que se se expôs acima, seria a divisão dos recursos entre o cônjuge varão e a ex-esposa quando do pagamento do benefício, incidirá o IR sobre cada parcela paga, de acordo com a forma de tributação escolhida.

Sendo essas nossas considerações, esperamos que o presente artigo suscite no leitor o interesse pelo tema e frisamos que a solução aqui apontada só faz sentido tomando por base as premissas aqui adotadas, e que quaisquer outras variações poderiam conduzir a uma conclusão diversa da que aqui se apresentou.

## 9. Referências

ARAGÃO, Alexandre Santos de. *Agências Reguladoras e a Evolução do Direito Administrativo Econômico*. 3ª ed. Rio de Janeiro: Forense, 2013.

DI PIETRO, Maria Sylvia Zanella. *Direito Administrativo*. 26ª ed. São Paulo: Atlas, 2013.

MADALENO, Rolf. *Curso de direito de família*. 4ª ed. Rio de Janeiro: Forense, 2011.

MIRAGEM, Bruno. *A Nova Administração Pública e o Direito Administrativo*. São Paulo: Revista dos Tribunais, 2011.

PARADA, Deise Maria Galvão. *Regime de bens entre cônjuges*. São Paulo: Quartier Latin, 2008.

PONTES DE MIRANDA, Francisco Cavalcanti. *Tratado de Direito de Família*. 3ª ed. São Paulo: Max Limonad, 1947, vol. II.

SALOMÃO FILHO, Calixto. *Regulação da Atividade Econômica*. São Paulo: Malheiros. 2001.

SIMÕES, Thiago Felipe Vargas. *O regime de bens no casamento e união familiar*. Porto Alegre: Livraria do Advogado, 2015, Kindle Edition.

# — V —
# A nova dinâmica regulatória da comercialização de seguros

## Aluízio Barbosa

MBA em Direito de Empresas pela PUC/RJ e especialização em Desenvolvimento Gerencial pelo IBMEC/RJ. Membro da Associação Brasileira de Direito de Seguro (AIDA), na qual atua como presidente do GNT Direito Econômico, Regulatório e Societário. Professor FGV e FUNENSEG. Advogado.

## Camila Leal Calais

Mestranda em Direito Comercial na PUC/SP. Professora de Direito (pós-graduação) FGV, Escola Paulista de Direito e FUNENSEG. Membro da Associação Brasileira de Direito de Seguros (AIDA) e da *Association of Fellows and Legal Scholars of the Center for International Legal Studies*. Advogada.

## Daniel Flores Carneiro Santos

Advogado, com pós-graduação em Direito Constitucional pela Universidade de Lisboa, instituição em que cursa mestrado em Direito Constitucional.

## Daniela Zidan

Advogada, graduada em Direito e pós-graduada em Direito Processual Civil pela Universidade Mackenzie.

## Diego Nunes

Advogado, pós-graduando em Direito Imobiliário pela FMU/SP e especialista em Direito Contratual pela PUC/SP.

## Eduardo Damato

Advogado, graduado em Direito e pós-graduado em Direito Processual Civil pela Universidade Mackenzie

## Mariana Ferraz Menescal

Advogada, formada pela PUC/RJ e pós-graduada em Direito Societário pelo IBMEC. Obteve o grau de LLM em Direito Societário pela *New York University School of Law*. Membro do Grupo Nacional de Trabalho de Direito Econômico, Regulatório e Societário da AIDA Brasil.

## Shana Araujo de Almeida

Advogada, formada pela UFRJ, com Extensão em Direito do Seguro e Resseguro pela FGV-Rio e pós-graduada em Direito Público e Tributário pela UCA, com MBA em Direito Securitário pela FUNENSEG. Membro da AIDA.

## Thiago Moutinho Ramos

Advogado, graduado pela USP, com *Master of Law* em Direito Marítimo pela Universidade de Oslo. Membro Grupo Nacional de Trabalho de Direito Econômico, Regulatório e Societário e do Grupo Nacional de Trabalho de Resseguro da Associação Brasileira de Direito de Seguro (AIDA).

## Vivien Lys Porto Ferreira da Silva

Advogada especialista em contratos e mestre em direito civil pela PUC/SP. Professora do Curso de Especialização em Contratos da PUC/SP.

*Sumário*: 1. Das formas tradicionais de comercialização de seguro; 2. Dos representantes de seguros; 3. Das assessorias de seguros; 4. Distinções entre assessoria, corretor de seguros e companhia seguradora; 5. Assessorias de seguros e representantes de seguros – Resolução CNSP 297/2013; 6. Penalidades; 7. Da comercialização de seguros através de meios remotos; 8. Conclusão.

### 1. Das formas tradicionais de comercialização de seguro

Nas décadas de 70 e 80, a comercialização de seguros desenvolveu-se pela forma presencial de venda, na qual os consumidores só recebiam ofertas através de seus corretores com perfil especializado no produto a ser vendido.

Naquele período, o sistema pautava-se na venda intermediada pela figura do corretor de seguros, que desempenhava papel essencial tanto para o segurado, como para as seguradoras.

Nos termos do artigo 1º da Lei nº 4.594/64, o corretor de seguros, seja ele pessoa física ou jurídica, é o intermediário legalmente autorizado para angariar e promover contratos de seguros entre as seguradoras e as pessoas físicas ou jurídicas, de direito público ou privado.

Nesta época, o corretor de seguros participava de forma muito ativa na formalização da proposta e do contrato de seguro em si, haja vista que, como a contratação somente poderia ser feita de forma presencial, havia uma relação de zelo e confiança entre o corretor e o contratante.

Neste contexto, dispõe o artigo 9º do Decreto Lei nº 73/66 acerca da forma de contratação do seguro:

> Art. 9º Os seguros serão contratados mediante propostas assinadas pelo segurado, seu representante legal ou por corretor habilitado, com emissão das respectivas apólices, ressalvado o disposto no artigo seguinte.

Art. 10. É autorizada a contratação de seguros por simples emissão de bilhete de seguro, mediante solicitação verbal do interessado.

§ 1º O CNSP regulamentará os casos previstos neste artigo, padronizando as cláusulas e os impressos necessários.

§ 2º Não se aplicam a tais seguros as disposições do artigo 1.433 do Código Civil.

Por ser um contrato formal, o contrato de seguro exige a forma escrita para sua formação, ou seja, tanto a proposta de seguros quanto a apólice devem conter a assinatura original do proponente, sob pena de não se validarem as informações fornecidas pelo contratante.

Essa característica de seu formalismo era interpretada literalmente pelo mercado, haja vista que toda a documentação de formalização do seguro (propostas, formulários, perfis, etc.) eram necessariamente em papel e administradas pelo corretor, que fazia a intermediação da formalização destes perante a Seguradora para atender os interesses do seu cliente, que se tornaria segurado.

O jurista Ivan de Oliveira Silva discorre sobre os efeitos desta característica ao afirmar que "(...) há de se ressaltar que, por conta de certa formalidade reservada ao contrato de seguro (presente até mesmo em sua fase preliminar), as suas operações seguirão a forma escrita. Pertinente anotar que as declarações prestadas pelo proponente devem representar a expressão da verdade, haja vista que o contrato de seguro é sustentado pela boa-fé, em todos os seus momentos, incluindo, como não poderia ser diferença, até mesmo a fase da proposta".[1]

Neste sentido, era imprescindível que o proponente manifestasse a sua vontade de forma expressa, diretamente ao corretor de seguros, justamente para não restar dúvida acerca de sua vontade em formalizar o contrato de seguro e o clausulado, posto que só se perfazia, nos requisitos de validade e existência, se contivesse a forma física e a assinatura do Segurado.

Por ser um contrato atípico, estruturado no mutualismo, acreditava-se que o contrato de seguro para se aperfeiçoar como negócio jurídico perfeito, exigia determinadas peculiaridades formais a fim de que se garantisse a correta execução do contrato para ambas as partes.

Desta feita, o corretor de seguros analisava previamente o bem que o contratante pretendia segurar, realizava um estudo de qual seguradora se adequava mais ao seu perfil, indicando e participando ativamente do processo de escolha, pelo consumidor, sendo todo esse procedimento realizado de forma presencial.

A partir daí, a proposta escrita era preenchida pelo próprio contratante, atestando a veracidade das informações ali postas, com o posterior encaminhamento, pelo corretor, à seguradora.

Após a elaboração da proposta por intermédio do corretor de seguros, a seguradora possuía o prazo de quinze dias para na aceitação da proposta. Sendo aceita a proposta, a apólice era emitida fisicamente e entregue, pelo corretor, ao

---

[1] SILVA, Ivan de Oliveira. *Curso de Direito do Seguro*. São Paulo: Saraiva, 2008, p. 125.

segurado. Caso a seguradora negasse o risco, toda a documentação era devolvida fisicamente ao segurado, tudo por intermédio do corretor de seguros.

Neste contexto, a figura do corretor se tornava imprescindível para a formalização do contrato, haja vista que ele participava ativamente de todo o processo de contratação, desde a análise do risco a ser coberto, indicação da seguradora mais adequada para aquele cliente; até o pós-venda, atendendo todas as dúvidas do segurado.

Assim, a partir da década de 1990, o corretor de seguros consolidava-se como o principal canal de distribuição de seguros no Brasil que, nas palavras do Prof. Antonio Penteado Mendonça, essa consolidação é "o resultado de uma longa luta, de mais de vinte anos, principalmente contra as agências bancárias".[2]

E, como canal de distribuição de seguros, o corretor destacava-se, pois ele era o único que tinha habilidade para identificar os reais interesses do segurado e conjugá-los ao produto securitário específico para cada bem que se pretendia tutelar e, principalmente, mensurar a avaliação do risco conforme cada proposta das Seguradoras existentes no mercado, pulverizando assim a contratação por meio de propostas específicas.

Neste momento econômico, o corretor competia com outros dois canais de distribuição, quais sejam, o agente e o sistema financeiro (instituições bancárias).

Mas o corretor, por ser um representante do segurado, com sua interação técnica e especializada, superava qualquer vendedor e/ou gerente de banco, pois o seu conhecimento no mercado securitário propiciava ao Segurado maiores informações, para decidir o produto securitário a ser contratado, como também garantia para ele uma consultoria no pós-venda diferenciada de todo o mercado.

O Segurado, antes de assinar qualquer proposta de seguro, contava com toda a expertise do corretor, possibilitando-lhe dirimir dúvidas e eleger a Apólice mais adequada ao seu perfil, e assim por intermédio do seu corretor de seguros, devidamente habilitado, era encaminhada a proposta para as Sociedades Seguradoras, nos termos do artigo 18 da Lei 4.594/64.

Tais propostas deviam conter a assinatura do proponente, que era colhida presencialmente pelo próprio corretor de seguros.

Para corroborar a assertiva da necessidade de contratação presencial, a própria SUSEP (Superintendência de Seguros Privados), na Circular nº 74/99, determinou os prazos para que as seguradoras guardassem os documentos originais relativos à contratação dos seguros.

Neste sentido, dispõem os artigos 4º e 5º da referida Circular:

Art. 4º O prazo mínimo para guarda de documentos originais de contratos de seguros de bens é de cinco anos, contados a partir do término de vigência do contrato, ou o prazo de prescrição, o que for maior.

---

[2] In: *Temas de Seguro*. São Paulo: Editora Book Mix Comunicação, 2010, p. 75.

Art. 5º O prazo mínimo para guarda de documentos originais de contratos de seguros de pessoas, de responsabilidades e aqueles cujo beneficiário não seja o próprio segurado, é de, no mínimo, vinte anos, contados a partir do término de vigência do contrato.

Por ser o contrato de seguro considerado um contrato de adesão, a venda presencial conferia mais segurança ao contratante, uma vez que contava com a assessoria técnica especializada do corretor de seguros no pós-venda, bem como com sua imparcialidade.

Em todo o procedimento de venda de seguro existia a interação humana, entre a seguradora, corretor e consumidor, evitando, assim, problemas que pudessem surgir, no que diz respeito à aceitação do seguro.

A partir do momento em que a venda era feita de forma presencial, com o repasse de todas as informações corretas ao consumidor, bem como a formalização do seu aceite ao corretor, evitavam-se muitas contestações de vendas, como nos dias de hoje.

É bem verdade que o Código Civil atualmente vigente, de uma certa forma, não impede a formação do contrato de seguro caso não haja proposta escrita, conforme se verifica em seu art. 758 que menciona ser provada a existência do contrato de seguro, na ausência de exibição da apólice ou bilhete, pelo documento comprobatório do pagamento do respectivo prêmio.

A venda presencial não abre margens para dúvidas ou especulações acerca da veracidade das informações veiculadas pelas partes, ou pelo menos, minimiza e muito este tipo de situação.

Contudo, com a evolução da sociedade, além da massificação dos contratos de seguro, bem como com a evolução dos meios eletrônicos, a venda presencial do seguro cedeu espaço para a implementação dos meios remotos de comercialização de seguro.

Esse movimento ocorreu em razão da estagnação do mercado de seguros, na forma na qual estava estruturado, e pela inflação elevada no Brasil, ensejando assim a reformulação da oferta e da concorrência na venda dos produtos securitários.

É bom destacar que a própria lei que regulamenta a atividade dos corretores de seguros (Lei 4.594/64) prevê a possibilidade de contratos de seguros serem celebrados sem a presença dos corretores, nos termos de seu art. 18, alínea "b", que estabelece a possibilidade de a seguradora receber proposta de seguro diretamente dos proponentes, bem como, seu art. 19 que, com a redação dada pela Lei 6.317/75, prevê que no caso de propostas aceitas pelas seguradoras, sem a participação de corretores de seguro, o valor habitualmente pago a título de comissão de corretagem deverá ser recolhido ao Fundo de Desenvolvimento Educacional do Seguro, administrado pela FUNENSEG – Fundação Escola Nacional de Seguros.

Em que pese o curioso cenário legal onde a presença do corretor de seguros não é obrigatória mas o pagamento da comissão de seguros acaba sendo, sob o ponto de vista prático, o corretor de seguros continua e continuará existindo, até mesmo nas outras formas de comercialização de seguros, conforme se demonstrará a seguir.

## 2. Dos representantes de seguros

A contratação de seguros no Brasil pode ser realizada, conforme já mencionado anteriormente, de forma direta ou com a intermediação de um corretor de seguros, conforme determina o artigo 18 da Lei 4.594/1964. Neste sentido, se não houver a intermediação de um corretor de seguros, a contratação será considerada como venda direta da sociedade seguradora.

Com o advento do Código Civil de 2002, a função do agente de seguros ficou claramente delineada, reforçando a diferença que o separa do corretor de seguros, pelo que se depreende da leitura do artigo 775: Os agentes autorizados do segurador presumem-se seus representantes para todos os atos relativos aos contratos que agenciarem.

Depreende-se, então, que o representante de seguros nada mais é do que o agente de seguros previsto no Código Civil e sua relação com o proponente/segurado significa venda direta da sociedade seguradora.

Assim, é importante ressaltar, que as figuras do representante de seguros e do corretor de seguros não se confundem, sendo vedado ao representante de seguros o exercício da atividade de corretagem de seguros e atuação como estipulante ou subestipulante, sendo certo que estes últimos regem-se pela Resolução CNSP nº 107/2004.

A atividade do representante de seguros foi regulamentada por meio da Resolução CNSP nº 297/2013 que trouxe o conceito de Representante de Seguros, *verbis*:

> Considera-se representante de seguros a pessoa jurídica que assumir a obrigação de promover, em caráter não eventual e sem vínculos de dependência, a realização de contratos de seguro à conta e em nome da sociedade seguradora.

A relação entre sociedade seguradora e representante de seguros, segundo o normativo acima mencionado, deverá ser detalhadamente disposta em contrato específico, cujo conteúdo deverá ser disponibilizado aos segurados para consulta a qualquer momento durante a vigência da cobertura.

Assim sendo, o representante de seguros atuará de acordo com os poderes delimitados no respectivo contrato firmado com a sociedade seguradora, devendo este dispor sobre a forma, a delimitação da zona de atuação, exclusividade, rescisão e estipulação de prazo de duração, se determinado ou indeterminado e a forma de remuneração (no qual deverão estar incluídas todas as despesas operacionais e comerciais envolvidas e as hipóteses de indenização em caso de rescisão contratual).

Importante ressaltar que a remuneração do representante de seguros será pactuada com a sociedade seguradora consoante os princípios e as normas aplicáveis à defesa do consumidor e à livre concorrência, devendo ser informada na Nota Técnica Atuarial do plano de seguros submetido à Superintendência de Seguros Privados – SUSEP. Todavia, é vedada a remuneração que caracterize exigência ao consumidor de vantagem manifestamente excessiva.

O contrato a ser firmado entre representante de seguros e sociedade seguradora poderá estabelecer os seguintes serviços:

- oferta e promoção de planos de seguro, inclusive por meios remotos, em nome de sociedade seguradora;
- recepção de propostas de planos de seguro, emissão de bilhetes de seguros e apólices individuais em nome de sociedade seguradora;
- coleta e fornecimento à sociedade seguradora dos dados cadastrais e de documentação de proponentes, segurados, beneficiários e corretores de seguros e seus prepostos;
- recolhimento de prêmios de seguro, em nome da sociedade seguradora;
- recebimento de avisos de sinistros, em nome da sociedade seguradora;
- pagamento de indenização, em nome da sociedade seguradora;
- orientação e assistência aos segurados e seus beneficiários, no que compete aos contratos de seguros, inclusive por meios remotos, em nome da sociedade seguradora;
- orientação e assistência aos corretores de seguros e seus prepostos, se for o caso;
- apoio logístico e administrativo à sociedade seguradora, visando à manutenção dos contratos de seguro; e
- outros serviços de controle, inclusive controle e processamento de dados das operações pactuadas em nome da sociedade seguradora.

Ademais, ressalta-se que as organizações varejistas que ofertam planos de seguros em nome das seguradoras também serão consideradas representantes de seguros, conforme previsto na Circular SUSEP 480/2013. Para ofertar e promover planos de seguro em nome de sociedade seguradora, as organizações varejistas devem, obrigatoriamente e previamente ao início das operações, estabelecer contrato na condição de representante de seguros, na forma definida pela Resolução CNSP 297/2013.

Entende-se como "organização varejista" qualquer organização que pratique as atividades de venda, revenda ou distribuição de mercadorias, novas ou usadas, em loja ou por outros meios, incluindo meios remotos, preponderantemente para o consumidor final para consumo pessoal ou não comercial.

O representante de seguros somente pode ofertar e receber propostas relativas a planos de seguro, concernentes aos seguintes ramos, nas suas dependências físicas ou, quando for o caso, por meios remotos:

- Ramo 0171 – Riscos Diversos;
- Ramo 0195 – Garantia Estendida/Extensão de Garantia – Bens em Geral;
- Ramo 0524 – Garantia Estendida/Extensão de Garantia Auto;
- Ramo 0542 – Assistência e outras coberturas – Auto;
- Ramo 1329 – Funeral;
- Ramo 1369 – Viagem
- Ramo 1377 – Prestamista;
- Ramo 1387 – Desemprego/Perda de Renda;
- Ramo 1390 – Eventos Aleatórios;
- Ramo 1164 – Animais;
- Ramo 1601 – Microsseguro de Pessoas;
- Ramo 1602 – Microsseguro de Danos;
- Ramo 1603 – Microsseguro/Previdência.

A contratação em desacordo com a Resolução CNSP 297/2013 acarretará a restituição em dobro dos prêmios pagos referentes a esta cobertura e está sujeito à aplicação de sanções pela SUSEP.

Destaca-se que a limitação acima mencionada não se aplica ao representante de seguros que integra o mesmo grupo econômico da sociedade seguradora.

Desta forma, após análise conjunta do que dispõe a Resolução CNSP nº 297/2013 e a Resolução CNSP nº 226/2010, verifica-se que a vedação de realização comercial entre empresas ligadas não se aplicaria a relação representante de seguros x companhia seguradora, pertencentes ao mesmo Grupo, porque a operação comercial de venda de seguro continuará sendo uma relação direta do proponente/segurado com a companhia seguradora, sendo certo que o representante de seguros, assim como o corretor de seguros, atua apenas na intermediação do negócio, não realizando a operação comercial em si. Logo, não haverá operação comercial entre representante de seguros e companhia seguradora.

Insta mencionar que as sociedades seguradoras e de seus representantes de seguros devem ofertar e promover os produtos de seguro de forma correta, clara, precisa e ostensiva com relação ao produto comercializado e aos serviços decorrentes de sua contratação, sendo certo que deverá, também, prestar a integral orientação e assistência ao proponente, segurado e seus beneficiários, na elaboração da proposta e durante toda a vigência do contrato de seguro, especialmente nas situações de ocorrência de sinistros e sua regulação.

Os representantes de seguros são responsáveis pelo repasse integral dos prêmios arrecadados às sociedades seguradoras, nos termos estabelecidos no contrato firmado entre as partes, sendo certo que o pagamento do prêmio ao representante de seguros considera-se feito à sociedade seguradora, a qual fica responsável por todas as obrigações contratuais dele decorrentes.

As sociedades seguradoras e seus representantes de seguros devem promover a capacitação dos funcionários destes designados para prestar quaisquer dos serviços listados na Resolução CNSP 297/2013, visando à adequada orientação ao proponente, ao segurado, e ao beneficiário.

Ressalta-se que é vedado ao representante de seguros cobrar dos proponentes, segurados ou de seus beneficiários, quaisquer valores relacionados à sua atividade, na condição de representante de seguros, ou ao plano de seguro, além daqueles especificados pela sociedade seguradora ou oferecer produto de seguro em condições mais vantajosas para quem adquire produto ou serviço por ele fornecido.

Com efeito, também é vedado ao representante de seguros vincular a contratação de seguro à concessão de desconto ou à aquisição compulsória de qualquer outro produto ou serviço por ele fornecido.

De todo modo, importante destacar que, em que pese a existência de o representante de seguros, a existência do corretor de seguros permanece válida sendo permitida a participação de um corretor intermediando a relação entre o proponente/segurado e o representante de seguros, conforme claramente estabelecido no § 5º do art. 1º da Resolução CNSP 297/13.[3]

Caso a companhia seguradora ou o representante de seguros atuem em desacordo com as regras previstas na Resolução CNSP nº 297/2013, estarão sujeitos à penalidade prevista no artigo 70 da Resolução CNSP nº 243/2011.

> Art. 70 Atuar em desacordo com as normas legais ou de regulação que disciplinam as operações e as atividades de previdência complementar, seguros, resseguros e capitalização. (Artigo alterado pela Resolução CNSP nº 259/2012 e posteriormente pela Resolução CNSP nº 293/2013)
>
> Sanção: multa de R$ 15.000,00 (quinze mil reais) a R$ 30.000,00 (trinta mil reais), podendo ser cumulada com advertência.

### 3. Das assessorias de seguros

Denominam-se de assessorias de seguros as organizações que funcionam como elo entre as companhias seguradoras e os corretores, prestando serviços variados, principalmente para pequenos e médios corretores. Paralelamente, as assessorias de seguro funcionam como empresas de outsourcing do departamento comercial das seguradoras, como uma unidade avançada da seguradora e responsável pelo atendimento aos corretores.

As assessorias de seguros surgiram como solução para a grande capilaridade da rede de corretores de seguros, cujo atendimento superava a capacidade operacional do departamento comercial das seguradoras. As assessorias, dessa forma, assumem o papel de um canal de venda auxiliar de seguros.

---

[3] Art. 1º. (...). § 5º. A relação entre o representante de seguros e o proponente, segurado ou beneficiário poderá ser intermediada por corretor de seguros ou seu preposto.

Como empresas de *outsourcing* do departamento comercial das seguradoras, as assessorias de seguros aproximam-se da definição de agente da companhia seguradora, tal qual como definido no artigo 775 do Código Civil 2002. No entanto, as assessorias de seguros, em tese, exercem funções distintas do conceito de agente de seguros, pois os agentes de seguros estão aptos a promoverem a venda de seguros de uma ou mais companhias seguradoras, também atuando na elaboração de propostas de seguros em diversos ramos, prospecção de clientes, gerenciamento de carteira, elaboração de propostas, redação de apólices, reguladora de sinistros. As Assessorias de Seguros são empresas que, contratadas por seguradoras, atuam no fomento e gerenciamento das atividades de corretores de seguros, capacitando-os através de treinamentos, bem como proporcionando infraestrutura de trabalho necessária, além de serem responsáveis pela coordenação de suas atividades e da interface necessária de tais corretores com as seguradoras, sob a ótica exclusiva da produção de negócios.

A existência das Assessorias de Seguros representa oportunidade de economia para as seguradoras que, ao invés de montarem uma estrutura própria em determinadas localidades, com o único intuito de desempenhar atividades administrativas inerentes ao gerenciamento das atividades dos corretores de seguro daquela região, pode contratar uma assessoria para desempenhar essa função. Pode-se dizer, de forma simplificada, que a atuação das Assessorias se assemelha à do Inspetor de Seguros, como elemento de ligação entre o corretor e a seguradora.

No entanto, ainda que atuem proximamente dos corretores, as assessorias de seguros não são entidades reguladas pela SUSEP, uma vez que não se encontram no rol no artigo 7º do Decreto-Lei 73/1966, que enumera os componentes do Sistema Nacional de Seguros Privados, e também não são citadas nas regulamentações infralegais tanto do CNSP como da SUSEP.

As assessorias podem trabalhar com uma ou mais seguradoras, não havendo a obrigação de exclusividade. Ainda, as assessorias em geral trabalham em certa região geográfica, sem vínculo de dependência com as seguradoras, e em um ou mais ramos de seguro.

Desse modo, tendo em vista o escopo acima delimitado, naturalmente não há qualquer contato da assessoria com o cliente final da seguradora, o que, por si só, afastaria qualquer necessidade ou justificativa de fiscalização das Assessorias de Seguros pela SUSEP ou qualquer outro órgão, como o PROCON, por ausência do pressuposto que é a relação direta com o consumidor de seguros.

Importante destacar que a função das Assessorias de Seguros não deve ser confundida e, muito menos, exercida por corretores de seguros, por expressa vedação legal e regulatória. Da mesma forma, a remuneração paga às Assessorias de Seguros por seus serviços não se caracteriza como corretagem e sim como prestação de serviços.

## 4. Distinções entre assessoria, corretor de seguros e companhia seguradora

Como abordado anteriormente, o corretor de seguros, conforme define o art. 122 do Decreto-Lei 73/66[4] e o parágrafo único do art. 1º da Circular SUSEP 429/12,[5] é o único intermediário legalmente autorizado a angariar e promover contratos de seguro entre as sociedades seguradoras e o público consumidor em geral, devendo agir em prol do segurado na busca do produto de seguro que melhor atenda às necessidades específicas de seu cliente.

Naturalmente, tal descrição não se enquadra nas atividades desempenhadas pelas Assessorias de Seguros que, repita-se, atuam no trabalho de fomentar e gerenciar, em prol das seguradoras que as contratam, as atividades desempenhadas pelos corretores de seguro de determinada região ou localidade.

Dessa forma, as Assessorias de Seguros não se confundem nem com os corretores de seguro, e nem com as companhias seguradoras.

As Assessorias de seguros são consideradas unidades comerciais terceirizadas da companhia seguradora, e não o intermediário legalmente autorizado a angariar e a promover contratos de seguros entre a seguradora e pessoas físicas ou jurídicas, conforme definição legal de corretor de seguros proposta pelo artigo 1º da Lei nº 4.594/64. Por outro lado, as assessorias também não se confundem com as companhias seguradoras; ainda que as assessorias sejam companhias que prestam serviços para as companhias seguradoras, as assessorias devem manter o caráter de independência em relação àquelas.

Caso o mesmo grupo econômico contenha uma empresa dedicada à atividade de corretagem de seguros e outra à de assessorias de seguros, ou uma companhia seguradora e uma empresa de assessoria, deve-se adotar medidas que caracterizem a efetiva separação entre as assessorias e a corretora, ou entre as assessorias e a companhia seguradora, de modo que não paire qualquer confusão entre elas. Para tanto, as empresas devem adotar medidas como, mas não limitado a funcionar em locais físicos diferentes, ter funcionários diferentes, não compartilhar os mesmos arquivos, cadastros de clientes, sistemas de TI, balanços contábeis, e quaisquer informações que possam levá-las a serem consideradas como a mesma empresa.

Tais medidas são importantes, pois, na medida em que a atividade de companhia seguradora e de corretor de seguros são atividades reguladas pela SUSEP, superposições entre as assessorias e aquelas empresas poderá levar à fiscalização de suas atividades pela SUSEP.

---

[4] Art. 122. O corretor de seguros, pessoa física ou jurídica, é o intermediário legalmente autorizado a angariar e promover contratos de seguro entre as Sociedades Seguradoras e as pessoas físicas ou jurídicas de Direito Privado.

[5] Art. 1º. O registro e as atividades de corretagem de seguros realizadas no país ficam subordinadas às disposições desta Circular. Parágrafo único. O corretor de seguros e a sociedade corretora de seguros são os intermediários legalmente autorizados a angariar e promover contratos de seguro entre as sociedades seguradoras e o público consumidor em geral e seu registro obedecerá às instruções estabelecidas na presente Circular.

Outrossim, também há distinção a ser feita no respeitante aos clientes de cada uma das três entidades. Os clientes das assessorias de seguros sempre serão corretores de seguro. Os clientes da corretora serão pessoas físicas e jurídicas com intenção de contratar seguros. Os clientes da seguradora, por seu turno, também serão pessoas físicas e jurídicas com intenção de contratar seguro, sendo que tal contratação ou será intermediada por um corretor de seguros, ou se dará sob a forma de venda direta de seguro, ou seja, aquela venda realizada sem a intermediação de um corretor de seguro. Ressalte-se que mesmo onde não haja a intermediação de um corretor de seguros, permanece vedado às assessorias a venda direta de seguros, sob pena da imposição das penalidades previstas na legislação.

## 5. Assessorias de seguros e representantes de seguros – Resolução CNSP 297/2013

Muito embora as assessorias de seguros não sejam, atualmente, entidades reguladas pela SUSEP, tais entidades já constaram em regulamentação emitida pelo CNSP e, portanto, foram objeto de atenção por parte desse órgão regulador e da SUSEP.

A Resolução CNSP 297/2013 foi publicada para disciplinar as operações das sociedades seguradoras por meio de seus representantes de seguros.

A redação original do artigo 18 dessa Resolução equiparava as entidades que atuassem exclusivamente orientando e assistindo os corretores de seguro, ou seja, as assessorias de seguro, aos representantes de seguro. Ainda, apenas entidades que atuassem exclusivamente com corretores de seguro poderiam incluir a denominação "assessoria de seguros" em sua razão social. Adicionalmente, a redação original daquele artigo: (i) vedava a promoção da venda direta de apólice de seguro do representante de seguro que atuasse somente com corretores, (ii) vedava o enquadramento da remuneração percebida por tais representantes como corretagem, e (iii) estabelecia que o pagamento de comissões de corretagem seriam devidas exclusiva e diretamente ao corretor de seguros responsável pela comercialização da apólice.

Tal equiparação provocou a reação do setor de assessorias de seguros, pois havia o receio de que o âmbito de atuação das assessorias poderia ser restringido.

No entanto, a Resolução CNSP 308/2014 alterou o artigo 18 da Resolução CNSP 297/2013 e excluiu as assessorias de seguro do âmbito da regulamentação sobre representante de seguros.

Assim, com a nova redação da Resolução CNSP 297/2013, as assessorias de seguros contam hoje com bastante flexibilidade de atuação, desde que não exerçam atividades privativas de entes regulados pela SUSEP e pelo CNSP.

## 6. Penalidades

As entidades pertencentes ao mercado de seguros, resseguros, capitalização e previdência aberta complementar estão sujeitas à observação e cumprimento das normas publicadas pelo CNSP e pela SUSEP, bem como à fiscalização e imposição de penalidades pela última.

No caso de entidades não reguladas, como é o caso das assessorias de seguro, o foco do regulador será o de determinar se tal entidade exerce ou não atividade privativa de um ente regulado. Em caso positivo, ocorrerá a imposição da penalidade corresponde a tal infração.

A Resolução CNSP 243/2011 dispõe sobre as sanções administrativas no âmbito das atividades de seguro, cosseguro, resseguro, retrocessão, capitalização, previdência complementar aberta, de corretagem e auditoria independente. Seu artigo 18 determina que, caso certa entidade realize atividade de corretagem sem a devida autorização, haverá incidência de multa de R$ 50.000,00 (cinquenta mil) a R$ 1.000.000,00 (um milhão de reais).

O artigo 9º da mesma Resolução estabelece em seu parágrafo único que nenhuma pena de multa será superior a R$ 1.000.000,00 (um milhão de reais), à exceção de multa decorrente de condenação por exercício de atividade não autorizada pela SUSEP.

## 7. Da comercialização de seguros através de meios remotos

A evolução dos meios de comunicação tem afetado toda a vida em sociedade, a economia incluída, e o mercado de seguros vem gradualmente incorporando as novas possibilidades criadas pela tecnologia na distribuição dos seus produtos. Se o telemarketing já é uma realidade nos dias de hoje, o comércio pela internet cresce exponencialmente e chegou a marca de R$ 28 bilhões em 2013,[6] sem considerar a venda de automóveis, passagens aéreas e leilões *on line*, demonstrando a importância desta ferramenta na venda de produtos e serviços na atualidade.

Atento a esta realidade, o Conselho Nacional de Seguros Privados – CNSP – editou em 2013 a Resolução 294, regulamentando "a utilização de meios remotos nas operações relacionadas a planos de seguro e de previdência complementar aberta". As expressões "operações relacionadas a planos de seguro" e "meios remotos" mostram-se propositalmente vagas para tentar abarcar o máximo de situações possíveis e manter atual a regulamentação de um tema em constante renovação.

Neste sentido, a Resolução define meios remotos como "aqueles que permitam a troca de e/ou o acesso a informações e/ou todo tipo de transferência de da-

---

[6] Fonte eBit – www.e-commerce.org.br. Não considera vendas de automóveis, passagens aéreas e leilões *on line*.

dos por meio de redes de comunicação envolvendo o uso de tecnologias tais como rede mundial de computadores, telefonia, televisão a cabo ou digital, sistemas de comunicação por satélite, entre outras".[7] Como se vê, o órgão regulador preferiu utilizar expressões abrangentes e exemplos, sem restringir sua aplicação às formas de comunicação não presencial atualmente conhecidas.

Estes meios, nos termos da Resolução, podem ser utilizados para emissão "de bilhetes, de apólices e de certificados individuais".[8] os protocolos, incluindo os de aviso de sinistro, e demais informações obrigatórias,[9] bem como material informativo, material de publicidade e mensagens de educação financeira, desde que expressamente autorizado pelo contratante.[10] Pode-se afirmar, portanto, que a comunicação remota pode ser realizada em todas as fases da relação com o segurado, desde a contratação do seguro à regulação do sinistro e ao pagamento da indenização.

A opção por utilizar estas ferramentas, contudo, implica algumas obrigações especiais à companhia seguradora. Logo em seu art. 3º, a Resolução CNSP 294 exige que as operações por meios remotos garantam a comprovação da autoria e integridade de documentos contratuais encaminhados pela seguradora; a identificação do contratante, assegurando a autenticidade, a confidencialidade e a integridade de seus dados; a segurança na troca de dados e informações com o contratante; a confirmação do recebimento de documentos e mensagens enviadas pela seguradora ao contratante; o fornecimento de protocolo, em qualquer operação de envio, troca de informações ou transferência de dados e documentos.

Além disto, a contratação por meios remotos, sem a emissão de documentos contratuais físicos, torna obrigatório o envio de uma série de informações ao segurado ao longo da vigência da cobertura, tais como alertas sobre a data de vencimento de cada parcela do prêmio, bem como sobre o fim da vigência do plano contratado, sempre com pelo menos 2 (dois) dias úteis de antecedência, para vigências inferiores a 1 (um) ano, ou 30 (trinta) dias corridos de antecedência, para vigências iguais ou superiores a 1 (um) ano.[11]

A sociedade seguradora é obrigada ainda a armazenar os documentos gerados a partir de meios remotos utilizando formas de gravação que possibilitem "a confirmação do processo de validação de tais documentos", permitindo ainda a SUSEP o acesso a estes documentos por meio de *login* e senha.[12] De toda forma, fica dispensada a guarda de documentos físicos, embora seja a necessário respeitar os prazos legais previstos para este tipo de documento também quanto àqueles gravados em meios digitais.

---

[7] Resolução CNSP 294/2013, Art. 2º, I.
[8] Resolução CNSP 294/2013, Art. 4º, *caput*.
[9] Resolução CNSP 294/2013, Art. 7º, *caput* e parágrafo único.
[10] Resolução CNSP 294/2013, Art. 8º, *caput* e parágrafo único.
[11] Resolução CNSP 294/2013, Art. 2º, I.
[12] Resolução CNSP 294/2013, Arts. 16 e 17.

Previsão controversa consta do art. 10 da Resolução CNSP 294, que dispõe que "a confirmação de quitação do primeiro pagamento enviada pela sociedade/EAPC com a utilização de meios remotos servirá, também, como prova da efetiva contratação ou renovação do plano".

Isto tem gerado questionamentos no mercado quanto aos casos em que o pagamento é feito antes de seguradora ter tido oportunidade de analisar o risco e decidir pela sua aceitação ou não. Ou seja, a Resolução trouxe a dúvida se haveria aqui a possibilidade de uma aceitação obrigatória.

Esta, contudo, não parece ser a melhor interpretação do dispositivo que não revogou as demais normas que regulam a análise do risco pela companhia seguradora. Embora não tenha utilizado a melhor redação, a intenção do regulador parece ter sido a de somente permitir ao segurado se valer do comprovante de pagamento do prêmio para comprovar a contratação do seguro nas hipóteses de aceitação tácita da proposta, especialmente quando não lhe são enviados outros documentos contratuais, nos termos da apólice.

Neste sentido, vale o registro de que a emissão da apólice ou do certificado individual por meio remoto deve seguir "os procedimentos efetuados sob a hierarquia da Infraestrutura de Chaves Públicas Brasileiras (ICP-Brasil) ou outra Autoridade Certificadora Raiz cuja infraestrutura seja equivalente a PKI (*Public Key Infrastructure*), com identificação de data e hora de envio", conforme o art. 4º, § 3º, da Resolução CNSP 294/2013.

Por fim, outra disposição digna de nota está prevista no art. 11 da Resolução em referência e diz respeito ao direito de arrependimento. Em consonância com o que prescreve o Código de Defesa do Consumidor – CDC,[13] a Resolução confere ao contratante a possibilidade de desistir do contrato no prazo de 7 dias, com o recebimento integral dos valores eventualmente pagos, a qualquer título, que deverão ser devolvidos "de imediato". A contagem deste prazo de 7 dias se inicia na formalização da proposta ou do pagamento do prêmio, no caso de contratação por bilhete.

A própria Resolução excepciona os casos em que, tendo contratado seguro viagem, o segurado inicia sua viagem neste prazo de 7 dias, também referido como "prazo de reflexão" pelo CDC.

Vale lembrar que a determinação de prazo de 7 dias corridos, a contar da formalização da proposta, limita o direito do consumidor, já que o CDC estabelece que o prazo para desistência pode ser contado da assinatura ou do recebimento do produto ou serviço (art. 49 do CDC).

---

[13] CDC, art. 49: O consumidor pode desistir do contrato, no prazo de 7 dias a contar de sua assinatura ou do ato de recebimento do produto ou serviço, sempre que a contratação de fornecimento de produtos e serviços ocorrer fora do estabelecimento comercial, especialmente por telefone ou a domicílio. Parágrafo único. Se o consumidor exercer o direito de arrependimento previsto neste artigo, os valores eventualmente pagos, a qualquer título, durante o prazo de reflexão, serão devolvidos, de imediato, monetariamente atualizados.

Referido Normativo não faz menção se a Seguradora poderá cobrar valores relativos ao período em que o seguro esteve vigente, ou seja, até o pedido de cancelamento por arrependimento. Além disso, neste período, o Segurado eventualmente poderá ter utilizado serviços da seguradora, restando a dúvida sobre a possibilidade de cobrança dos gastos ocorridos. Sem contar os tributos inerentes a operação. Enfim, ainda pairam dúvidas sobre quem deverá arcar com os custos deste cancelamento.

Ainda sobre o artigo 11, o prazo de 7 (sete) dias corridos deverá ser contado da data da formalização da proposta nos termos do art. 4º.

Contudo, verifica-se que o art. 4º trata exclusivamente sobre a emissão da apólice, sendo o art. 5º que refere-se a formalização da proposta, o que poderá gerar discussões sobre a contagem de tal prazo. Ainda quanto ao direito de arrependimento, interessa notar que a legislação consumerista foi editada na década de 90, quando ainda não se tinha dimensão da importância da internet no comércio de produtos e serviços. Por esta razão, tramita no Congresso Nacional Projeto de Lei[14] com o objetivo de atualizar o CDC, o qual inclui no conceito de "contratação à distância" aquelas efetivadas "por meio eletrônico ou similar". Em outras palavras, o CNSP parece ter se antecipado ao legislador federal, criando expressamente o direito de arrependimento nas contratações por meios remotos relativas a seguros privados.

## 8. Conclusão

Conforme amplamente demonstrado, a comercialização de seguros, como não poderia deixar de ser, evoluiu com o passar do tempo.

Da tradicional forma do corretor de seguros, que origina as assessorias de seguros para auxiliar as seguradoras no gerenciamento desse canal, a comercialização de seguros evoluiu com o passar do tempo passando a ter canais alternativos, tais como os representantes de seguros e, mais recentemente, a utilização dos meios remotos que passou a ter regulamentação própria.

É bem verdade que tanto o canal dos representantes de seguros quanto o canal dos meios remotos, foram regulamentados recentemente o que, por óbvio, impõe uma espera no sentido de avaliar a plena eficácia da regulamentação proposta com a prática comercial.

De todo modo, deve ser destacada a constante mutação e adaptação dos meios de comercialização de um mercado tão tradicional ao que existe de mais moderno em termos de comércio na sociedade contemporânea.

---

[14] Projeto de Lei do Senado n. 281/12, do Sen. José Sarney.

# — VI —

# Do papel do órgão regulador e fiscalizador

## Diego Nunes

Advogado, Pós-Graduando em Direito Imobiliário pela Faculdades Metropolitanas Unidas (FMU/SP), Especialista em Direito Contratual pela PUC/SP.

*Sumário*: 1. Introdução; 2. Atual estrutura; 3. Política de seguros, política e tomada de decisões.

## 1. Introdução

Nosso enfoque se dá com especial atenção ao mercado securitário, porém, cabe-nos dizer que a regulação setorial, ou seja, a criação de um órgão regulador nos moldes atuais, "agência reguladora", se deu inicialmente para a regulação do setor financeiro face à necessidade de se disciplinar um mercado amplamente exposto à especulação, seja de forma direta, ou seja, por meio do mercado futuro, onde se especula com a variação de preço de companhias (ações), *commodities* e outros títulos negociados nas bolsas de valores de todo o globo, ou, pela possível prática por parte de empresários, diligentes, companhias abertas, executivos, banqueiros, intermediadores, entre outros que adotam práticas desleais e em alguns casos, ilegais, tais como a não divulgação de informações reais e transparentes, elevação dos riscos sem os devidos informes, uso para proveito próprio de informações privilegiadas em detrimento do interesse público ou de acionistas, entre outras práticas que devem ser reprimidas previamente à aplicação de sanções, mas, quando não, a aplicação de penalidades como medida de reparação e desestímulo de repetição da conduta.

A regulação de mercados origina-se na história principalmente após a crise de 1929 nos Estados Unidos da América, onde, devido à especulação no mercado acionário, diversas companhias e bancos foram levados à quebra quando se concluiu que a produção daquele país era superior à demanda, esta última, lastreada principalmente pelo consumo do mercado europeu, este que após a primeira grande guerra teve seu mercado enfraquecido, ou mesmo, quase extinto com as perdas geradas pela guerra, impedindo o escoamento das mercadorias americanas por não mais haver consumidores, soma-se a isto a especulação do mercado americano, este, fundamentalmente democrata-liberal e como resultado, não houve outro senão a grande depressão, contaminando todo o mercado americano e dos países que com este negociavam.

Surge desta forma, como uma medida corretiva para este colapso econômico, o chamado *New Deal,* em que o governo americano lança uma serie de medidas para recuperação da economia e dentre elas a normatização, regulação, de diversos setores e principalmente do setor financeiro.

Surge à chamada "SEC" (*Securities and Exchange Act*), órgão governamental equiparado à atual CVM (Comissão de Valores Mobiliários) no Brasil para então a regulação do setor financeiro.

Na mesma esteira, mas já em período histórico posterior, face à necessidade de regulação do setor financeiro nacional, em meados da década de 70 e utilizando o modelo e a experiência norte-americana, aquela já com agências reguladoras desde 1887, ano em que criaram sua primeira agência reguladora a ICC – *Interstate Commerce Comission* –, cria-se no Brasil à CVM.

No Brasil, podemos dizer que mesmo não sendo um órgão nos mesmos moldes atuais de uma agência reguladora, mas, sendo o primeiro órgão regulador setorial criado na nova república e com objetivo equiparado ao que temos atualmente, a CVM (Comissão de Valores Mobiliários), instituída por meio da Lei 6.385/76 e na condição de entidade autárquica, vinculada ao Ministério da Fazenda, já surgiu de forma mais "moderna" do que os atuais entes reguladores do setor de seguros.

Lembrando que as agências como as que conhecemos surgem apenas em meados da década de 90 após a Constituinte de 1988, quando se consolida um Estado Democrático com princípios econômicos e de gestão pública descentralizada e "independente".

Com a Emenda Constitucional n° 08, passamos a ter a previsão constitucional da criação da primeira Agência Reguladora nacional já com as características modernas, tais como autonomia funcional e independência. Surge então a previsão de intuição por meio de lei ordinária da ANATEL – Agência Nacional de Telecomunicações –, fato que observamos ter ocorrido com a sua instituição pela Lei 9.472/1997 (Lei Geral de Telecomunicações).

A normatização (regulação) do setor securitário começou inicialmente, (considerando à primeira norma disciplinadora da atividade) em 1850 com o Código Comercial Brasileiro que trazia regulamentações referentes ao seguro marítimo.

No entanto, a regulação do setor securitário, ou seja, sem ser uma norma específica sobre determinado segmento de seguros, como aconteceu com o código comercial, ocorreu em 1901 com a criação da Superintendência-Geral de Seguros (Decreto n° 4.270 de 10 de dezembro de 1901). Contudo, somente em 1966 surge o Sistema Nacional de Seguros Privados, Capitalização, Previdência Complementar Aberta (CNSP), este até a atualidade em vigência e atividade.

Podemos dizer que o mercado é regulado por um sistema criado a mais de quatro décadas, sofrendo alterações e pequenas atualizações por meio de alterações legais. No entanto, com uma filosofia em descompasso com as necessidades do setor, principalmente afetada pela burocracia e falta de comunicação com os empresários.

A organização do setor divide-se em duas frentes, de um lado o CNSP, cujo objetivo é fixar as diretrizes e normas da política governamental para os segmentos de seguros privados, resseguros, capitalização e previdência complementar, no âmbito das entidades abertas, por meio de Resoluções e de outro a SUSEP (Superintendência de Seguros Privados, de Previdência Privada Aberta e de Capitalização) cuja principal atribuição se dá na fiscalização e adoção das medidas operacionais necessárias para satisfação das normas estipuladas pelo CNSP.

## 2. Atual estrutura

A estrutura do setor securitário se dá essencialmente entre, órgãos de regulação, controle e fiscalização, empresas (companhias seguradoras, companhias de resseguros, empresas de previdência, capitalização, assistência e Corretores), consumidores, associações, federações, confederações e sindicatos, representantes empresariais (patronais) ou de empregados e consumidores.

A Competência para legislar, ou seja, criar leis/normas reguladoras do setor é exclusivo da União por meio do Governo Federal. A este compete a "criação da política de seguros privados, legislar sobre suas normas gerais e fiscalizar as operações no mercado nacional" (Art. 7º do Decreto-Lei 73/66).

A instrumentalização destas atribuições se dá conforme previsão legal estipulada no Decreto-Lei 73/66 em seu artigo 8º, a saber:

Art. 8º Fica instituído o Sistema Nacional de Seguros Privados, regulado pelo presente Decreto-lei e constituído:
a) do Conselho Nacional de Seguros Privados – CNSP;
b) da Superintendência de Seguros Privados – SUSEP;
c) dos resseguradores;
d) das Sociedades autorizadas a operar em seguros privados;
e) dos corretores habilitados.

Iremos nos ater à análise somente da estrutura específica dos agentes reguladores e fiscalizadores (operacionais), ou seja, do CNSP e da SUSEP, pois, neste momento, os demais entes do mercado não são objeto do presente estudo, porém, todos possuem mesmo grau de importância, vez que o mercado se perfaz em um sistema no qual cada parte exerce sua função e é necessária ao todo.

O CNSP é o órgão normativo das atividades securitárias, de previdência complementar aberta e de capitalização do país, o que vale dizer que este possui suas atribuições e competência limitadas ao previsto no rol taxativo do artigo 32 do Decreto-Lei 73/66.

A principal atribuição do CNSP é a de fixar as diretrizes e normas da política governamental para os segmentos de seguros privados, resseguros, capitalização e previdência complementar, no âmbito das entidades abertas, por meio de Resoluções. Além de definir sua própria organização e regimento interno, este entre outras, deverá disciplinar toda a atividade securitária, de resseguros, características gerais do contrato de seguro, diretrizes operacionais, reservas técnicas, parâmetros atuariais, definir parâmetros operacionais da SUSEP e seu regimento interno, entre outros.

Insta expor a atual estrutura do CNSP, contudo, este não é um órgão permanente com estrutura e pessoal fixo, mas um colegiado formado por representantes dos diferentes seguimentos do mercado e de órgãos públicos relacionados à atividade securitária.

Atualmente, o CNSP é formado com a presença dos seguintes componentes: Ministro de Estado da Fazenda ou seu representante, na qualidade de Presidente; Superintendente da Superintendência de Seguros Privados – SUSEP –, na qualidade de Vice-Presidente; Representante do Ministério da Justiça; Representante do Banco Central do Brasil; Representante do Ministério da Previdência e Assistência Social; e Representante da Comissão de Valores Mobiliários – CVM.

Por outro lado, mas não menos importante, temos a SUSEP (Superintendência de Seguros Privados, de Previdência Privada Aberta e de Capitalização), cuja principal atribuição é a instrumentalização do sistema e normas estipuladas pelo CNSP, bem como fiscalização, processamento, gestão e aplicação de penalidades do setor.

A SUSEP está organizada internamente conforme a resolução CNSP 272/2012[1] a qual prescreve seu regimento interno. Lembrando que compete ao CNSP a determinação das diretrizes da SUSEP.

A SUSEP, diferente do CNSP, é um órgão público permanente, com pessoal e estrutura fixa, possuindo escritórios e representação em praticamente toda a federação. Esta é uma autarquia federal vinculada ao Ministério da Fazenda. Sua gestão ocorre por meio de uma diretoria colegiada, "presidida" por um Superintendente indicado pelo Ministro da Fazenda, cuja nomeação pode ser cassada a qualquer tempo (*ad nutum*). Portanto, embora formalmente independente, devido à questão de nomeação e exoneração vinculada ao Ministério da Fazenda, podemos dizer que este é um órgão regulador que possui forte influência política de setores externos ao interesse do setor securitário.

Conforme disposto no Decreto-Lei 73/66, compete à SUSEP fixar "as políticas relacionadas às atividades do mercado de seguros, resseguros, previdência complementar aberta e capitalização, de forma a cumprir e fazer cumprir as deliberações do CNSP, bem como exercer as atividades por este delegadas".[2]

---

[1] <ttp://www2.susep.gov.br/bibliotecaweb/docOriginal.aspx?tipo=1&codigo=30395>
[2] Agências reguladoras: o papel do Estado na economia ao longo da história. In: CARLINI, Angélica; SARAIVA NETO, Pery (organizadores). *Aspectos Jurídicos dos Contratos de Seguro – Ano II*. Porto Alegre: Livraria do Advogado, 2014.

No exercício de gestora e responsável pela execução das normas elaboradas pelo CNSP, a SUSEP tem como atribuição a fiscalização, a constituição, a organização do mercado securitário, bem como indicar o *modus operandi* das operações e funcionamento do setor.

As deliberações da SUSEP ocorrem por meio de circulares publicadas para cumprimento. Estas devem seguir pormenorizadamente os parâmetros fixados pelo CNSP, através de suas Resoluções e todo o sistema de Seguros.

Porém, há situações que geram grande conflito no setor e insegurança jurídica com a possibilidade de instruções normativas da SUSEP "inovarem" de forma contrária ou diferente do previsto pelo CNSP, mas, serem passíveis de serem referendadas ou não pelo CNSP após o início da sua aplicação.

Podemos indicar situações em que a SUSEP emite circular sobre determinado regramento e após o CNSP em seu colegiado a recusa, desta forma, complicando e encarecendo a vida das empresas, que para atendimento às normas da SUSEP modificam suas operações diversas vezes para manterem-se sempre em conformidade com a norma jurídica.

A SUSEP, face sua atribuição fiscalizatória, ou seja, exercício do poder de polícia, pode e necessita efetuar a cobrança de "taxa de fiscalização" dos entes supervisionados, sendo para o qual, esta arrecadação serve para manutenção de sua estrutura.

Tal como o CNSP, a SUSEP também é um órgão colegiado, contudo, permanente, sendo "administrado por um Conselho Diretor, constituído por um Superintendente e quatro diretores (DIRAD – Diretoria de Administração, DIRAT – Diretoria de autorizações, DIFIS – Diretoria de Fiscalização, DITEC – Diretoria Técnica), nomeados pelo Presidente da República, mediante indicação do Ministério de Estado da Fazenda"[3] e, em teoria, pessoas com reconhecida competência técnica e ilibada reputação. Lembrando que todos são exoneráveis *ad nutum*.

Além dos mencionados membros, participam do colegiado, mas sem direito a voto nas reuniões de tomada de decisão ou julgamento de recursos, o Chefe da Secretaria-Geral, o Procurador-Chefe e o Chefe de Gabinete, bem como poderá o Conselho Diretor ser assistido por assessores técnicos, especialistas ou servidores públicos lotados em outras repartições como medida de se obter melhores condições técnicas nas decisões.

### 3. Política de seguros, política e tomada de decisões

Em regra, o CNSP é que deve definir as políticas aplicáveis ao setor de seguros. Normalmente estas regras parametrizam-se conforme o previsto no artigo 5º

---

[3] Agências reguladoras: o papel do Estado na economia ao longo da história. In: CARLINI, Angélica; SARAIVA NETO, Pery (organizadores). *Aspectos Jurídicos dos Contratos de Seguro – Ano II*. Porto Alegre: Livraria do Advogado, 2014.

do Decreto-Lei 73/66, no qual, em linhas gerais buscam atender os princípios aplicáveis ao setor.

No entanto, a regulação do setor não se resume somente ao atendimento aos objetivos elencados na referida norma, mas, inclusive a todo o arcabouço jurídico pátrio, em especial às normas de proteção e defesa do consumidor, prevenção à prática de corrupção, boas práticas de governança corporativa, prevenção à fraude, seja por parte de dirigentes de companhias ou pelo segurado, entre outros.

O rol do citado artigo 5º do Decreto-Lei 73/66 reveste-se de taxatividade, mas, como vimos acima o sistema como um todo busca atender as mais diversas normas jurídicas e regras de boa conduta empresarial.

Transcrevemos abaixo a atual redação do citado artigo 5º para que o leitor possa obter com maior clareza os objetivos gerais aos quais a lei prescreve como objetivos a serem perseguidos pelos órgão regulador aos entes regulados. Podemos dizer que tais objetivos possuem caráter geral e são objetivos que buscam atender a necessidade e proteção do mercado securitário.

Não temos a inclusão nesta redação de objetivos como proteção à defesa do consumidor, por exemplo, porém, como o ordenamento jurídico pátrio deve ser interpretado e aplicado como um sistema fechado e que se completa por meio da analogia, costumes e equidade, torna-se impossível não atendermos normas as quais não sejam especificas para o setor.

Vejamos por fim a redação do citado artigo 5º:

Art. 5º A política de seguros privados objetivará:
I – Promover a expansão do mercado de seguros e propiciar condições operacionais necessárias para sua integração no processo econômico e social do País;
II – Evitar evasão de divisas, pelo equilíbrio do balanço dos resultados do intercâmbio, de negócios com o exterior;
III – Firmar o princípio da reciprocidade em operações de seguro, condicionando a autorização para o funcionamento de empresas e firmas estrangeiras a igualdade de condições no país de origem;
IV – Promover o aperfeiçoamento das Sociedades Seguradoras;
V – Preservar a liquidez e a solvência das Sociedades Seguradoras;
VI – Coordenar a política de seguros com a política de investimentos do Governo Federal, observados os critérios estabelecidos para as políticas monetária, creditícia e fiscal.

Todavia, em diversos setores econômicos muito se discute quanto à necessidade de regras mais claras e modernas para o atendimento às necessidades mercadológicas, objetivando principalmente o crescimento e desenvolvimento econômico, principalmente para atração de investimentos da iniciativa privada e fomento da atividade.

A própria Constituição federal traz em seu artigo 170 os ditames a serem observados em toda atividade econômica nacional, sendo estes normas de imperativo absoluto e meta a ser atingida.

Todavia, embora tenhamos no plano teórico claramente os objetivos a serem seguidos, na prática como em diversos setores econômicos as coisas não acontecem como deveriam.

O custo da máquina, a cultura do poder absoluto dos agentes públicos, a burocracia gerada por uma ordem jurídica neo-positivista de extrema complexidade e "infinita" quantidade de leis, normas, resoluções, sentenças, etc., criam diverso óbices ao crescimento e desenvolvimento do setor.

Uma máquina pública com elevada quantidade de órgãos públicos e compromissos com custeio de um "Estado de Bem-Estar" em descompasso com a atualidade contemporânea são combustíveis para uma elevada carga tributária e extrema burocratização e complexidade para cumprimento de regras acessórias de ordem tributária ou não por parte das empresas do setor.

Exige-se das empresas um maior custo com a manutenção de pessoas somente para cumprimento de regras, ou seja, setores internos com grande quantidade de funcionários apenas para atender exigências governamentais.

Os reguladores do setor de seguros, SUSEP e CNSP, não são muito diferentes do que temos para com o todo mercado e setor regulado. Muitos empresários reclamam da dificuldade no relacionamento com estes órgãos, pois, como estes ainda sofrem com a antiga cultura do Estado detentor de plenos poderes e um sistema burocrático arcaico, temos que há imensa necessidade de renovação no sentido de modernização e atualização destes órgãos.

Atualmente, a SUSEP passou por mudanças, principalmente com a mudança de seu superintendente, lembrando que este, em regra, é a pessoa com maior capital político na influência de tomada de decisões na aprovação de novas regulamentações.

Outrossim, embora o Superintendente da SUSEP não esteja vinculado formalmente aos interesses do poder administrativo, do Ministério da Fazenda ou da Presidência da República ou mesmo do Congresso Nacional, temos uma influência destes na "atividade" da SUSEP e não poderia ser de outra forma, temos nesta influência uma forte crítica. A exoneração *ad nutum* do principal dirigente da SUSEP é uma das principais questões que criam impasse entre a busca pelo pleno desenvolvimento do mercado e o atendimento às políticas, ou seja, a independência em sua tomada de decisões fica mitigada face à eventual possibilidade de represália por parte de poderes cuja atuação se dá hodiernamente a interesses políticos, e não necessariamente a critérios técnicos ou a necessidade do mercado.

— VII —

# O seguro ambiental como ferramenta de gerenciamento de áreas contaminadas

**Nathália Suarti Gallinari**

Graduada e pós-graduada em Engenharia Ambiental. Subscritora de Riscos Ambientais. Integrante do GNT Seguro – AIDA/Brasil.

**Pery Saraiva Neto**

Doutorando em Direito/PUCRS. Mestre em Direito/UFSC. Especialista em Direito Ambiental/UFSC. Diretor Cultural (Acadêmico) da Associação Internacional do Direito do Seguro e Presidente do GNT Seguro Ambiental – AIDA/Brasil. Professor Universitário (Graduação e Pós-Graduação). Autor e colaborador de livros e artigos sobre Direito Ambiental e Direito do Seguro. Advogado e Consultor nas áreas de Direito do Seguro e Ambiental.

*Sumário*: 1. Introdução; 2. Cenário mundial e aspectos jurídicos; 3. Produtos e coberturas de seguro disponíveis no Brasil; 4. Fatores de aceitação e subscrição dos riscos para fins de seguro; 5. O seguro ambiental e as áreas contaminadas; 6. O seguro ambiental nos processos de remediação; 7. Análise crítica e tendências; 8. Considerações finais; 9. Referências.

## 1. Introdução

A análise feita pelas seguradoras no momento da aceitação dos riscos envolve diversos critérios técnicos que auxiliam no gerenciamento de passivos ambientais futuros. Os produtos disponíveis pelo mercado segurador, para riscos ambientais, oferecem uma série de coberturas e soluções que, da mesma forma, permitem o gerenciamento e controle de diversos riscos associados aos passivos ambientais, bem como aos processos de investigação e remediação destes passivos.

Este trabalho estabelece tais relações, faz uma análise crítica da tendência e formato da obrigatoriedade atualmente em discussão no Brasil para estas apólices, e conclui sobre a viabilidade e importância do Seguro Ambiental como ferramenta no gerenciamento de passivos ambientais atuais e futuros.

A questão dos passivos ambientais tem sido, cada vez mais, tema de importantes discussões nas esferas política, empresarial e técnica. Representa hoje importante preocupação para as empresas – tendo em vista a possibilidade de desvalorização de seus ativos na eventualidade de uma contaminação, além dos altos custos envolvidos nos processos de investigação, remediação e monitoramento; para os órgãos ambientais – tendo em vista todo o trabalho de gerenciamento e monitoramento necessários, assim como as áreas órfãs sob responsabilidade destes; e para a própria população – considerando os riscos que os passivos ambientais representam à sua saúde e bem-estar.

Nos Estados Unidos, onde o tema é bem mais evoluído em comparação com o cenário brasileiro, estima-se que os custos relacionados à remediação de todos os passivos ambientais do país variam de setecentos bilhões a um trilhão de dólares, podendo levar em torno de 25 anos para serem concluídos, sem incluir eventuais danos a terceiros, e novos passivos que podem surgir ao longo dos anos (Dybdahl, 2000).

Novas ferramentas têm surgido, amparadas pela constante evolução na legislação ambiental, que permitem viabilizar, gerenciar e até mesmo acelerar processos de remediação, bem como mitigar eventuais riscos envolvidos. Entre elas, está o seguro ambiental.

O presente artigo explora e relaciona o potencial de inserção desta ferramenta nas diversas etapas do processo de gerenciamento de áreas contaminadas. Seja na questão da multidisciplinaridade dos profissionais envolvidos, seja na execução dos projetos em si, bem como no gerenciamento dos passivos desconhecidos e futuros.

Além do levantamento bibliográfico englobando legislação nacional e mundial, tendência mundial e cenário atual, utilizou-se como base a experiência prática da própria autora e sua atuação no desenvolvimento e subscrição de riscos ambientais no mercado de seguro ambiental no Brasil.

## 2. Cenário mundial e aspectos jurídicos

Mundialmente, o Seguro Ambiental já é uma das ferramentas de contratação obrigatória para determinados tipos de atividades, com destaque para Europa, Estados Unidos e Argentina.

Nos EUA, surge como apólice específica em 1977, com o objetivo de cobrir as lacunas de outros produtos de seguro existentes no que se refere a Danos Ambientais. Desde a década de 80, expandiu exponencialmente naquele país, representando hoje um mercado de mais de um bilhão de dólares, com mais de 40 companhias seguradoras em atuação na modalidade, e funcionando como espelho para o desenvolvimento deste mercado nos demais países.

Encontra-se também referência interessante na Diretiva 2004/35/CE, de 21 de abril de 2004, da União Europeia. Em Portugal, esta foi regulamentada pelo Decreto-Lei 147/2008, assim dispondo: "Art. 22. Garantia financeira obrigatória. 1 – Os operadores que exerçam as atividades ocupacionais enumeradas no anexo III (p. ex.: gestão de resíduos, descargas para águas de superfície/subterrânea, captação/represamento de água, 'transportes', entre outras – consideradas de risco elevado) constituem obrigatoriamente uma ou mais garantias financeiras próprias e autônomas, alternativas ou complementares entre si, que lhes permitam assumir a responsabilidade ambiental inerente à atividade por si desenvolvida. 2 – As garantias financeiras podem constituir-se através da subscrição de apólices de seguro, da obtenção de garantias bancárias, da participação em fundos ambientais ou da constituição de fundos próprios reservados para o efeito". Ou seja, não houve a imposição de seguro obrigatório, mas a exigência de garantias financeiras e, dentre elas, a apólice de seguro ambiental, sendo de livre opção de cada empreendedor a escolha da ferramenta mais adequada a sua realidade (POLIDO, 2007).

Em contrapartida, na Argentina, o mercado segurador vem buscando solucionar a questão que lhe foi apresentada na Lei nº 25.675, em 6 de novembro de 2002, em razão do disposto no artigo 22, o qual atribuiu a obrigatoriedade do seguro ambiental para pessoas físicas ou jurídicas, de natureza pública ou privada, que realizem atividades de risco. A Lei visa ao restabelecimento do local atingido pelo sinistro ao estado anterior e, não sendo possível alcançar tecnicamente tal finalidade, a indenização terá caráter substitutivo, ou seja, a Justiça determinará o depósito em Fundo de Compensação Ambiental, também criado pela Lei já mencionada.

Em 2007, a Secretaria de Ambiente e Desenvolvimento Sustentável da Argentina, de forma a regulamentar determinados dispositivos da mencionada Lei, publicou a Resolução 177, entre outros motivos, pelas dificuldades encontradas e que limitam a oferta adequada deste tipo de seguro, inclusive impedindo a plena exigibilidade por parte das autoridades (POLIDO, 2007). O critério determinante ficou condicionado aos níveis de complexidade ambiental identificados como categorias 2 ou 3 (média e alta complexidade ambiental, respectivamente). O nível é estabelecido por uma fórmula de cinco elementos: ramo de atividade, políticas sobre efluentes e resíduos, o risco, as dimensões e a localização. Atualmente, somente uma companhia de seguros consegue atender este formato de obrigatoriedade estabelecido no país.

No Brasil, uma análise da constante evolução da Legislação Ambiental permite observar que o tema aqui retratado já tem sido visto como importante instrumento e incluído em diversas legislações ambientais, nas esferas Nacional, Estadual e Municipal.

A própria Política Nacional do Meio Ambiente – Lei nº 6.938 (BRASIL, 1981), artigo 14, já deixou clara a responsabilidade objetiva do poluidor. Ou seja, independentemente da existência ou mesmo do grau de culpabilidade do agente, os danos devem ser indenizados ou reparados (Parágrafo 1 – O poluidor é obrigado, independentemente de existência de culpa, a indenizar ou reparar os danos causados ao meio ambiente e a terceiros, efetuados por sua atividade).

A Constituição Federal de 1988, artigo 225 (BRASIL, 1988), também trouxe à tona a questão da responsabilização pelos danos (Parágrafo 3 – As condutas e atividades consideradas lesivas ao meio ambiente sujeitarão os infratores, pessoas físicas ou jurídicas, a sanções penais e administrativas, independentemente da obrigação de reparar os danos causados). Esta foi então reforçada com o surgimento da Lei de Crimes Ambientais – Lei 9.605 (BRASIL, 1988), que representou grande avanço no cenário regulatório brasileiro ao tratar a questão como passível de responsabilização, inclusive no âmbito penal (Artigo 3 – As pessoas jurídicas serão responsabilizadas administrativa, civil e penalmente conforme o disposto nesta lei).

No âmbito das áreas contaminadas, surge a Resolução CONAMA n. 420 (BRASIL, 2009), que dispõe sobre critérios e valores orientadores de qualidade do solo quanto à presença de substâncias químicas e estabelece diretrizes para o gerenciamento ambiental de áreas contaminadas por essas substâncias em decorrência de atividades antrópicas. No artigo 38, determina obrigatória a publicação das listas de áreas contaminadas dos estados, atualmente disponível somente nos estados de São Paulo, Rio de Janeiro e Minas Gerais. No mesmo artigo, determina ainda que tais informações deverão ser fornecidas pelos órgãos ambientais ao IBAMA, que tornará públicas as informações e constituirão o Banco de Dados Nacional sobre Áreas Contaminadas.

Especificamente, no que se refere ao seguro, as leis atualmente já regulamentadas ou em discussão no cenário legislativo brasileiro têm acompanhado a tendência dos cenários americano e europeu. Novas Leis e Resoluções têm surgido e, de alguma forma, já abordam o seguro ambiental em seu conteúdo, seja como instrumento obrigatório, ou como uma ferramenta de gerenciamento.

Vale destacar a importante e moderna Política Nacional de Resíduos Sólidos – Lei 12.305 (BRASIL, 2010) –, regulamentada pelo, Decreto nº 7.404 (BRASIL 2010), que trouxe o conceito de "responsabilidade compartilhada" pelo ciclo de vida dos produtos, bem como a inclusão do seguro ambiental como instrumento de exigência facultativa por parte dos órgãos ambientais no licenciamento ambiental de empreendimentos ou atividades que operem com resíduos perigosos.

Outra movimentação importante ocorreu com a publicação da Resolução ANTAQ (Agência Nacional de Transportes Aquaviários) 2190 (BRASIL, 2011), que disciplinou a Prestação de Serviços de retirada de Resíduos de Embarcações, exigindo o credenciamento de todos os prestadores e, para tal, a apresentação de uma apólice de seguro ambiental entre os diversos documentos exigidos.

Destaque maior deve ser atribuído à Lei Estadual 13.577 (SÃO PAULO, 2011) regulamentada pelo recém-publicado Decreto 59.263 (SÃO PAULO, 2013). A referida lei "Dispõe sobre diretrizes e procedimentos para a proteção da qualidade do solo e gerenciamento de áreas contaminadas, e dá outras providências correlatas". Tal Lei determina e define como responsáveis legais e solidários pela prevenção, identificação e remediação de uma área contaminada não somente o causador da contaminação e seus sucessores, como também o proprietário atual da área, o detentor da posse efetiva e quem dela se beneficiar direta ou indiretamente.

É neste cenário, portanto, que o Segurado em uma apólice de seguro ambiental pode vir a ser acionado legalmente para remediar um passivo ambiental cuja causa não tenha sido sua operação em si.

A mesma Lei traz o Seguro Ambiental como uma das "ferramentas para o gerenciamento de áreas contaminadas", e trata o seguro como obrigatório para os Planos de Remediação, ponto a ser discutido nos itens seguintes. Em seu Decreto (Decreto nº 59.263, de 5 de julho de 2013), art. 45, § 2º, prevê que: Nos casos em que sejam adotadas medidas de remediação por contenção, o responsável legal deverá apresentar garantia bancária ou seguro ambiental para o funcionamento do sistema durante todo o período de sua aplicação, conforme estabelecido nos incisos IX e X do artigo 4º da Lei 13.577.

Existem ainda outros Projetos de Lei em tramitação que obrigam a contratação do seguro de forma mais direta. Pode-se citar como principal exemplo o PL 2.313/2003, que determina a obrigatoriedade do "seguro de responsabilidade civil do poluidor, pessoa física ou jurídica que exerça atividades econômicas potencialmente causadoras de degradação ambiental, por danos a pessoas e ao meio ambiente em zonas urbanas ou rurais".

### 3. Produtos e coberturas de seguro disponíveis no Brasil

Disponíveis no Brasil desde 2004, lançados pela seguradora Americana AIG, na época como parte da *joint-venture* Unibanco-AIG, os produtos passaram por diversas atualizações ao longo dos anos. Atualmente, existem algumas modalidades distintas de apólices disponíveis no mercado brasileiro.

Uma delas tem como objeto segurado as instalações fixas em geral, a exemplo de indústrias, armazéns, locais de tratamento e disposição final de resíduos, entre outros. Tais atividades estão entre as principais causadoras de passivos ambientais.

Existem também apólices específicas para amparar o Risco Ambiental de projetos, obras, prestação de serviços, ou ainda, a Responsabilidade Civil Profissional de profissionais da área ambiental por Erros e Omissões (responsáveis pela elaboração de Relatórios de Investigação de Passivos Ambientais, Planos de Remediação de Áreas Contaminadas, Estudos de Impacto Ambiental, entre outros).

As coberturas abrangem todos os Custos de Limpeza e Remediação em si (incluindo, remoção e tratamento de solo, água subterrânea e água superficial, transporte, e tratamento / destinação final dos resíduos), dentro e fora do local (nos casos em que a pluma teve origem no local de risco, porém migrou para fora dos limites deste). As coberturas envolvem tanto eventos acidentais, quanto graduais, ou seja, relacionados à liberação paulatina de contaminantes. Pode-se ainda contratar coberturas para condições preexistentes de poluição, ou seja, o passivo ambiental desconhecido pelo segurado no momento da contratação da apólice.

Incluem também eventuais danos a terceiros, pessoais e materiais, decorrentes das Condições de Poluição (a exemplo da ingestão de água contaminada, contato dermal com solo contaminado, inalação de vapores, ou ainda redução de valor da propriedade vizinha, lucros cessantes decorrentes da perda de safra, entre outros cenários).

Existe também a opção da extensão da cobertura para as operações de transporte de produtos e resíduos, cujo risco está na poluição decorrente de um acidente ou não com o veículo transportador, que cause a liberação de substâncias contaminantes ou poluentes. Não obstante, as apólices podem também amparar a corresponsabilidade do gerador pelo descarte de resíduos, em linha com a nova Política Nacional de Resíduos Sólidos (Lei 12.305), cenário no qual em um evento de insuficiência financeira de uma unidade de tratamento ou disposição de resíduos para custear um projeto de remediação, o órgão ambiental pode solicitar o rateio entre os clientes deste local, e a seguradora responderia pela parcela que couber a seu(s) segurado(s).

As apólices desta modalidade podem também amparar os lucros cessantes do próprio segurado em função de uma Condição de Poluição, a exemplo da Perda Financeira em decorrência da interdição de uma planta em função de um passivo ambiental crítico em termos de risco à saúde humana. Tal interdição pode ser resultado de determinação dos órgãos ambientais, Ministério Público, ou ainda, por pressão da sociedade que resultem em Ações Civis Públicas.

As coberturas podem ser contratadas para Condições Novas de Poluição, ou seja, aquelas que têm início após a contratação da primeira apólice, ou também para as Condições Preexistentes, amparando situações de contaminação que tiveram início antes da contratação da apólice, ou seja, um passivo ambiental desconhecido pelo Segurado no momento da contratação da mesma. Neste último cenário, pode-se amparar todo o passivo, independentemente do histórico, ou ainda, estabelecer uma Data de Retroatividade, que limitará a cobertura para situações que tiveram início entre essa data e a data de contratação da apólice. Esta opção é usualmente adotada em situações em que se tem o conhecimento exato da data de início das operações de determinada planta e, portanto, do eventual início do passivo ambiental no local.

Vale ainda ressaltar que o Seguro Ambiental é uma modalidade em plena expansão, e a tendência é que as seguradoras, assim como ocorreu no mercado americano há aproximadamente 20 anos atrás, tragam novos produtos e coberturas para serem comercializadas no Brasil.

No escopo do presente artigo, é importante descrever dois produtos atualmente comercializados somente nos Estados Unidos: o *Clean-up Cost Cap* – modalidade que oferece cobertura para os custos excedentes de um projeto de remediação; e *Re-opener or Regulatory Action Coverage* – modalidade que oferece cobertura para custos associados a quaisquer ações futuras do governo que requeiram novas etapas de remediação (incluindo custos associados a Perda de Uso decorrentes destas ações).

## 4. Fatores de aceitação e subscrição dos riscos para fins de seguro

A Análise de Riscos Ambientais pode ser definida como uma estimativa prévia da probabilidade de ocorrência de um acidente e a avaliação das suas consequências sociais, econômicas e ambientais (Hahn & Rezende in Bitar & Ortega, 1998).

No mercado segurador, *subscrição* é o termo utilizado para definir todo o processo que envolve a tomada de decisão seletiva de riscos aceitáveis, a partir de critérios específicos previamente definidos, a determinação do prêmio de seguro e franquias aplicáveis, os termos do contrato e o monitoramento das decisões tomadas. Todas as ações de uma seguradora perante seus segurados estão relacionadas e são consequência das decisões de subscrição.

Para a decisão de se subscrever ou não determinado risco, são levadas em conta informações técnicas pertinentes, qualificação, sinistralidade, diretrizes da companhia, contratos de resseguro, entre outros fatores.

Na questão ambiental, esta análise torna-se muito mais específica e detalhada e está voltada à identificação do potencial poluidor de determinada atividade ou, mais especificamente, do potencial de contaminação de solo, águas subterrâneas e águas superficiais, situações que consequentemente poderiam gerar passivos ambientais.

Os principais aspectos analisados na subscrição destes riscos passam, porém não se limitam, aos seguintes pontos:

• **Produtos estocados**: tipos e quantidades de produtos estocados no local, sejam eles na forma de matérias-primas, combustíveis líquidos, gasosos ou liquefeitos, ou ainda produtos finais. A análise dos produtos permite a avaliação sobre o potencial de contaminação de tais substâncias ao meio ambiente.

• **Equipamentos utilizados**: equipamentos operando sob altas temperaturas e pressões, capacidade e idade dos mesmos, e existência de programas de inspeção e manutenção periódicas. A avaliação dos equipamentos pode apresentar indícios de equipamentos antigos, sem a manutenção adequada e que oferecem potencial de vazamentos, ruptura ou explosão.

- **Estocagem e contenção**: de que forma os produtos são estocados, quais os sistemas de contenção existentes, sistemas de alarme e intertravamento, impermeabilização nas áreas de processo e estocagem, entre outros.

- **Efluentes gerados no processo**: efluentes gerados no processo produtivo em questão, tratamento e encaminhamento dado aos mesmos e ao lodo gerado no processo de tratamento de efluentes.

- **Emissões atmosféricas**: emissões atmosféricas geradas durante o processo produtivo em questão e o tratamento aplicado às mesmas.

- **Resíduos Sólidos**: resíduos gerados durante o processo produtivo, estocagem provisória e destinação/tratamento dado a estes.

- **Histórico de ocupação do local**: a análise do histórico de ocupação do local permite a identificação de possíveis passivos ambientais preexistentes.

- **Saúde, Segurança e Meio Ambiente**: quais os procedimentos de monitoramento, controle ambiental, gerenciamento de Riscos e Emergência.

- **Legislação Ambiental**: conformidade com as legislações ambientais municipais, estaduais, federais e demais.

Considerando que a aceitação do Seguro envolve a análise de todos estes aspectos, pode-se aqui já destacar o primeiro papel destas apólices como ferramenta de gestão. As seguradoras aceitarão aqueles riscos que considerar adequados do ponto de vista técnico e operacional. Eventualmente, pode estabelecer recomendações de melhoria, através das quais o risco de ocorrência de um acidente ou cenário de poluição gradual com potencial de gerar passivos ambientais poderia ser reduzido. O Seguro passa a ser uma ferramenta de diminuição do potencial de geração de passivos ambientais, já que os principais fatos geradores de tais passivos serão analisados, questionados e, eventualmente, mitigados.

Na mesma analogia, as empresas cujo risco não for aceito em função de não apresentarem um gerenciamento mínimo de seus aspectos e impactos ambientais, requerido pela seguradora, possivelmente buscará, ou terá que buscar adequações considerando a evolução da legislação ambiental brasileira tendendo a obrigatoriedade do Seguro Ambiental, a cada vez mais frequente exigência contratual deste seguro, bem como diferencial competitivo e estratégico perante o mercado.

## 5. O seguro ambiental e as áreas contaminadas

Segundo Briggs (2012), o crescimento da indústria de seguro ambiental proporciona uma valiosa tendência que pode ser utilizada pelas agências e órgãos ambientais para promover o redesenvolvimento de áreas contaminadas. No Brasil, ainda existe a percepção errônea de serem apólices muito caras, assim como ocorreu nos Estados Unidos na década de 90, fato, porém, desmitificado ao longo do desenvolvimento deste mercado e entendimento da importância e valor agregado dos produtos.

Segundo definição do recém-publicado Decreto 59.236 (SÃO PAULO, 2013), uma área contaminada pode ser definida como uma área, terreno, local, instalação, edificação ou benfeitoria, que contenha quantidades ou concentrações de matéria em condições que causem ou possam causar danos à saúde humana, ao meio ambiente ou a outro bem a proteger.

Já o órgão ambiental americano (*EPA – Environmental Protection Agency*) também utiliza o termo "Brownfields", definindo-o como áreas cuja locação, expansão, redesenvolvimento ou reuso possa ser dificultada em função da presença real ou potencial de substâncias perigosas, poluentes ou contaminantes.

As áreas contaminadas têm sido, cada vez mais, tema de discussão em todas as esferas governamentais e privadas, seja em função do risco propriamente dito, como também em relação à responsabilização e fatores financeiros, considerando, em alguns casos, os altos custos necessários para se remediar uma área. É neste cenário que as apólices de seguro ambiental entram como uma ferramenta no gerenciamento de áreas contaminadas, conforme definido pelo Decreto 59.263, de 5 de junho de 2013.

Como já mencionado, o mercado segurador nacional trabalha com apólices para amparar os riscos ambientais nos setores industriais, de serviços, ou quaisquer outras atividades que se configurem como "instalações fixas", ou seja, que possuem endereço estabelecido de operação (diferente de uma obra e prestação de serviços). Considerando as diferentes coberturas disponíveis, é importante destacar alguns cenários:

• Cobertura para Condições Novas de Poluição: a apólice ampara situações cujo "Fato Gerador"[3] (ou primeira liberação do contaminante) aconteça após a data de contratação da primeira apólice. Ou seja, considerando o fato de que o mercado de seguro ambiental no Brasil é ainda muito recente, esta modalidade funcionará como uma ferramenta de gestão para as áreas contaminadas que poderão surgir em alguns anos, mas que os respectivos custos de remediação já estão amparados através da apólice. Neste cenário, conforme a evolução da cultura deste seguro no país, entende-se que as apólices serão ferramenta de grande importância no controle dos passivos e rapidez na implementação dos processos de remediação. Vale mencionar, que a subscrição dos riscos também envolve a gestão considerando as análises feitas pela seguradora e, consequentemente, oportunidades de melhoria nas condições dos riscos.

• Cobertura para as Condições Pré-existentes de Poluição: ao contrário da modalidade anterior, aqui o "Fato Gerador", ou primeira liberação dos contaminantes, já ocorreu no momento de contratação da apólice, ou seja, trata-se de cobertura para os passivos ambientais desconhecidos, não contemplando aqueles conhecidos no momento da contratação da apólice. Tem sido amplamente utilizada na viabilização de contratos de Fusão e Aquisição e compra e venda de propriedades, na qual a responsabilização pelo passivo é amarrada e reforçada através de uma apólice. Funciona na gestão, pois ainda que haja o conhecimento de um passivo no local, a seguradora pode vir a amparar novas plumas não identificadas anteriormente, acelerando e viabilizando processos de remediação que, possivelmente, levariam longos períodos para serem concluídos.

• Corresponsabilidade pelo descarte de resíduos: reforçada pela Política Nacional de Resíduos Sólidos, já mencionada neste artigo, esta cobertura é uma ferramenta de gestão de passivos ambientais de extrema importância no cenário dos resíduos sólidos. Em alguns anos, acompanhando a evolução do mercado segurador, diversos destes locais estarão co-amparados nas apólices de seus clientes e, consequentemente, os eventuais passivos existentes nessas áreas.

Outro ponto importante é o fato de as apólices, em todas as modalidades disponíveis, também ampararem os Custos de Investigação e Defesa, automaticamente até o Limite Máximo de Indenização da Apólice. Este ponto é igualmente importante na gestão de áreas contaminadas uma vez que acelera o início dos processos de Investigação e, consequentemente, das demais etapas do processo, se aplicável, caso a caso. Ainda, em locais com grande concentração de atividades industriais semelhantes, em que o Segurado da apólice pode eventualmente ser acionado em função de um passivo de seus vizinhos, a investigação está amparada da mesma forma, auxiliando Segurado e órgãos ambientais a identificar e responsabilizar o real causador da contaminação.

## 6. O seguro ambiental nos processos de remediação

Segundo definição da CETESB (1999), remediação é a aplicação de técnica ou conjunto de técnicas em uma área contaminada, visando à remoção ou à contenção dos contaminantes presentes, de modo a assegurar uma utilização para a área, com limites aceitáveis de riscos aos bens a proteger. Neste cenário, o processo de Remediação de uma área contaminada envolve uma série de etapas não somente relacionadas aos processos de remoção dos contaminantes em si, mas também estudos relacionados aos potenciais riscos à população e ao meio ambiente que tal contaminação venha a oferecer.

Todas estas etapas envolvem equipes multidisciplinares de profissionais e nenhum destes está imune de cometer erros ou acidentalmente não mapear potenciais problemas. Desta forma, nos EUA, desde 1996, os profissionais da área ambiental contratam quase que em cem por cento dos casos, apólices específicas para erros e omissões (Briggs, 2012).

No Brasil, como já pontuado anteriormente, este produto também está disponível, porém a adesão a ele ainda é característica quase que exclusiva de empresas norte-americanas com sede no país, por ser sua contratação exigida pelas suas matrizes nos EUA.

Situações de Erros e Omissões em projetos de Investigação e Remediação de áreas contaminadas podem atrasar os processos, inviabilizar a remediação de determinados locais que na prática deveriam ser remediados, ou ainda, agravar a situação do passivo existente em função da escolha de uma tecnologia inadequada aos cenários de exposição em questão (fatores hidrogeológicos, características dos contaminantes, etc.).

É neste momento que, novamente, as apólices entram como ferramenta de gestão, tanto na análise do risco por parte das seguradoras, quanto na aplicação prática da apólice em eventuais casos de sinistro.

Na primeira situação mencionada, a seguradora avaliará a capacidade técnica da empresa em termos de equipe, histórico, experiência em projetos similares e expertise na área. Atualmente, as grandes empresas já incluem contratualmente a exigência de apólices de Erros e Omissões (E&O) em projetos de remediação. Ou seja, empresas com baixa capacidade técnica e sem *know-how* para atuação na área poderão ter dificuldades na contratação do seguro e, consequentemente, na efetivação de negócios. Adicionalmente, já tem sido discutida no Brasil a implantação de um sistema de certificação de empresas atuantes na área ambiental, o que certamente será um critério importante de subscrição e aceitação dos riscos por parte das seguradoras podendo, inclusive, haver certa sinergia entre ambos os processos.

O próprio Decreto 59.263, de 5 de junho de 2013, já anteriormente mencionado no presente artigo, determina no Capítulo VI – Disposições Finais, artigo 95, que todo prestador de serviços que desenvolver atividades no sentido de identificar e reabilitar as áreas contaminadas abrangidas pelo presente decreto deverá adequar-se às normas técnicas específicas e obter certificação do Inmetro, dentro de um prazo de dois anos, uma vez estabelecidos os procedimentos pertinentes. Ou seja, a certificação já é uma realidade no Estado de São Paulo, e a tendência é que seja replicada a outros estados.

Com relação à aplicação prática destas apólices, seriam possíveis situações de cobertura:

- Seleção de locais para realização de um empreendimento;
- A investigação inadequada do local – gerando demandas por Perdas e Danos em função de custos adicionais para novos estudos, ou ainda, outros danos decorrentes;

Nesta modalidade de apólice, Perdas e Danos significam, nos termos e condições estabelecidas nesta Apólice: (i) condenações pecuniárias provenientes de sentenças judiciais transitadas em julgado ou decisões arbitrais finais proferidas contra o Segurado ou (ii) acordos judiciais ou extrajudiciais negociados com o consentimento prévio e por escrito da Seguradora.

- A Avaliação de Riscos inadequada do local – gerando demandas por Perdas e Danos em função de cenários não mapeados e, consequentemente, necessidade de novos estudos;
- A seleção de técnicas de Remediação inadequadas – gerando demandas por Perdas e Danos em função de um agravo na condição atual e, consequentemente, elaboração de novos projetos de remediação.

O terceiro reclamante neste caso pode ser o próprio contratante do projeto, Ministério Público ou até mesmo os órgãos ambientais. O beneficiário é a empresa contratada e, eventualmente, acionada judicialmente. A apólice reembolsará os custos pelos quais a empresa contratada tiver sido responsabilizada nestas situações.

Além do risco relacionado aos Erros e Omissões de um projeto, as apólices entram também no risco da execução dos mesmos, ou seja, funcionam também como uma ferramenta de gestão e análise crítica de tais processos, tendo em vista o fato de as seguradoras frequentemente enviarem profissionais especializados para acompanhamento dessas obras. São situações hipotéticas destes riscos:

- Espalhamento de *hot-spots*;
- Ruptura e/ou fissuras de tanques e instalações enterradas durante processos de escavação;

- Espalhamento da pluma de contaminação;
- Acidentes envolvendo Estações de Tratamento de Efluentes Industriais para tratamento de água subterrânea contaminada;
- Estocagem inadequada de EPI`s e demais materiais contaminados;
- Emissão de poeira e material particulado contaminados, incluindo eventuais danos a terceiros decorrentes (Perda de Uso e Redução de Valor);
- Poluição decorrente de acidente (ou não) com o veículo transportador, durante o transporte de resíduos (especialmente Classe II-A e Classe I);[1]
- Corresponsabilidade do gerador em função do descarte inadequado de resíduos.

Estas apólices podem ser negociadas tanto com o proprietário do terreno (responsável legal pela área) quanto pelas diversas empresas que podem estar envolvidas diretamente na execução dos projetos de remediação e que possivelmente seriam as primeiras a serem acionadas em uma eventual ocorrência.

## 7. Análise crítica e tendências

Diante do exposto, fica evidente a importância de tais apólices, tanto no que se refere a gestão dos riscos e controle de processos nas empresas, e gerenciamento dos processos de investigação e remediação, como no cenário atual legislativo nacional e internacional.

Do ponto de vista das seguradoras, já se discute a eventual corresponsabilidade das mesmas em função da sua atuação neste mercado através das apólices. Isto já ocorre nas questões relacionadas ao atendimento de emergências químicas, nos quais algumas seguradoras já foram acionadas judicialmente em função da má execução de trabalhos de limpeza e remediação em acidentes no transporte rodoviário de produtos perigosos e poluentes, trabalho feito por empresas terceirizadas, selecionadas e contratadas pela própria Seguradora. Este mesmo risco, porém no cenário de corresponsabilização nas diversas etapas e questões envolvendo os passivos ambientais, tem sido analisado no aspecto jurídico pelas seguradoras.

Esta preocupação é reforçada quando na análise do próprio Decreto 59.236/2013, artigo 18, que determina que são considerados responsáveis legais e solidários pela prevenção, identificação e remediação de uma área contaminada: I – o causador da contaminação e seus sucessores; II – o proprietário da área; III – o superficiário; IV – o detentor da posse efetiva; V – quem dela se beneficiar direta ou indiretamente. O foco deve estar no item V, pois se a seguradora recebe prêmios de seguro em função das apólices, pode sim ser enquadrada como um beneficiário indireto de uma área contaminada.

Na questão da obrigatoriedade, existe uma preocupação com relação ao formato pelo qual tem sido exigido o seguro. No mesmo Decreto acima mencionado, o objetivo do legislador estava possivelmente na obrigatoriedade da apresentação

---

1 Classificação conforme norma ABNT NBR 10004:2004: a) resíduos classe I – Perigosos; b) resíduos classe II – Não perigosos; resíduos classe II A – Não inertes; resíduos classe II B – Inertes.

do produto denominado CCC (*Clean-up Costs Cap*), já anteriormente descrito. Este produto foi amplamente comercializado nos EUA até cinco anos atrás. Porém a sinistralidade e experiência com o mesmo foram tão altas que acabaram por inviabilizar a sua comercialização e fazer com que as seguradoras desistissem de tal produto naquele mercado.

No Brasil, este produto nunca esteve disponível e não existem previsões por parte das seguradoras para que tragam este produto para o país em função da experiência americana. Este fato foi reconhecido no Decreto – Artigo 45, parágrafo 1 – "O instrumento a que se refere o inciso X do artigo 4º da Lei nº 13.577, de 8 de julho de 2009, somente será exigido quando houver disponibilidade desse produto no mercado de seguros".

Em contrapartida, o mesmo Decreto identificou a possibilidade de substituição do mesmo por uma apólice de seguro-garantia – artigo 45, § 2º – "Poderá ser apresentado seguro-garantia em substituição às garantias a que se refere o *caput* deste artigo, exceto para a condição prevista no § 2º do artigo 46 deste decreto". Entretanto, sabe-se através de algumas análises prévias do mercado segurador que a colocação de apólices de seguro-garantia para estes projetos de remediação será de aceitação restrita para diversas companhias seguradoras.

Ainda neste item, o citado § 2º do artigo 46 não permite o uso do seguro-garantia, e exige, para os casos em que sejam adotadas medidas de remediação por contenção ou isolamento, garantia bancária ou seguro ambiental para o funcionamento do sistema durante todo o período de sua aplicação. Entende-se que garantia bancária e seguro ambiental não são ferramentas substitutivas entre si, mas sim complementares. Ou seja, o seguro ambiental, nas modalidades disponíveis no Brasil atualmente, ampararia eventual "espalhamento" da contaminação através da barreira, e os custos de remediação decorrentes. É diferente de uma garantia para o funcionamento do sistema.

Finalmente, pode-se então discutir que a definição de seguro ambiental nos termos do decreto passa por alguns cenários distintos que poderão ou não serem considerados riscos transferíveis para o mercado securitário, dificultando o entendimento e colocação do risco por parte do responsável legal, bem como a aplicação e exigência por parte do órgão ambiental.

No âmbito da Política Nacional de Resíduos Sólidos, também citada anteriormente, quando no artigo 67 é mencionada a exigência facultativa do seguro ambiental: "No licenciamento ambiental de empreendimentos ou atividades que operem com resíduos perigosos, o órgão licenciador do SISNAMA pode exigir a contratação de seguro de responsabilidade civil por danos causados ao meio ambiente ou à saúde pública, observadas as regras sobre cobertura e os limites máximos de contratação estabelecidos pelo Conselho Nacional de Seguros Privados – CNSP", é atribuída à CNSP a responsabilidade pela regulamentação do mesmo. Determina também que a aplicação de tal obrigatoriedade deverá considerar o porte e as características da empresa.

Neste sentido, existe novamente a preocupação de que esta regulamentação, quando ocorrer, leve em conta a situação atual do mercado de seguro ambiental no Brasil em termos de produtos disponíveis, aceitação dos riscos, capacidade e *guidelines* de subscrição dos mesmos. Isto porque o artigo vincula o seguro ambiental aos processos de licenciamento ambiental e, portanto, autorização para operação de praticamente todos os setores da indústria e serviços já que, grande parte destes, lida de alguma forma, e ainda que em pequeno volume, com resíduos perigosos.

## 8. Considerações finais

Com base nas relações estabelecidas no presente artigo, pode-se concluir que o desenvolvimento do seguro ambiental no país, aliado à constante evolução na legislação ambiental brasileira, funcionarão cada vez mais como importantes ferramentas de gestão de áreas contaminadas.

Seguindo a tendência de evolução dos mercados americano e europeu, novos produtos, coberturas e, inclusive, novas seguradoras possivelmente chegarão no Brasil, aumentando o leque de produtos disponíveis e trabalhando também no desenvolvimento, divulgação e educação sobre esta importante ferramenta. Em contrapartida, a medida em que o mercado cresça, tais apólices podem funcionar como diferencial competitivo e critério obrigatório para investidores, financiadores, etc., auxiliando na expansão do mercado. É neste cenário que o seguro passará a ser parte integrante dos processos de investigação, remediação e gerenciamento de passivos ambientais passados e futuros no país.

Vale, por fim, ressaltar a importância do acompanhamento e participação das seguradoras junto ao legislador no momento da elaboração e inclusão da exigência do seguro ambiental. De forma a evitar o cenário ocorrido na Argentina, no qual somente uma seguradora atende o formato de apólice exigida no país, entende-se que considerando o fato de ser um mercado novo, com poucas companhias seguradoras atuando, poucos produtos disponíveis no mercado, e ainda em evolução no país, as seguradoras devem ser envolvidas em todos os processos de elaboração de leis, decretos, resoluções, etc., que vierem a, de alguma forma, abordar o tema.

## 9. Referências

ASSOCIAÇÃO BRASILEIRA DE NORMAS TÉCNICAS. *Resíduos sólidos – Classificação: NBR ISO 10004:2004*. Rio de Janeiro: ABNT, 2004.

BITAR & ORTEGA, 1998. *Análise de Riscos Ambientais*. Disponível em: http://www.rc.unesp.br/igce/aplicada/ead/estudos_ambientais/ea23.html. Acesso em: Julho de 2013.

BRASIL. *Constituição da República Federativa do Brasil de 1988*.

——. *Decreto nº 7.404, de 23 de Dezembro de 2010*. Regulamenta a Lei no 12.305, de 2 de agosto de 2010, que institui a Política Nacional de Resíduos Sólidos, cria o Comitê Interministerial da Política Nacional de Resíduos Sólidos e o Comitê Orientador para a Implantação dos Sistemas de Logística Reversa, e dá outras providências. Publicado no D.O.U de 23.12.2010. 26.

——. *Lei nº 6.938, de 31 de Agosto de 1981*. Dispõe sobre a Política Nacional do Meio Ambiente, seus fins e mecanismos de formulação e aplicação, e dá outras providencias. Publicada no D.O.U. em 2 de Setembro de 1981.

——. *Lei nº 9.605, de 12 de Fevereiro de 1998*. Dispõe sobre as sanções penais e administrativas derivadas de condutas e atividades lesivas ao meio ambiente, e da outras providencias. Publicada no D.OU. em 12 de Fevereiro de 1988.

——. *Resolução nº 2190 – ANTAQ, de 28 de Julho de 2011*. Aprova a Norma para disciplinar a prestação de serviços de retirada de resíduos de embarcações. Publicada no D.O.U. em 05 de Agosto de 2011.

——. *Resolução nº 420, de 28 de Dezembro de 2009*. Dispõe sobre critérios e valores orientadores de qualidade do solo quanto à presença de substâncias químicas e estabelece diretrizes para o gerenciamento ambiental de áreas contaminadas por essas substâncias em decorrência de atividades antrópicas. Publicado no D.O.U. nº 249, de 30/12/2009, págs. 81-84.

BRIGGS, Xavier de Souza. *Environmental Insurance for Brownfields Redevelopment*: A Feasibility Study: Kenneth M. Chilton, 2012.

BROWNFIELDS DEFINITION. *Brownfields and land Revitalization*. Disponível em: http://www.epa.gov/swerosps/bf/overview/glossary.htm. EPA, 2002.

CETESB. *Decisão de Diretoria nº 103/2007/C/E*. Disponível em: http://www.cetesb.sp.gov.br/Solo/areas_contaminadas/proced_gerenciamento_ac.pdf. CETESB, 2007.

——. *Manual de gerenciamento de áreas contaminadas*. Disponível em: http://www.cetesb.sp.gov.br/areascontaminadas/manual-de-gerenciamento-de-ACs/7-manual. CETESB, 2001.

DYBDAHL, David J. A User`s Guide to Environmental Insurance: American Risk Management Resources Netwrok, 2000.

POLIDO, Walter. Uma discussão relevante: Seguro ambiental obrigatório na Argentina. Cadernos de Seguros, n.º 144, 2007.

SÃO PAULO. *Decreto nº 59.263, de 5 de Junho de 2013*. Regulamenta a Lei nº 13.577, de 8 de julho de 2009, que dispõe sobre diretrizes e procedimentos para a proteção da qualidade do solo e gerenciamento de áreas contaminadas, e dá providências correlatas. Retificação do D.O.U. de 6 de junho de 2013.

——. *Lei nº 13.577, de 8 de Julho de 2009*. Dispõe sobre diretrizes e procedimentos para a proteção da qualidade do solo e gerenciamento de áreas contaminadas, e dá outras providências correlatas. Publicada na Assessoria Técnico-Legislativa, aos 8 de julho de 2009.

# — VIII —

# O *pool* de cosseguro no âmbito dos riscos ambientais: advertências e vantagens

### Pery Saraiva Neto

Doutorando em Direito/PUCRS. Mestre em Direito/UFSC. Especialista em Direito Ambiental/UFSC. Diretor Cultural (Acadêmico) da Associação Internacional do Direito do Seguro e Presidente do GNT Seguro Ambiental – AIDA/Brasil. Professor Universitário (Graduação e Pós-Graduação). Autor e colaborador de livros e artigos sobre Direito Ambiental e Direito do Seguro. Advogado e Consultor nas áreas de Direito do Seguro e Ambiental.

### Luciana Gil Ferreira

Advogada formada pela Universidade Presbiteriana Mackenzie, especialista em Direito Ambiental pela COGEAE/PUC-SP e membro colaboradora da Comissão de Direito Ambiental da OAB/RJ. Coautora de livros e artigos jurídicos.

*Sumário*: 1. Introdução; 2. Breve panorama sobre a responsabilidade civil ambiental: riscos complexos e de grande amplitude; 3. Cosseguro como técnica de pulverização de riscos: utilidade, deveres e obrigações entre cosseguradores; 4. Cosseguro como ferramenta de gestão compartilhada dos riscos ambientais; 5. Referências.

## 1. Introdução

Este trabalho busca, a partir da caracterização das peculiaridades e complexidades atinentes à responsabilidade civil ambiental, discorrer sobre as conexões entre riscos ambientais e seguros, chamando atenção à necessidade de adequada pulverização dos riscos, de modo a tratar especificamente do instituto do cosseguro.

Pretende-se demonstrar a relevância e utilidade da prática do cosseguro, não só pela importância como mecanismo de pulverização de riscos, mas especialmente como importante ferramenta de cooperação na gestão do risco ambiental.

No que toca à técnica de pulverização de riscos, destacar-se-á a necessidade do estrito rigor técnico na interpretação do cosseguro, especialmente no que toca à divisão de responsabilidade entre os cosseguradores, como pressuposto de fomento ao uso do instituto. Assim, serão investigadas, a partir da regra da não solidariedade entre os cosseguradores, suas exceções, visando a destacar cuidados que deverão ser atendidos na celebração de contratos de cosseguro, para que não ocorra desvirtuamento ou redirecionamento impróprio das responsabilidade entre os seguradores.

Por fim, sobre a utilidade do cosseguro enquanto mecanismo de cooperação na gestão dos riscos ambientais, investigar-se-ão as possibilidades decorrentes da ampliação, quantitativa e qualitativa, dos profissionais envolvidos.

## 2. Breve panorama sobre a responsabilidade civil ambiental: riscos complexos e de grande amplitude

No Brasil, o ramo de seguros de riscos ambientais ainda tem um longo caminho a percorrer. Com efeito, não são muitas as seguradoras que oferecem a possibilidade de contratação de seguro ambiental, apesar da tendência em aplicá-lo, seja por haver demanda do mercado, seja por estímulo legislativo, com alguns dispositivos legais os prevendo,[1] ainda que inexista efetiva regulamentação sobre a matéria.

Seguros ambientais são um produto recente a ser muito desenvolvido e aprimorado à realidade brasileira, especialmente considerando a sistemática da legislação envolvida em matéria de responsabilidade e reparação de danos ambientais.[2]

A Constituição Federal possui capítulo exclusivo dedicado à proteção do meio ambiente, consagrando no artigo 225 a essencialidade do meio ambiente ecologicamente equilibrado, quando dispõe que "todos tem direito ao meio ambiente ecologicamente equilibrado, bem de uso comum do povo e essencial à sadia qualidade de vida, impondo-se ao Poder Público e da coletividade o dever de defendê-lo e preservá-lo para as presentes e futuras gerações".

Embora a legislação ambiental vigente não date exclusivamente do momento posterior à Constituição da República, de 1988, é fato que a consagração em

---

[1] Lei Federal 12.305/2010, que institui a Política Nacional de Resíduos Sólidos; Lei Estadual de SP 13.577/2009, que dispõe sobre diretrizes e procedimentos para a proteção da qualidade do solo e gerenciamento de áreas contaminadas; Lei Federal 6.938/1981, que prevê o Seguro Ambiental como instrumento econômico de proteção ambiental.

[2] Sobre tais relações, especialmente sobre o duplo caminho decorrente do sistema legal de proteção ambiental (incentivar a contratação de seguros, mas ao mesmo tempo gera insegurança ao segurador para admitir e aceitar estes novos riscos), já tivemos oportunidade de desenvolver: SARAIVA NETO, Pery; *et al.* Seguro Ambiental: uma abordagem pela ótica jurídica, de gestão e das mudanças climáticas. In: CARLINI, Angélica; SARAIVA NETO, Pery. (Orgs.). *Aspectos Jurídicos dos Contratos de Seguro*. Porto Alegre: Livraria do Advogado, 2013, p. 47/92 e SARAIVA NETO, Pery; FERREIRA, Luciana Gil; *et al.* (In)previsibilidade do risco ambiental: o seguro em um contexto de incertezas, ignorâncias e omissões – pressupostos e desafios. In: CARLINI, Angélica; SARAIVA NETO, Pery. (Orgs.). *Aspectos Jurídicos dos Contratos de Seguro – Ano II*. Porto Alegre: Livraria do Advogado, 2014, p. 31/62

nível constitucional do mencionado direito provocou a partir de então significativo impacto na forma de relacionamento entre o Estado, a sociedade e o meio ambiente.

Em matéria de responsabilidades ambientais, com efeito, antes mesmo de 1988, a Política Nacional de Meio Ambiente, instituída por meio da Lei Federal 6.938/1981, já previa que o poluidor seria obrigado, "independentemente da existência de culpa, a indenizar ou reparar os danos causados ao meio ambiente e a terceiros, afetados por sua atividade".

O conceito de "poluidor" introduzido pela mesma lei, de 1981, é bastante amplo, pois inclui a figura do poluidor indireto, definindo-o como sendo "aquele responsável, direta ou indiretamente, por atividade causadora de degradação ambiental".[3] O próprio conceito de poluição, por força da mesma lei, alcança abrangente amplitude, na medida em que define poluição como sendo "a degradação da qualidade ambiental resultante de atividades que direta ou indiretamente: a) prejudiquem a saúde, a segurança e o bem-estar da população; b) criem condições adversas às atividades sociais e econômicas; c) afetem desfavoravelmente a biota; d) afetem as condições estéticas ou sanitárias do meio ambiente; e) lancem matérias ou energia em desacordo com os padrões ambientais estabelecidos; IV – poluidor, a pessoa física ou jurídica, de direito público ou privado, responsável, direta ou indiretamente, por atividade causadora de degradação ambiental; V – recursos ambientais: a atmosfera, as águas interiores, superficiais e subterrâneas, os estuários, o mar territorial, o solo, o subsolo, os elementos da biosfera, a fauna e a flora".[4]

Ou seja, com base nos ditames acima, quando se trata de danos ambientais, a responsabilidade civil será daquele que direta ou indiretamente os tenha causado, independentemente da verificação de culpa (negligência, imperícia ou imprudência), para fins de proteção e reparação do meio ambiente.

Nesse sentido, atualmente, a doutrina e a jurisprudência vêm adotando um conceito de causalidade[5] que pode abranger todos aqueles que, de alguma forma, participaram do evento danoso ou em potencial.[6]

Com efeito, há interessante julgado do Superior Tribunal de Justiça que admite que, "para o fim de apuração do nexo de causalidade no dano ambiental, equiparam-se quem faz, quem não faz quando deveria fazer, quem deixa fazer,

---

[3] Lei Federal 6.938/81, artigo 3º, IV.

[4] Lei Federal 6.938/81, artigo 3º, III.

[5] A propósito, vale consultar: LEITE, José Rubens Morato; CARVALHO, Délton Winter de. *O nexo de causalidade na responsabilidade civil por danos ambientais*. Revista de Direito Ambiental, ano 12, n. 47, jul.-set./2007. São Paulo: Revista dos Tribunais, 2007.

[6] Neste sentido, para aprofundamento: BAHIA, Carolina Medeiros. *Nexo de causalidade em face do risco e do dano ao meio ambiente: elementos para um novo tratamento da causalidade no sistema brasileiro de responsabilidade civil ambiental*. Tese (doutorado) – Universidade Federal de Santa Catarina, Centro de Ciências Jurídicas. Programa de Pós-Graduação em Direito, e SARAIVA NETO, Pery. *A Prova na Jurisdição Ambiental*. Porto Alegre: Livraria do Advogado, 2010.

quem não se importa que façam, quem financia para que façam, e quem se beneficia quando outros fazem".[7]

---

[7] PROCESSUAL CIVIL E AMBIENTAL. NATUREZA JURÍDICA DOS MANGUEZAIS E MARISMAS. TERRENOS DE MARINHA. ÁREA DE PRESERVAÇÃO PERMANENTE. ATERRO ILEGAL DE LIXO. DANO AMBIENTAL. RESPONSABILIDADE CIVIL OBJETIVA. OBRIGAÇÃO PROPTER REM. NEXO DE CAUSALIDADE. AUSÊNCIA DE PREQUESTIONAMENTO. PAPEL DO JUIZ NA IMPLEMENTAÇÃO DA LEGISLAÇÃO AMBIENTAL. ATIVISMO JUDICIAL. MUDANÇAS CLIMÁTICAS. DESAFETAÇÃO OU DESCLASSIFICAÇÃO JURÍDICA TÁCITA. SÚMULA 282/STF. VIOLAÇÃO DO ART. 397 DO CPC NÃO CONFIGURADA. ART. 14, § 1°, DA LEI 6.938/1981. 1. Como regra, não viola o art. 397 do CPC a decisão que indefere a juntada de documentos que não se referem a fatos novos ou não foram apresentados no momento processual oportuno, ou seja, logo após a intimação da parte para se manifestar sobre o laudo pericial por ela impugnado. 2. Por séculos prevaleceu entre nós a concepção cultural distorcida que enxergava nos manguezais lato sensu (= manguezais stricto sensu e marismas) o modelo consumado do feio, do fétido e do insalubre, uma modalidade de patinho-feio dos ecossistemas ou antítese do Jardim do Éden. 3. Ecossistema-transição entre o ambiente marinho, fluvial e terrestre, os manguezais foram menosprezados, popular e juridicamente, e por isso mesmo considerados terra improdutiva e de ninguém, associados à procriação de mosquitos transmissores de doenças graves, como a malária e a febre amarela. Um ambiente desprezível, tanto que ocupado pela população mais humilde, na forma de palafitas, e sinônimo de pobreza, sujeira e párias sociais (como zonas de prostituição e outras atividades ilícitas). 4. Dar cabo dos manguezais, sobretudo os urbanos em época de epidemias, era favor prestado pelos particulares e dever do Estado, percepção incorporada tanto no sentimento do povo como em leis sanitárias promulgadas nos vários níveis de governo. 5. Benfeitor-modernizador, o adversário do manguezal era incentivado pela Administração e contava com a leniência do Judiciário, pois ninguém haveria de obstacularizar a ação de quem era socialmente abraçado como exemplo do empreendedor a serviço da urbanização civilizadora e do saneamento purificador do corpo e do espírito. 6. Destruir manguezal impunha-se como recuperação e cura de uma anomalia da Natureza, convertendo a aberração natural – pela humanização, saneamento e expurgo de suas características ecológicas – no Jardim do Éden de que nunca fizera parte. 7. No Brasil, ao contrário de outros países, o juiz não cria obrigações de proteção do meio ambiente. Elas jorram da lei, após terem passado pelo crivo do Poder Legislativo. Daí não precisarmos de juízes ativistas, pois o ativismo é da lei e do texto constitucional. Felizmente nosso Judiciário não é assombrado por um oceano de lacunas ou um festival de meias-palavras legislativas. Se lacuna existe, não é por falta de lei, nem mesmo por defeito na lei; é por ausência ou deficiência de implementação administrativa e judicial dos inequívocos deveres ambientais estabelecidos pelo legislador. 8. A legislação brasileira atual reflete a transformação científica, ética, política e jurídica que reposicionou os manguezais, levando-os da condição de risco à saúde pública ao patamar de ecossistema criticamente ameaçado. Objetivando resguardar suas funções ecológicas, econômicas e sociais, o legislador atribuiu-lhes o regime jurídico de Área de Preservação Permanente. 9. É dever de todos, proprietários ou não, zelar pela preservação dos manguezais, necessidade cada vez maior, sobretudo em época de mudanças climáticas e aumento do nível do mar. Destruí-los para uso econômico direto, sob o permanente incentivo do lucro fácil e de benefícios de curto prazo, drená-los ou aterrá-los para a especulação imobiliária ou exploração do solo, ou transformá-los em depósito de lixo caracterizam ofensa grave ao meio ambiente ecologicamente equilibrado e ao bem-estar da coletividade, comportamento que deve ser pronta e energicamente coibido e apenado pela Administração e pelo Judiciário. 10. Na forma do art. 225, caput, da Constituição de 1988, o manguezal é bem de uso comum do povo, marcado pela imprescritibilidade e inalienabilidade. Logo, o resultado de aterramento, drenagem e degradação ilegais de manguezal não se equipara ao instituto do acrescido a terreno de marinha, previsto no art. 20, inciso VII, do texto constitucional. 11. É incompatível com o Direito brasileiro a chamada desafetação ou desclassificação jurídica tácita em razão do fato consumado. 12. As obrigações ambientais derivadas do depósito ilegal de lixo ou resíduos no solo são de natureza *propter rem*, o que significa dizer que aderem ao título e se transferem ao futuro proprietário, prescindindo-se de debate sobre a boa ou má-fé do adquirente, pois não se está no âmbito da responsabilidade subjetiva, baseada em culpa. 13. Para o fim de apuração do nexo de causalidade no dano ambiental, equiparam-se quem faz, quem não faz quando deveria fazer, quem deixa fazer, quem não se importa que façam, quem financia para que façam, e quem se beneficia quando outros fazem. 14. Constatado o nexo causal entre a ação e a omissão das recorrentes com o dano ambiental em questão, surge, objetivamente, o dever de promover a recuperação da área afetada e indenizar eventuais danos remanescentes, na forma do art. 14, § 1°, da Lei 6.938/81. 15. Descabe ao STJ rever o entendimento do Tribunal de origem, lastreado na prova dos autos, de que a responsabilidade das recorrentes ficou configurada, tanto na forma comissiva (aterro), quanto na omissiva (deixar de impedir depósito de lixo na área). Óbice da Súmula 7/STJ. 16. Recurso Especial parcialmente conhecido e, nessa parte, não provido. *(STJ. Recurso Especial 650.728 – SC (2003/0221786-0) Relator Ministro Herman Benjamin, DJe 02/12/2009)*

A legislação ambiental, ao estabelecer que o poluidor pode ser aquele que indiretamente é responsável por eventual dano ou potencial dano ao meio ambiente, permitiu interpretações amplas para a definição do nexo de causalidade entre o causador e o efetivo dano.

O "potencial dano" significa que, ainda que não tenha ocorrido um efetivo dano ambiental, a sua mera potencialidade poderá caracterizar a responsabilidade civil. Trata-se de implementação dos denominados princípios da prevenção e da precaução, inclusive com aplicação pela jurisprudência, no sentido de que, "em matéria ambiental, prevenir é mais importante que reconstituir e obter futura indenização por dano já ocorrido. Os prejuízos ao meio ambiente nem sempre são mensurados, uma vez que têm repercussão em vários campos da atividade humana. A rigor, muitas vezes as lesões ao meio ambiente, conforme o recurso atingido são irreversíveis, a despeito da possibilidade de condenação do agressor ao ressarcimento do dano causado. Por isso, afigura-se imprescindível a prevenção, como medida que se antecipe às agressões potenciais à natureza. Em vista do perigo iminente ou potencial de dano ambiental, deve o Poder Público, assim também como o particular, agir, evitando o surgimento da agressão, ou, ao menos, estancando desde logo seus efeitos deletérios, se já iniciada".[8]

Não obstante, em geral, o que se observa é que as medidas judiciais para responsabilização civil em matéria ambiental são ajuizadas quando efetivamente constatado (e comprovado) dano ambiental.[9]

---

[8] ÁREA PÚBLICA DE PRESERVAÇÃO AMBIENTAL. CONSTRUÇÃO EM ÁREA DE FAIXA DE PRAIA. DANO AO MEIO AMBIENTE. LEI 7.661/88( PNBC ). DECRETO 5.300/2004. ZONA COSTEIRA. É fato que a construção encontra-se apenas a 10 (dez) metros da linha do mar, avançado sobre aquilo que, costumeiramente, é chamado de faixa de praia. O Plano Nacional de Gerenciamento Costeiro (PNGC – Lei n° 7.661/88), datado de 1988, ainda que regulamentado tão somente em dezembro de 2004, quando expedido o Decreto n° 5.300, apresentava determinações que exigiam dos Estados e Municípios – com competência legislativa concorrente – que, evidentemente, não promovessem, na falta da regulamentação federal, ações contrárias às preocupações traduzidas na referida Lei. De seu conteúdo extraem-se disposições legais que tratam de impor, mediante regra de reforço, que a lei está, em alguns de seus aspectos, desde a sua publicação, com seu conteúdo válido e exigível, independentemente de omissões regulamentares das autoridades do poder executivo. A contrução de obra com proximidade excessiva da linha do mar, ferindo e privatizando a área de praia, é contrária à disposição expressa da Lei 7.661/88, pois *"Art. 10. As praias são bens públicos de uso comum do povo, sendo assegurado, sempre franco acesso a elas e ao mar, em qualquer direção e sentido. § 1º. Não será permitida a urbanização ou qualquer forma de utilização do solo na Zona Costeira que impeça ou dificulte o acesso assegurado no caput deste artigo."* Outrossim, consta do § 3° do art. 10 da Lei n° 7.661/88:*"Entende-se por praia a área coberta e descoberta periodicamente pelas águas, acrescida da faixa subseqüente de material detrítico, tal como areias, cascalhos, seixos e pedregulhos, até o limite onde se inicie a vegetação natural, ou, em sua ausência, onde comece um outro ecossistema".* Frente a esse quadro legislativo, as ascensões de qualquer espécie na faixa de praia, com ofensa à possibilidade de fruição por parte de toda sociedade, não podem ser toleradas, por ser considerada bem público. Se for o caso, devem os proprietários ser indenizados pelas municipalidades que as autorizaram, porém a situação não pode ser coonestada. Notadamente no caso em apreço, onde a obra é posterior a Lei n° 7.661/88, dado que o alvará foi concedido em 01.08.95. *(TRF4. Apelação Cível 2003.04.01.029745-6/SC, Relator Juiz Federal MÁRCIO ANTÔNIO ROCHA)*

[9] Processual civil e ambiental – violação do art. 535 do CPC não caracterizada – manutenção de aves silvestres em cativeiro -responsabilidade objetiva do agente poluidor -ausência de autorização administrativa -responsabilidade civil -dano ambiental não comprovado. (...) 2. A responsabilidade civil objetiva por dano ambiental não exclui a comprovação da efetiva ocorrência de dano e do nexo de causalidade com a conduta do agente, pois estes são elementos essenciais ao reconhecimento do direito de reparação. 3. Em regra, o descumprimento de norma administrativa não configura dano ambiental presumido. 4. Ressalva-se a possibilidade de se mane-

Desta forma, poderá responder pelo dano causado, ou potencial, todo aquele que tenha alguma relação com o dano, efetivo ou potencial, ainda que indiretamente, podendo ser compelido a reparar, compensar ou indenizar os danos ocasionados ao meio ambiente e, ainda, os danos reflexos a terceiros. Bem assim poderá ser imposta obrigação de não fazer, de caráter preventivo e precaucional.[10]

Vale lembrar que em havendo mais de um responsável (direto ou indireto) pelo dano, prevalecerá entre eles o vínculo e as regras da solidariedade, em sendo impossível identificar ou individualizar o responsável. Por conseguinte, para aquele pagar pela integralidade do dano, caberá ação de regresso contra os outros corresponsáveis, sendo possível discutir entre eles a culpa e a parcela de responsabilidade de cada um.

Não se pode deixar de mencionar aqui, de relevante aplicação aos seguros ambientais, o tema das excludentes de responsabilidade. Em razão da teoria do risco integral, não se admite a invocação de qualquer das excludentes de culpabilidade conhecidas do Direito (caso fortuito, força maior, fato de terceiro, por exemplo). Os adeptos da teoria do risco integral defendem seu posicionamento baseados na amplitude do conceito de poluidor, trazido pela legislação, conforme referido anteriormente.

Em recente julgado, de 10/09/2013, o Superior Tribunal de Justiça veio a admitir a aplicação da teoria do risco integral, afastando-se o cabimento das excludentes de responsabilidade, sustentando que "nos danos ambientais, incide a teoria do risco integral, advindo daí o caráter objetivo da responsabilidade, com expressa previsão constitucional (art. 225, § 3º, da CF) e legal (art.14, § 1º, da Lei n. 6.938/1981), sendo, por conseguinte, descabida a alegação de excludentes de responsabilidade, bastando, para tanto, a ocorrência de resultado prejudicial ao homem e ao ambiente advinda de uma ação ou omissão do responsável".[11]

---

jar ação própria para condenar o particular nas sanções por desatendimento de exigências administrativas, ou eventual cometimento de infração penal ambiental. 5. Recurso especial não provido. *(STJ. REsp 1140549/MG 2009/0175248-6T2 – SEGUNDA TURMA, Ministra ELIANA CALMON, DJe 14/04/2010).*

[10] LEITE, José Rubens Morato; AYALA. Patryck de Araújo. *Dano ambiental: do individual ao coletivo extrapatrimonial. Teoria e Prática.* São Paulo: Revista dos Tribunais, 2012, p. 138 e ss.

[11] CIVIL. RECURSO ESPECIAL. RESPONSABILIDADE CIVIL. ROMPIMENTO DE BARRAGEM. "MAR DE LAMA" QUE INVADIU AS RESIDÊNCIAS. TEORIA DO RISCO INTEGRAL. NEXO DE CAUSALIDADE. SÚMULA N. 7/STJ. DANO MORAL *IN RE IPSA.* CERCEAMENTO DE DEFESA. VIOLAÇÃO AO ART. 397 DO CPC. INOCORRÊNCIA. 1. Inexiste violação do art. 535 do Código de Processo Civil se todas as questões jurídicas relevantes para a solução da controvérsia são apreciadas, de forma fundamentada, sobrevindo, porém, conclusão em sentido contrário ao almejado pela parte. 2. O fundamento do acórdão estadual de que a ré teve ciência dos documentos juntados em audiência, deixando, contudo, de impugná-los a tempo e modo e de manejar eventual agravo retido (sendo atingido, portanto, pela preclusão), bem como o fato de ter considerado os documentos totalmente dispensáveis para a solução da lide, não foi combatido no recurso especial, permanecendo incólume o aresto nesse ponto. Incidência da Súmula 283/STF. 3. É firme a jurisprudência do STJ no sentido de que, nos danos ambientais, incide a teoria do risco integral, advindo daí o caráter objetivo da responsabilidade, com expressa previsão constitucional (art. 225, § 3º, da CF) e legal (art.14, § 1º, da Lei n. 6.938/1981), sendo, por conseguinte, descabida a alegação de excludentes de responsabilidade, bastando, para tanto, a ocorrência de resultado prejudicial ao homem e ao ambiente advinda de uma ação ou omissão do responsável. 4. A premissa firmada pela Corte de origem, de existência de relação de causa e efeito entre o rompimento da barragem – com o vazamento de 2 bilhões de litros de dejetos de bauxita e o transbordamento do Rio Muriaé –, e o resultado danoso sofrido pela recorrida com

Há que se referir, porém, que a aplicação da teoria do risco integral ainda é questão controvertida e sujeita a críticas. Entendimento contrário, ainda minoritário, é a teoria do risco criado, pelo qual, para caracterizar a responsabilização ambiental, ainda que não se apure a presença de culpa, o dano teria que ser criado pela atividade, admitindo-se a presença das referidas excludentes. Essa teoria, de acordo a doutrina, "aumenta os encargos do agente; é, porém, mais equitativa para a vítima, que não tem de provar que o dano resultou de uma vantagem ou de um benefício obtido pelo causador do dano".[12] Há que se atentar, portanto, para a voluntariedade da ação ou da omissão, caso contrário, corre-se o risco de que a cadeia de responsáveis indiretos pelo dano não tenha fim, como já vem ocorrendo, fazendo com que a abrangência dos riscos ambientais sejam incalculáveis.

Assim, diante da amplitude da definição de poluidor, incluindo-se o indireto, da definição vaga e abrangente do conceito de poluição, além da dilatada abrangência do nexo causal entre a atividade e o dano, busca-se, cada vez mais meios de proteção envolvendo riscos ambientais.

Até por que, quando se trata de riscos ambientais, não raramente, os danos ambientais são de difícil ou, até mesmo, impossível reparação, devido à complexidade dos ecossistemas envolvidos.

Trazendo-se tais reflexões para o âmbito dos seguros, forçoso concluir que eventual indenização a ser paga pela seguradora pode ser extremamente vultosa e, muitas vezes, impossível de prever.

Ganha realce, portanto, a possibilidade de pulverização dos riscos entre mais de um segurador, pelo cosseguro, ou até mesmo pela técnica do resseguro ou retrocessão.

Focando-nos no instituto do cosseguro, como inicialmente proposto, outra vantagem que se agrega é a possibilidade de ampliar os parceiros focados na gestão e prevenção dos riscos ambientais, conforme veremos a seguir.

### 3. Cosseguro como técnica de pulverização de riscos: utilidade, deveres e obrigações entre cosseguradores

Nesse contexto, para viabilizar o cumprimento de seguros em casos em que os valores devidos sejam superiores à viabilidade econômica das seguradoras, ou

---

a inundação de sua casa pela lama, é inafastável sem o reexame da matéria fática, procedimento vedado em recurso especial. Aplicação da Súmula 7/STJ. 5. Na hipótese, a autora, idosa de 81 anos, vendo o esforço de uma vida sendo destruído pela invasão de sua morada por dejetos de lama e água decorrentes do rompimento da barragem, tendo que deixar a sua morada às pressas, afetada pelo medo e sofrimento de não mais poder retornar (diante da iminência de novo evento similar), e pela angústia de nada poder fazer, teve ofendida sua dignidade, acarretando abalo em sua esfera moral. 6. A admissibilidade do recurso especial, na hipótese da alínea "c" do permissivo constitucional, exige a indicação das circunstâncias que identificam ou assemelham os casos confrontados, mediante o cotejo dos fundamentos da decisão recorrida com o acórdão paradigma, a fim de demonstrar a divergência jurisprudencial existente (arts. 541 do CPC e 255 do RISTJ). 7. Recurso especial a que se nega provimento. *(STJ. REsp 1.374.342/ MG. Quarta Turma. Rel. Min. Luis Felipe Salomão. DJe 25/09/2013)*

[12] PEREIRA, Caio Mário da Silva. *Responsabilidade civil*. 5. ed. Rio de Janeiro: Forense, 1994, p. 285

mesmo para adequar os riscos à sua capacidade, foram criados alguns mecanismos contratuais de pulverização do risco,[13] cujo objetivo é proporcionar o compartilhamento da responsabilidade financeira assumida pela seguradora, por meio de resseguro e retrocessão,[14] bem como do cosseguro, sendo este último objeto da presente análise.

De modo a apontar as origens e fundamentos do instituto do cosseguro, tem-se que as seguradoras podem optar por limitar sua cobertura em cada contrato celebrado com as demais e preservar a sua operacionalização financeira. O medo de fracassar levou os seguradores a limitarem suas responsabilidades em cada contrato. Alguns até mesmo subscreviam coletivamente o mesmo risco, garantindo, cada um, uma parte do bem segurado.[15]

Não dispondo as companhias de reserva técnica suficiente para garantir os riscos para os quais pretendam oferecer cobertura, estas irão se utilizar de resseguros e cosseguros com o escopo de alcançarem as reservas necessárias.

O cosseguro torna possível a divisão do risco de um segurado entre várias seguradoras, sendo que cada uma se responsabiliza por uma quota-parte do valor total do seguro, servindo portanto de técnica de pulverização de riscos.

É neste sentido que o instituto é consagrado pelo artigo 4º do Decreto-Lei 73/1966,[16] quando dispõe que: "Integra-se nas operações de seguros privados o sistema de cosseguro, resseguro e retrocessão, por forma a pulverizar os riscos e fortalecer as relações econômicas do mercado".

Na redação do artigo 2º, §1º, inciso II, da Lei Complementar 126/2007, o cosseguro está definido como a "operação de seguro em que 2 (duas) ou mais sociedades seguradoras, com anuência do segurado, distribuem entre si, percentualmente, os riscos de determinada apólice, sem solidariedade entre elas".

Para PORCIONATO e LOBO, "da simples leitura do vocábulo cosseguro nota-se que ele se traduz na existência de mais de um seguro sobre o mesmo bem. Isto é possível, desde que não haja conflito entre as percentagens seguradas ou excesso de valor, ou seja, desde que não haja pluralidade de cobertura simultânea sobre a mesma parcela do bem ou risco, respeitando a cada relação assecuratória

---

[13] PORCIONATO, Ana Lúcia; LOBO, Arthur Mendes. Vez do Seguro Ambiental: Aspectos Internacionais e as Inovações da Lei Complementar nº 126, de 16.01.2007. R*evista de Direito Internacional Econômico e Tributário*. Vol. 2, nº 2, Jul/Dez (2007). Brasília: Universidade Católica de Brasília.

[14] Lei Complementar 126/2007. Art. 2º A regulação das operações de co-seguro, resseguro, retrocessão e sua intermediação será exercida pelo órgão regulador de seguros, conforme definido em lei, observadas as disposições desta Lei Complementar. § 1º Para fins desta Lei Complementar, considera-se: (...) III – resseguro: operação de transferência de riscos de uma cedente para um ressegurador, ressalvado o disposto no inciso IV deste parágrafo; IV – retrocessão: operação de transferência de riscos de resseguro de resseguradores para resseguradores ou de resseguradores para sociedades seguradoras locais.

[15] VIEIRA, Manuel Guedes. *Introdução aos Seguros*. Porto: Vida Económica, 2012.

[16] Dispõe sobre o Sistema Nacional de Seguros Privados, regula as operações de seguros e resseguros e dá outras providências.

uma parcela independente e própria do bem ou relação assegurada, o cosseguro pode ser feito até mesmo em um só contrato".[17]

Na lição de MIRAGEM, "é o cosseguro, espécie de seguro múltiplo, com pluralidade de seguradores que dividem em cotas-partes o total do seguro, garantindo diretamente, e sob mesmas condições, os riscos estipulados em contrato. Falar-se em cota-parte, neste particular, importa em afastar qualquer ideia de solidariedade entre os seguradores, que respondem no limite daquilo que garantiram. A rigor, um dos seguradores representa os demais, e é denominado líder, respondendo igualmente pela distribuição percentual da cobertura entre os diversos seguradores".[18]

Trata-se, portanto, de um contrato de seguro com mais de uma seguradora que convencionam entre si e com o segurado a assunção de um risco. Ocorre a repartição do risco de um mesmo contrato, cabendo a cada uma responder, na medida de suas responsabilidades, diretamente perante o segurado.

Com efeito, como lecionam TZIRULNIK, CAVALCANTI e PIMENTEL, "mundo a fora o cosseguro foi pensado para incidir nos grandes riscos, que implicam procedimento de formação da relação contratual securitária mais paritárias, com grande atuação da vontade do segurado, ou outro legítimo estipulante do seguro, assistido por corretoras e outros consultores junto às seguradoras, desdobrando, no mais das vezes, na escolha de cada uma destas e, até mesmo, na definição de seus respectivos percentuais e cotas de garantia".[19]

Busca-se essa alternativa nos casos de cobertura de riscos de difícil mensuração ou de grande exposição, o que pode ser aplicável para situações de riscos ambientais, especialmente diante de toda a complexidade e severidade dos institutos de Direito Ambiental, anteriormente mencionados. Como visto, o dano ambiental pode abranger até mesmo o desconhecido, diante da dificuldade em se identificar a sua fonte causadora, os envolvidos e a sua natureza.

O Código Civil brasileiro regulamente impõe requisitos à contratação na modalidade de cosseguro, em seu artigo 761, o qual prevê que "quando o risco for assumido em cosseguro, a apólice indicará o segurador que administrará o contrato e representará os demais, para todos os seus efeitos".

TZIRULNIK, CAVALCANTI e PIMENTEL, em comentários ao citado dispositivo legal, sustentam que "co-seguro é o seguro do mesmo interesse celebrado com diversas seguradoras, cada uma destas assumindo uma cota da garantia. Pode se dar por meio de contratos distintos, cada seguradora obrigando-se independen-

---

[17] PORCIONATO, Ana Lúcia; LOBO, Arthur Mendes. Vez do Seguro Ambiental: Aspectos Internacionais e as Inovações da Lei Complementar nº 126, de 16.01.2007. *Revista de Direito Internacional Econômico e Tributário*. Vol. 2, nº 2, Jul/Dez (2007). Brasília: Universidade Católica de Brasília.

[18] MIRAGEM, Bruno. O Direito dos Seguros no Sistema Jurídico Brasileiro: uma Introdução. In: MIRAGEM, Bruno; CARLINI, Angélica. (coords.). *Direito do Seguro: fundamentos de direito civil, direito empresarial e direito do consumidor*. São Paulo: Revistas dos Tribunais, 2014, p. 61.

[19] TZIRULNIK, Ernesto; CAVALCANTI, Flávio de Queiroz B.; PIMENTEL, Ayrton. *O contrato de seguro: de acordo com o novo código civil brasileiro*. São Paulo: Revista dos Tribunais, 2003, p. 61.

temente da outra, quer no que diz respeito à emissão de documentos, quer no que toca à execução do contrato". Contudo, advertem, "atualmente, é bastante rara essa modalidade, sendo regra a contratação única, quando, apesar de cada seguradora responder por apenas uma cota da garantia, uma só apólice é emitida e uma seguradora (líder) se incumbe da prática de todos os atos de execução do contrato perante o segurado".[20]

O Conselho Nacional de Seguros Privados – CNSP –, colegiado vinculado à Superintendência de Seguros Privados – SUSEP –, indo além na regulamentação da matéria, editou a Resolução CNSP 68/2001, fortemente voltada a ressaltar os deveres de informação entre seguradores para com o segurado, prevendo em seus artigos 6º e 7º:

> Art. 6º No frontispício da apólice, do certificado de seguro, da proposta, do cartão-proposta e em quaisquer materiais promocionais do cosseguro, deverá constar o nome de todas as seguradoras participantes e, por extenso, os respectivos limites de responsabilidade máxima assumida.
> Parágrafo único. Na hipótese de que a quantidade de seguradoras venha a inviabilizar a menção das informações na forma de que trata o "caput", a seguradora líder deverá registrar, de forma clara, legível, precisa e identificável, a existência das demais seguradoras no frontispício destes documentos, com referência expressa à parte em que todas as participantes do risco e respectivas responsabilidades estão perfeitamente identificadas.
> Art. 7º A apólice deverá conter, entre outras, cláusulas específicas dispondo sobre:
> I – a seguradora líder e suas atribuições; e
> II – a inexistência de responsabilidade solidária entre as sociedades seguradoras.

Em que pese existir pressupostos legalmente estabelecidos para a contratação do seguro, interessante mencionar a existência de julgados admitindo a existência de cosseguro quando houver fracionamento da garantia entre seguradores, mesmo quando não tenha ocorrido um contrato formal de cosseguro.[21] Esta relati-

---

[20] TZIRULNIK, Ernesto; CAVALCANTI, Flávio de Queiroz B.; PIMENTEL, Ayrton. *O contrato de seguro: de acordo com o novo código civil brasileiro*. São Paulo: Revista dos Tribunais, 2003, p. 56.

[21] Neste sentido, do *STJ, REsp 442.751, da relatoria do Ministro ALDIR PASSARINHO JUNIOR, julgado em 11/12/2007.* "CIVIL E PROCESSUAL. ACÓRDÃO ESTADUAL. NULIDADE NÃO CONFIGURADA. SEGURO. COBERTURA DE VALORES DIVERSOS FURTADOS NAS DEPENDÊNCIAS DO BANCO SEGURADO. RECUSA CALCADA EM ALEGAÇÕES SOBRE FALTA DE PLANO ADEQUADO DE SEGURANÇA E EXISTÊNCIA DE DUPLICIDADE DE SEGURO. CLÁUSULAS CONTRATUAIS RESTRITIVAS. OBRIGAÇÃO LEGAL RECONHECIDA. INAPLICABILIDADE DAS SÚMULAS N. 5 E 7-STJ DADA A PECULIARIDADE DA ESPÉCIE. CC/1916, ART. 1.438. I. Não guarda nulidade o acórdão estadual que enfrenta suficientemente as questões essenciais ao deslinde da controvérsia, apenas por conter conclusões adversas ao interesse da parte. II. Contextualizados os fatos pelo acórdão estadual, possível ao STJ, neste caso concreto, dar aos mesmos tratamento jurídico distinto do aplicado pelo Tribunal de origem, sem que isso importe em infringência às Súmulas n. 5 e 7 do STJ. III. O cumprimento de obrigação civil legal resultante de contrato de seguro não fica afastado pela aplicação de cláusulas de exceção que de sobremaneira favorecem a empresa seguradora, isentando-a da responsabilidade sobre o risco assumido quando, ao vistoriar as dependências do banco autor, não fez restrições às condições de segurança e nem, ulteriormente, durante a vigência da cobertura, tampouco preocupou-se em fiscalizar a manutenção adequada do sistema de segurança, apontando eventuais vícios que poderiam autorizar a rescisão da avença ou eximi-la de cobrir o sinistro, caracterizado pelo furto de valores dentro das instalações da instituição. IV. Se a cobertura securitária era limitada a determinado percentual do todo garantido, a existência de outro seguro cobrindo o restante, embora não seja tipicamente um co-seguro por refugir às formalidades da espécie (alinhamento de seguradoras e escolha de seguradora líder), distancia-se, por outro lado, da hipótese de duplicidade de seguro que obstaria o pagamento da indenização, que se postula, aqui, apenas em proporção à cobertura convencionada. V. Recurso especial conhecido em parte e provido. Ação procedente".

vização das exigências formais demonstra-se importante para evitar a duplicidade de coberturas, hipótese totalmente diversa do cosseguro.[22]

Além da severa ênfase no dever de informação e da exigência de requisitos formais, na forma da citada resolução, nota relevante sobre o tema do cosseguro refere-se há inexistência de solidariedade entre os cosseguradores, também por força de lei, como visto anteriormente.

A rigidez da regra da não solidariedade justifica-se à luz da melhor técnica securitária, segundo TZIRULNIK, CAVALCANTI e PIMENTEL, para os quais admitir a solidariedade "contraria frontalmente as bases concretas do exercício da empresa do seguro. A cosseguradora recebe apenas uma cota-parte do prêmio e é nessa proporção que constitui provisões, limita-se à sua capacidade técnico-operacional, ressegura-se, etc".[23]

ALVIM, há muito, com propriedade, adverte que "a legislação brasileira não prevê a solidariedade do segurador, a qual também não figura também nas apólices, por efeito de convenção. Não pode, pois, ser aplicadas às operações de cosseguro, a fim de responsabilizar o segurador líder pelo pagamento integral da indenização. O segurado deverá receber de cada um dos seguradores participantes sua parcela proporcional à obrigação assumida".[24]

Em coerência com tais ensinamentos, pode-se encontrar diversidade de julgados afastando a solidariedade entre cosseguradores.[25]

---

[22] Tanto são institutos diversos que possuem regulação própria no Código Civil brasileiro. A duplicidade de seguro, embora hipótese não vedada, impõe obrigações ao segurado, na forma do artigo 782, que dispõe que: "O segurado que, na vigência do contrato, pretender obter novo seguro sobre o mesmo interesse, e contra o mesmo risco junto a outro segurador, deve previamente comunicar sua intenção por escrito ao primeiro, indicando a soma por que pretende segurar-se, a fim de se comprovar a obediência ao disposto no art. 778". E em complementação na regulamentação da matéria: "Art. 778. Nos seguros de dano, a garantia prometida não pode ultrapassar o valor do interesse segurado no momento da conclusão do contrato, sob pena do disposto no art. 766, e sem prejuízo da ação penal que no caso couber". "Art. 766. Se o segurado, por si ou por seu representante, fizer declarações inexatas ou omitir circunstâncias que possam influir na aceitação da proposta ou na taxa do prêmio, perderá o direito à garantia, além de ficar obrigado ao prêmio vencido. Parágrafo único. Se a inexatidão ou omissão nas declarações não resultar de má-fé do segurado, o segurador terá direito a resolver o contrato, ou a cobrar, mesmo após o sinistro, a diferença do prêmio".

[23] TZIRULNIK, Ernesto; CAVALCANTI, Flávio de Queiroz B.; PIMENTEL, Ayrton. *O contrato de seguro: de acordo com o novo código civil brasileiro*. São Paulo: Revista dos Tribunais, 2003, p. 57/58.

[24] ALVIM, Pedro. *O contrato de seguro*. Rio de Janeiro: Forense, 1983, p. 354/355.

[25] SEGURO. INVALIDEZ PARCIAL. PAGAMENTO DA INDENIZAÇÃO. CO-SEGURO. PERCENTUAL PARA CÁLCULO DA INDENIZAÇÃO. A SEGURADORA APENAS ESTÁ OBRIGADA A PAGAR ATÉ O LIMITE A QUE REALMENTE SE OBRIGOU POR CONTRATO. SE HOUVE CO-SEGURO, SENDO QUE NÃO HÁ SOLIDARIEDADE ENTRE AS SEGURADORAS, A RÉ APENAS E OBRIGADA A ADIMPLIR O PERCENTUAL QUE LHE CABE, CONFORME OS TERMOS DO CONTRATO FIRMADO COM A ESTIPULANTE. ESSE E O CÁLCULO QUE DEVE SER ADOTADO QUANDO DO PAGAMENTO DA INDENIZAÇÃO, TENDO EM CONTA, TAMBÉM, O GRAU DE INVALIDEZ (PERDA DA FUNÇÃO DA MÃO DIREITA). APELO IMPROVIDO. *(Apelação Cível nº 70003682630, Quinta Câmara Cível, Tribunal de Justiça do RS, Relator: Marco Aurélio dos Santos Caminha, Julgado em 05/09/2002).* EMBARGOS DE DECLARAÇÃO EM APELAÇÃO CÍVEL. COBRANÇA DE SEGURO DE VIDA. AFIRMATIVA DE FALTA DE MENÇÃO A DISPOSITIVOS LEGAIS. DESNECESSIDADE. CLARA APRESENTAÇÃO DAS RAZÕES DE DECISÃO ADOTADAS PELO ÓRGÃO JULGADOR. CO-SEGURADORAS QUE PASSARAM A INTEGRAR O PÓLO PASSIVO DA DEMANDA POR DECISÃO DO JUÍZO DE ORIGEM. NECESSIDADE

Em que pese todo o exposto, pertinente mencionar que há hipóteses de admissão de solidariedade entre os cosseguradores, seja por disposição contratual,[26] seja em caso de responsabilidade civil, ou seja, por *culpa in eligendo*, quando "a responsabilidade poderá surgir, todavia, para a Seguradora líder naquelas hipóteses em que a cosseguradora insolvente foi por ela escolhida, respondendo neste caso pela sua má escolha. (culpa *in eligendo*)".[27]

E em derradeira situação digna de menção, há julgados impondo obrigação solidariedade entre cosseguradores, especialmente em casos de não atendimento às regras do Código de Defesa do Consumidor em relação aos deveres de informação.[28]

### 4. Cosseguro como ferramenta de gestão compartilhada dos riscos ambientais

Além da possibilidade de pulverização de riscos, como tratado no item anterior, tem-se que o cosseguro agrega outra e importante vantagem na seara dos riscos ambientais, especialmente por permitir a ampliação, quantitativa e qualitativa, de profissionais envolvidos com a gestão do risco ambiental.

---

DE ACLARAMENTO DA RESPONSABILIDADE DAS MESMAS. OBRIGAÇÃO SOLIDÁRIA EM RELAÇÃO À AUTORA. LIMITAÇÃO, POR OUTRO LADO, AOS PERCENTUAIS CONTRATADOS NO PACTO DE CO-SEGURO.SOLIDARIEDADE DEFINIDA, AINDA, EM RELAÇÃO ÀS CUSTAS PROCESSUAIS E AOS HONORÁRIOS ADVOCATÍCIOS. EMBARGOS ACOLHIDOS EM PARTE. *(Embargos de Declaração em Apelação Cível n. 2012.059928-1/0001.00, de Forquilhinha. Relator: Des. Sérgio Izidoro Heil)*

[26] "A solidariedade entres as co-seguradoras, contudo, poderá ser instituída por cláusula contratual inserida nas apólices emitidas por cada uma das co-seguradoras ou em outro documento assinado pelas co-seguradoras que aceitarem esse regime obrigacional". TZIRULNIK, Ernesto; CAVALCANTI, Flávio de Queiroz B.; PIMENTEL, Ayrton. *O contrato de seguro: de acordo com o novo código civil brasileiro*. São Paulo: RT, 2003, p. 58.

[27] Asseveram os autores ainda pela possibilidade de extensão da solidariedade para casos de responsabilidade do cossegurador por condutas culposas, dolosas, ou ainda nos caos de desvirtuamento do cosseguro. TZIRULNIK, Ernesto; CAVALCANTI, Flávio de Queiroz B.; PIMENTEL, Ayrton. *O contrato de seguro: de acordo com o novo código civil brasileiro*. São Paulo: Revista dos Tribunais, 2003, p. 58.

[28] COSSEGURO. DEVER DE INFORMAR. VIOLAÇÃO. VALOR DO CAPITAL SEGURADO. AUSÊNCIA DE OBSCURIDADE, CONTRADIÇÃO OU OMISSÃO. 3.O cosseguro constitui uma pluralidade de seguradores, os quais assumem integralmente e em conjunto os riscos sobre um determinado bem, abalizando, anteriormente, a responsabilidade que cabe a cada um dos co-seguradores. 4.No caso em exame a demandada não comprova a entrega das condições gerais do seguro objeto do presente litígio ao contratante, muito menos do anexo onde restou estabelecida a responsabilidade das demais seguradoras, ônus que lhe cabia e do qual não se desincumbiu, a teor do que estabelece o art. 333, inciso II, do Código de Processo Civil. 5.Inobservância do disposto no art. 6º, inciso III, do Código de Defesa do Consumidor, que define como direitos básicos deste a informação adequada e clara sobre os produtos e serviços que lhe estão sendo prestados. 6.Responsabilidade da seguradora líder pelo pagamento da indenização pleiteada na exordial. Possibilidade de a ré utilizar ação autônoma para se ressarcir da respectiva cota-parte. Do valor do capital segurado (...) Embargos declaratórios acolhidos em parte. *(Embargos de Declaração nº 70050537059, Quinta Câmara Cível, Tribunal de Justiça do RS, Relator: Jorge Luiz Lopes do Canto, Julgado em 31/10/2012)* RECURSOS DE APELAÇÃO. SEGURO DE VIDA EM GRUPO "PRESTAMISTA" VINCULADO À CONSÓRCIO DE BEM IMÓVEL. CO-SEGURO. LIMITAÇÃO DE RESPONSABILIDADE QUE NÃO PODE SER IMPOSTA AO CONSUMIDOR. CIÊNCIA DO SEGURADO QUE NÃO RESTOU DEMONSTRADA. ÔNUS DA SEGURADORA. DEVER DA ADMINISTRADORA DE CONSÓRCIOS DE PRESTAR INFORMAÇÕES. DESNECESSIDADE. PRECEDENTE DESTE COLEGIADO. HONORARIOS ADVOCATÍCIOS RELATIVOS À DENUNCIAÇÃO À LIDE. CABIMENTO. MANUTENÇÃO DA SENTENÇA. APELOS DESPROVIDOS. *(Apelação Cível nº 70027718717, Sexta Câmara Cível, Tribunal de Justiça do RS, Relator: Antônio Corrêa Palmeiro da Fontoura, Julgado em 04/11/2010)*

Já tivemos oportunidade, em outra ocasião, de dissertar sobre o seguro ambiental como uma ferramenta de controle e gestão ambiental, especialmente útil em seu aspecto consultivo, tendo importância ainda no controle e avaliação dos riscos ambientais e a incorporação do seguro Ambiental dentro de um sistema de Gestão Ambiental de uma organização. Nesta ocasião, sustentou-se ainda pela existência de "inúmeras ferramentas e tecnologias ambientais disponíveis que, dependendo da forma como são aplicadas, podem representar maior ou menor impacto no desempenho ambiental das organizações. Exemplos destas ferramentas são: Atuação Responsável, Pegada Ecológica, Neutralização de Carbono, Ecologia Industrial, Auditoria Ambiental, Sistemas de Gestão, ISE Bovespa, *Design for Environment (DfE),* Ecoeficiência, Projeto Sigma, *Global Reporting Initiative (GRI),* Avaliação do Ciclo de Vida (ACV), *Due Dilligence,* Química Verde, Certificações Voluntárias, Avaliação de Impacto Ambiental, GAP Analysis, entre inúmeras outras (GALLINARI; SAGHY, 2009 *apud* VILLELA, 1998)".[29]

De fato, trata-se de ferramentas à disposição daqueles que desenvolvem atividade econômica com efetivo ou potencial impacto ambiental, tornando possível ao atendimento dos postulados na precaução e da prevenção.

O seguro ambiental, deste modo, soma-se ao sistema de controle e gestão ambiental, valendo-se inclusive de outros instrumentos relacionados, justamente para cumprir seu desiderato de aceitar riscos.

O cosseguro, parece certo, soma-se a este arcabouço de ferramentas de gestão ambiental, muito especialmente porque, já tivemos oportunidade de sustentar, o seguro ambiental pode e deve cumprir um papel preventivo de danos ambientais, antes e prioritariamente à sua utilidade no sistema de reparação de danos.

Seguradoras possuem grupo de especialistas aptos a, minimamente, conhecer a exposição do risco, envolvendo profissionais das mais diversas áreas, como engenheiros, biólogos, advogados, químicos, médicos sanitaristas, entre outros. Contudo, o custo para formação de uma equipe técnica capacitada para a avaliação dos riscos ambientais acaba sendo muito alto, tendo em vista a demanda por profissionais com conhecimentos específicos.

O cosseguro pode ser uma alternativa para que esses valores possam vir a ser reduzidos – pulverização, agora, dos custos operacionais – se houver o compartilhamento desses gastos entre as várias seguradoras envolvidas.

A internalização de profissionais especializados em mensurar riscos ambientais já é uma tendência para outros setores, como os bancos de investimento, por exemplo. Sobre o tema, vale citar a recém publicada Resolução BACEN 4.327, de 25.04.2014, que dispõe sobre a implementação da Política de Responsabilidade Socioambiental (PRSA) pelas instituições financeiras e demais instituições autorizadas a funcionar pelo Banco Central do Brasil.

---

[29] SARAIVA NETO, Pery; GUERREIRO, Marcio; GALLINARI, Nathália Suarti. Seguro Ambiental: Uma Abordagem Pela Ótica Jurídica, de Gestão e das Mudanças Climáticas. In: CARLINI, Angélica; SARAIVA NETO, Pery. (Orgs.). *Aspectos Jurídicos dos Contratos de Seguro.* Porto Alegre: Livraria do Advogado, 2013.

O objetivo da norma é estabelecer uma metodologia estratégica de identificação, mitigação e controle socioambiental, visando a reduzir os riscos das operações e transações financeiras. Pela citada resolução as instituições deverão operacionalizar sistemas e procedimentos que possibilitem identificar a regularidade dos empreendimentos/projetos de interesse, sendo que, a depender do potencial de dano ambiental da atividade, estabelecerão critérios específicos de avaliação de risco.

A obrigação imposta às instituições financeiras demonstra o quanto o mercado de seguros de riscos ambientais ainda é incipiente no Brasil, pois, caso desenvolvido, poderia perfeitamente atender a esta necessidade do mercado financeiro, na medida em que a constituição de um cosseguro (ou até mesmo outros mecanismos, como o resseguro) eventualmente poderia suprir a necessidade de adoção de tais políticas internas para minimizar os riscos, a depender da extensão da cobertura do seguro.

As vantagens apresentadas de um cosseguro, quando comparadas aos mecanismos de contratação individual de riscos, envolvem principalmente a maior capacidade de subscrição dos riscos e de coberturas mais complexas. Muitos países da União Europeia formaram consórcios (*pools*) de cosseguros ou de resseguros, de maneira a permitir que o segmento pudesse melhor se desenvolver, por meio dos seguros ambientais, pois nem sempre os sistemas tradicionais de seguros podem resolver a questão da cobertura para riscos tão complexos e de alta exposição a sinistros requerendo, portanto, soluções extraordinárias.[30]

POLIDO elenca o seguinte rol de vantagens na constituição do cosseguro, na forma de um *pool* de cosseguro: "A. Maior capacidade de oferta de resseguro para os riscos inerentes. B. Maior facilidade de subscrição de riscos e coberturas mais complexas – poluição gradual, por exemplo. C. Maior representatividade política perante os órgãos do meio ambiente e outras entidades. D. Maior possibilidade de compra de excessos de resseguro pelo *pool*. E. Uniformização de estatísticas, disposições tarifárias, clausulados, etc. F. Minimização dos custos operacionais e administrativos na subscrição dos riscos".[31]

Apesar das vantagens apresentadas, a legislação brasileira ainda não contribui para o desenvolvimento da avaliação de riscos ambientais e, consequentemente, dificulta a viabilidade e aprimoramento do mercado securitário e suas modalidades, como o cosseguro.

A amplitude da responsabilização civil ambiental, baseada no risco integral, inadmitindo quaisquer excludentes, em muito dificulta a mensuração econômica do risco envolvido e vem se mostrando cada vez mais desafiadora.

Apesar de o cosseguro ser uma alternativa, já que implica em repartição do risco e, portanto, pode contemplar riscos de difícil mensuração, ainda enfrenta

---

[30] Neste sentido, vide POLIDO, Walter. *Seguros para Riscos Ambientais*. São Paulo: Revista dos Tribunais, 2005, especialmente p. 571/579.

[31] POLIDO, Walter. *Seguros para Riscos Ambientais*. São Paulo: Revista dos Tribunais, 2005, especialmente p. 572/573.

obscuridade e inseguranças diante do contexto legislativo e entendimentos judiciais existentes quando se trata de dano ambiental. De toda forma, é um avanço na busca de minimização de riscos e, acima de tudo, de proteção ambiental para a presente e para as futuras gerações.

## 5. Referências

ALVIM, Pedro. *O contrato de seguro*. Rio de Janeiro: Forense, 1983.

BAHIA, Carolina Medeiros. Nexo de causalidade em face do risco e do dano ao meio ambiente: elementos para um novo tratamento da causalidade no sistema brasileiro de responsabilidade civil ambiental. Tese (doutorado) – Universidade Federal de Santa Catarina, Centro de Ciências Jurídicas. Programa de Pós-Graduação em Direito.

BECHARA SANTOS, Ricardo. *Direito do Seguro no Cotidiano*. Rio de Janeiro: Forense, 2002.

CARLINI, Angélica; SARAIVA NETO, Pery. (Orgs.). *Aspectos Jurídicos dos Contratos de Seguro*. Porto Alegre: Livraria do Advogado, 2013.

——; ——. (Orgs.). *Aspectos Jurídicos dos Contratos de Seguro* – Ano II. Porto Alegre: Livraria do Advogado, 2014.

LEITE, José Rubens Morato; AYALA. Patryck de Araújo. *Dano ambiental*: do individual ao coletivo extrapatrimonial. Teoria e Prática. São Paulo: Revista dos Tribunais, 2012.

——; CARVALHO, Délton Winter de. O nexo de causalidade na responsabilidade civil por danos ambientais. *Revista de Direito Ambiental*, ano 12, n. 47, jul.-set./2007. São Paulo: Revista dos Tribunais, 2007.

MIRAGEM, Bruno; CARLINI, Angélica. (coord.). *Direito do Seguro*: fundamentos de direito civil, direito empresarial e direito do consumidor. São Paulo: Revistas dos Tribunais, 2014.

MIRRA, Álvaro L. Valery. *Responsabilidade civil pelo dano ambiental e o princípio da reparação integral do dano*. Revista de Direito Ambiental, ano 8, n. 32, out.-dez./2003. São Paulo: Revista dos Tribunais, 2003.

PEREIRA, Caio Mário da Silva. *Responsabilidade civil*. 5. ed. Rio de Janeiro: Forense, 1994.

POLIDO, Walter. *Seguro para riscos ambientais*. São Paulo: Revistas dos Tribunais, 2005.

——. Política Nacional de Resíduos Sólidos: Lei n.º 12.305, de 02.08.2010 (DOU 03.08.2010) – Artigo 40 – Seguro Ambiental. Disponível em http://www.polidoconsultoria.com.br/.

——. *Programa de Seguros de Riscos ambientais no Brasil*: estágio de desenvolvimento atual. Rio de Janeiro: Funenseg, 2014.

PORCIONATO, Ana Lúcia; LOBO, Arthur Mendes. Vez do Seguro Ambiental: Aspectos Internacionais e as Inovações da Lei Complementar nº 126, de 16.01.2007. *Revista de Direito Internacional Econômico e Tributário*. Vol. 2, No 2, Jul/Dez (2007). Brasília: Universidade Católica de Brasília.

SARAIVA NETO, Pery. *A Prova na Jurisdição Ambiental*. Porto Alegre: Livraria do Advogado, 2010.

STEIGLEDER, Annelise Monteiro. Responsabilidade civil ambiental: as dimensões do dano ambiental no direito brasileiro. Porto Alegre: Livraria do Advogado, 2004.

TZIRULNIK, Ernesto; CAVALCANTI, Flávio de Queiroz B.; PIMENTEL, Ayrton. *O contrato de seguro: de acordo com o novo código civil brasileiro*. São Paulo: Revista dos Tribunais, 2003.

VIEIRA, Manuel Guedes. *Introdução aos Seguros*. Porto: Vida Econômica, 2012.

— IX —

# Contrato de seguro de responsabilidade civil: o debate sobre a possibilidade de cobertura em relação à indenização punitiva e a polêmica jurídica envolvendo o art. 13 da Circular 440/2012 da SUSEP

**Thyago Didini**

Graduado em Direito pela PUC-Rio. Pós-Graduando (*lato sensu*) em Direito Securitário pela ESNS/Funenseg. Advogado.

*Sumário*: 1. Definição do contrato de seguro de responsabilidade civil; 2. Indenização punitiva; 2.1. Definição; 2.2. Requisitos; 2.3. Debates; 3. Teoria ampliativa e teoria restritiva da aplicabilidade da cobertura dos *punitive damages* pelo seguro de responsabilidade civil; 4. Análise das regras estipuladas pelo Sistema Nacional de Seguros Privados (SNSP); 5. Conclusão; 6. Referências.

## 1. Definição do contrato de seguro de responsabilidade civil

O contrato de seguro de responsabilidade civil é um tipo de contrato de seguro de danos (na atual sistemática legal brasileira) em que a sociedade seguradora cobre o risco de, na esfera de responsabilidade do segurado, ver constituída uma obrigação de indenizar terceiros.[1]

Este tipo de seguro foi diretamente previsto em nosso Código Civil, sendo em nossa sistemática legal, a princípio, classificado como um "seguro de danos":[2] [3]

---

[1] CORDEIRO, António Menezes. *Direito dos Seguros*. Coimbra: Almedina, 2013, p. 757.

[2] "Considerando-se a classificação dos seguros em seguros de dano e seguros de pessoa, o de responsabilidade civil "faz parte dos seguros contra danos, que garantem o segurado contra os riscos que ameaçam seus bens". GOULART JUNIOR. O. N. *O contrato de seguro de responsabilidade civil e a teoria do reembolso sob a ótica*

Art. 787. No seguro de responsabilidade civil, o segurador garante o pagamento de perdas e danos devidos pelo segurado a terceiro. § 1º Tão logo saiba o segurado das consequências de ato seu, suscetível de lhe acarretar a responsabilidade incluída na garantia, comunicará o fato ao segurador. § 2º É defeso ao segurado reconhecer sua responsabilidade ou confessar a ação, bem como transigir com o terceiro prejudicado, ou indenizá-lo diretamente, sem anuência expressa do segurador. § 3º Intentada a ação contra o segurado, dará este ciência da lide ao segurador. § 4º Subsistirá a responsabilidade do segurado perante o terceiro, se o segurador for insolvente.

O seguro de responsabilidade civil é previsto no mundo inteiro.

Conforme o art. 137 da Lei de Seguros de Portugal (Decreto-Lei n. 72/2008):[4] "No seguro de responsabilidade civil, o segurador cobre o risco de constituição, no patrimônio do segurado, de uma obrigação de indenizar terceiros". Já em relação à lei do contrato de seguro da Alemanha (cujo sistema legal securitário é um dos mais avançados na Europa),[5] o *Versicherungsvertragsgesetz ("VVG")*[6] de 2008 apresenta uma definição mais elaborada:

§ 100 Leistung des Versicherers. Bei der Haftpflichtversicherung ist der Versicherer verpflichtet, den Versicherungsnehmer von Ansprüchen freizustellen, die von einem Dritten auf Grund der Verantwortlichkeit des Versicherungsnehmers für eine während der Versicherungszeit eintretende Tatsache geltend gemacht werden, und unbegründete Ansprüche abzuwehren.[7]

No seguro de responsabilidade civil (conhecido no mercado como "seguro de RC"), simplesmente o segurador garante o pagamento de perdas e danos devido pelo segurado a terceiros. Pode parecer, à primeira vista, tratar-se de um seguro feito em benefício de terceiro, mas, na realidade, isto não sucede. O beneficiário é o próprio segurado, porquanto o que ele realmente objetiva é não ter que desembolsar a indenização eventualmente devida a terceiro por algum ato ilícito. O segurado não contrata o seguro em benefício da vítima, mas sim pelo benefício

---

*da nova principiologia contratual*. Dissertação (Mestrado em Direito Privado) – Faculdade Mineira de Direito, Pontifícia Universidade Católica de Minas Gerais, Minas Gerais. 2006, p. 28. Disponível em: <http://www.biblioteca.pucminas.br/teses/Direito_GoulartJúniorON_1.pdf>.

[3] Os Projetos de Lei 3.555/04 e 8.034/10 (tratam sobre as normas gerais dos contratos de seguro privado), no exato momento ainda transitando em Brasília, na organização positiva dos enunciados legais tratam o seguro de responsabilidade civil como uma terceira espécie de seguro, junto ao seguro de danos e o de pessoas, seguindo a divisão classificatória realizada em outros países.

[4] Consultar: <http://www.isp.pt/winlib/cgi/winlib.exe?skey=&pesq=2&doc=17177>. Acesso em 23.4.2014.>. Acesso em 7.4.2014.

[5] A Alemanha, junto com a Inglaterra, é uma das maiores referências no direito securitário europeu, dado o avanço desta ciência positiva neste país. Conforme Menezes Cordeiro: "Na Alemanha, não obstante um crescimento prático da matéria, os seguros depararam com dois tipos de dificuldades: a persistência de um pensamento clássico do tipo ingênuo-antiquário, que teve dificuldade em lançar-se para uma matéria inteiramente nova e os atrasos na unificação, que demoraram a feitura de grandes codificações. (...). O articulado do ALR teve influência nas subsequentes leis alemãs dos seguros: desde cedo o Direito alemão dos seguros sobressaiu, no panorama europeu." CORDEIRO, António Menezes. *Op. Cit.*, p. 68 e 70.

[6] Consultar: <http://www.gesetze-im-internet.de/bundesrecht/vvg_2008/gesamt.pdf>. Acesso em 7.5.2014.

[7] Tradução em inglês: "*Section 100 Insurer's liability*. In the case of liability insurance, the insurer shall be obligated to release the policyholder from any claims asserted by a third party on the basis of the policyholder's responsibility for a fact arising during the period of insurance, and to avoid unfounded claims." Consultar: <http://www.gesetze-im-internet.de/englisch_vvg/englisch_vvg.html>.

próprio de não ter o seu patrimônio desfalcado por causa das consequências civis do ato ilícito que venha a causar dano a outrem.[8] [9]

---

[8] CAVALIERI FILHO, Sérgio. *Programa de Responsabilidade Civil.* São Paulo: Atlas, 2007, p. 412.

[9] Existe um debate sobre a legitimidade do terceiro para receber diretamente a indenização por parte da seguradora. Conforme a doutrina clássica, isto não é possível, por causa do princípio da relatividade contratual. Nestes casos é cabível a aplicação do instituto processual da denunciação à lide. Entretanto, conforme a doutrina mais moderna do direito civil, esta legitimidade do terceiro existe pela função externa da função social do contrato ("eficácia externa do crédito") e devido à própria redação do art. 757 do CC/02. Nestes outros casos é aplicável o instituto processual do chamamento ao processo. Conforme Humberto Theodoro Júnior: "Com o advento do Código Civil de 2002, a estrutura jurídica do seguro de responsabilidade civil sofreu profunda alteração: o seguro não mais garante apenas o reembolso da indenização custeado pelo próprio segurado; garante o pagamento das perdas e danos, pela seguradora, diretamente ao terceiro prejudicado pelo sinistro (CC, art. 787). Assim, o segurado que for demandado em ação indenizatória deverá utilizar o chamamento ao processo (art. 77, III) para forçar a introdução da seguradora no processo, e não mais a denunciação da lide (art. 70, III). Não será um direito de regresso que se estará exercitando, mas o direito de exigir que a seguradora assuma o dever de realizar a indenização direta ao autor da ação indenizatória, pois, no atual regime securitário, o direito da vítima é exercitável tanto perante o causador do dano como em face de sua seguradora (ver, adiante, o n° 124-b). Não se pode, enfim, utilizar a denunciação da lide com o propósito de excluir a responsabilidade do réu para atribuí-la ao terceiro denunciado, por inocorrer direito regressivo a atuar na espécie. É que, em caso, se acolhidas as alegações do denunciante, a ação haverá de ser julgada improcedente e não haverá lugar para regresso; desacolhidas, estará afastada a responsabilidade do denunciado". (...) A nova conceituação do contrato de seguro de responsabilidade civil feita pelo Código Civil de 2002 teve importante repercussão sobre a intervenção da seguradora na ação indenizatória intentada pela vítima do sinistro. Pelo art. 787 da atual lei civil, no contrato de que se cuida, a seguradora assume a *garantia* do pagamento das perdas e danos devido pelo segurado ao terceiro. Não é mais o reembolso de seus gastos que o seguro de responsabilidade civil cobre. O ofendido tem, portanto, ação que pode exercer diretamente, tanto contra o segurado como contra a seguradora. Havendo, dessa maneira, obrigação direta de indenizar, quando a ação for proposta apenas contra o causador do dano, este, para convocar a seguradora para prestar a garantia contratada, terá de utilizar o chamamento ao processo e não mais a denunciação da lide. Essa modalidade interveniente, no regime do Código Civil de 2002, portanto, deixou de ser remédio aplicável apenas às relações de consumo. Em todos os casos de seguro de responsabilidade civil, o direito do segurado em face da seguradora passou a ser, no campo processual, objeto de chamamento ao processo". Conferir: THEODORO JÚNIOR, Humberto. *Curso de Direito Processual Civil.* 47. ed. Rio de Janeiro: Forense, 2007, v. 1, p. 144/159. É importante também conferir o recente enunciado doutrinário n° 544, proferido na VI Jornada de Direito Civil (organizada pelo CJF e pelo STJ), favorável à teoria da ação direita: "ENUNCIADO 544 – O seguro de responsabilidade civil facultativo garante dois interesses, o do segurado contra os efeitos patrimoniais da imputação de responsabilidade e o da vítima à indenização, ambos destinatários da garantia, com pretensão própria e independente contra a seguradora". Atualmente o STJ decidiu pela impossibilidade da ação direta, conforme pode ser observado no REsp 925130 e no REsp 962230. Segundo o portal eletrônico do STJ: *Ação direta contra seguradora.* Em outro recurso repetitivo sobre o tema, a Segunda Seção definiu que descabe ação de terceiro prejudicado ajuizada direta e exclusivamente contra seguradora do apontado causador do dano. Segundo os ministros do colegiado, no seguro de responsabilidade civil facultativo a obrigação da seguradora de ressarcir danos sofridos por terceiros pressupõe a responsabilidade civil do segurado, a qual, em regra, não poderá ser reconhecida em demanda na qual este não interveio, sob pena de vulneração do devido processo legal e da ampla defesa. No caso em questão, uma empresa ajuizou ação de indenização por perdas e danos contra Novo Hamburgo Cia. de Seguros Gerais, sustentando que o caminhão de sua propriedade envolveu-se em acidente de trânsito com outro veículo, dirigido por segurado da Bradesco Auto/RE Companhia de Seguros. A vítima informou que o sinistro foi comunicado à seguradora, passando esta a proceder aos trâmites para cobertura de danos, contudo os reparos não foram realizados. Assim, a empresa providenciou o conserto do caminhão às suas expensas e iniciou a cobrança do que entendeu devida. Para o ministro Luis Felipe Salomão, relator, como não é possível aferir validamente a condição de causador do dano sem participação na ação do presumido autor (o segurado), descabe, em regra, o ajuizamento de ação da alegada vítima, direta e exclusivamente contra a seguradora". Não fosse por isso, nem sempre a verificação simples dessa responsabilidade civil obriga a seguradora a pagar a indenização securitária. Pelo contrário, a depender das circunstâncias em que o segurado se envolveu no acidente, ou seja, a depender do motivo determinante da responsabilidade civil do segurado, a seguradora pode eximir-se da obrigação contratualmente assumida, afirmou Salomão. Conferir: STJ. *Segunda Seção define possibilidade de*

Adentrando no direito comparado e no direito chinês, conforme a lei de seguros deste país,[10] publicada em 2009, há também a previsão deste tipo de seguro, demonstrando como é universal a ciência do seguro.

Nesse país, o instituto é previsto com uma riqueza maior de detalhes ao afirmar que, na ausência da iniciativa por parte do segurado em reclamar à seguradora a reparação ao terceiro, este pode diretamente reivindicar daquela a reparação pelos danos.[11] [12]

O contrato de seguro de responsabilidade civil é tão importante que, segundo autores como Sílvio Rodrigues,[13]o seu subdesenvolvimento foi um dos maiores responsáveis pelo pouco desenvolvimento do instituto da responsabilidade civil no Brasil.[14]

---

*condenação solidária da seguradora*. Disponível em: <http://stj.jus.br/portal_stj/publicacao/engine.wsp?tmp.area=398&tmp.texto=104662>. Acesso em 02.11.2014.

[10] 中人民共和国保法. Consultar: <http://www.gov.cn/flfg/2009-02/28/content_1246444.htm>. Acesso em 8.5.2014.

[11] 第六十五条 保险人对责任保险的被保险人给第三者造成的损害，可以依照法律的规定或者合同的约定，直接向该第三者赔偿保险金。责任保险的被保险人给第三者造成损害，被保险人对第三者应负的赔偿责任确定的，根据被保险人的请求，保险人应当直接向该第三者赔偿保险金。被保险人怠于请求的，第三者有权就其应获赔偿部分直接向保险人请求赔偿保险金。责任保险的被保险人给第三者造成损害，被保险人未向第三者赔偿的，保险人不得向被保险人赔偿保险金。责任保险是指以被保险人对第三者依法应负的赔偿责任为保险标的的保险。

Tradução em inglês: "Article 65 For the damage caused by the insurant in liability insurance to a third party, the insurer may directly pay insurance money to the third party according to law or the insurance contract. Where the insurant in liability insurance causes any damage to a third party and the insurant's liability for indemnity to the third party has been determined, at the request of the insurant, the insurer shall directly pay insurance money to the third party. If the insurant goes slow to make a request, the third party shall have the right to directly request the insurer to pay the insurance money for the damage which the third party shall be indemnified for. Where the insurant in liability insurance causes any damage to a third party and the insurant has not indemnified the third party for the damage, the insurer shall not pay insurance money to the insurant. Liability insurance means a type of insurance which takes the insurant's legal liability for indemnity to a third party as the subject matter insured." Consultar: <http://www.onehome.cn/en/template/download/1.pdf>. Acesso em 28.3.2014. Consultar: <http://www.procedurallaw.cn/english/law/200903/t20090320_196423.html>. Acesso em 28.3.2014.

[12] Disposição parecida pode ser encontrada no Código Civil holandês, em seu artigo 7:954, parágrafo 1: "*Artikel 7:954.1.* Indien in geval van een verzekering tegen aansprakelijkheid de verzekeraar ingevolge artikel 941 de verwezenlijking van het risico is gemeld, kan de benadeelde verlangen, dat indien de verzekeraar een uitkering verschuldigd is, het bedrag dat de verzekerde daarvan ter zake van de schade van de benadeelde door dood of letsel te vorderen heeft, aan hem wordt betaald". Consultar: <http://wetten.overheid.nl/BWBR0005290/Boek7/Titel17/Afdeling2/Artikel954/geldigheidsdatum_24-04-2014>. Acesso em 16.5.2014. Tradução em inglês: "*Article 7:954 Direct rights of the injured person towards the insurer in case of an insurance against liability - 1*. If, in case of an insurance against liability, the insurer has been informed pursuant to Article 7:941 of the materialisation of the risk, then the injured person may claim that, if an insurance benefit has to be paid by the insurer to the insured person, the amount of this benefit, which the insured person under the insurance agreement may claim from the insurer on the ground of the death or injury of the injured person, is paid directly to him." Consultar: <http://www.dutchcivillaw.com/civilcodebook077.htm>. Acesso em 16.5.2014.

[13] RODRIGUES, Sílvio. *Direito Civil: Responsabilidade Civil*. 4. ed. São Paulo: Saraiva, 2002, v. 4, p. 3-6.

[14] Apesar da extensa lição apresentada por Sílvio Rodrigues, cabe a pena citá-la, pela sua relevância e para o entendimento da importância do seguro da responsabilidade civil em qualquer sociedade moderna: "Realmente, enquanto em muitos países, principalmente na França, as questões de responsabilidade civil representam alta porcentagem dos feitos ajuizados, no Brasil, embora numerosas, não atingem cifras tão elevadas. Isso se deve, pelo menos em parte, acredito, ao menor desenvolvimento, entre nós, do seguro de responsabilidade civil. De fato, o anseio de obrigar o agente causador do dano a repará-lo se inspira nos mais estritos princípios de justi-

Uma pessoa poderia, por culpa levíssima, cometer um ato ilícito extremamente danoso e ser condenada a uma onerosa indenização incompatível com a sua culpa e à manutenção de sua dignidade. Como o seguro de responsabilidade civil foi pouco desenvolvido no Brasil (em tese, as seguradoras indenizariam tais atos ilícitos por meio de suas reservas técnicas), o Judiciário era bem tolerante e compassivo com o "ofensor" na estipulação do *quantum* das indenizações, em diversos casos. Isto tudo fez com que a prestação jurisdicional envolvendo reparações ligadas à responsabilidade civil não fossem tão numerosas.[15][16]

ça, principalmente quando o prejuízo foi causado intencionalmente. Nesse caso, além de amparar-se a vítima, pune-se o delinquente. Contudo, a questão se apresenta diversa se o dano resultou de mera culpa do agente, e, principalmente, de culpa levíssima. De acordo com o princípio tradicional, desde que haja culpa, ainda que levíssima, deve o agente indenizar integralmente a vítima. *In Ie Aquilia et levissima culpa venitI* (D. Liv. IX, Tít. II, frag. 44). Tal indenização deve ser integral e completa, por maior que seja o prejuízo. Assim, a pessoa que por ligeira distração atropela um chefe de numerosa família pode ser condenada a reparar o dano causado, consistente em uma indenização que incluirá, entre outras, a obrigação de fornecer pensão alimentícia a todos aqueles a quem o defunto sustentava. A indenização pode ser imensa, a despeito do grau insignificante da culpa. De modo que, para se remediar a situação de um, corre-se o risco de arruinar o outro. Para se obter a indenização integral da vítima, é possível que se venha a arruinar o agente causador do dano. A muitos pode parecer injusta tal solução, em virtude de sua extrema severidade. A melhor, senão a única maneira de se corrigir esse inconveniente, encontra-se no seguro. Através do contrato de seguro, o encargo de reparar o dano recai diretamente sobre os ombros dos segurados, isto é, sobre a mutualidade dos segurados; caso o seguro seja obrigatório ou se encontre extremamente difundido, o dever de indenizar recairá indiretamente sobre toda a sociedade. A ela caberá, através do mecanismo do seguro, absorver o prejuízo sofrido pela vítima (*v.* v. 3). Assim se consegue evitar, como bem aponta SAVATIER, que o dever de indenizar faça do responsável uma outra vítima. Os escritores franceses apontam uma orientação corrente nos julgados daquele país, e que bem demonstra como, através do seguro, transfere-se para a comunidade o ônus de indenizar. Tal procedimento consiste, nos casos de colisão de veículos, em condenar cada um dos motoristas a indenizar os danos causados ao outro, pois, como quem deverá reparar tais prejuízos é o segurador, os proprietários dos veículos conseguem obter a reparação de suas viaturas sem qualquer desembolso. É o modo de espalhar pela comunidade o prejuízo experimentado por um de seus membros. Entre nós, já o disse, não são aparentemente tão numerosos os casos judiciais em que se discute questão de responsabilidade civil; isso talvez se dê, entre outras razões, porque, sendo pouco difundido o seguro de responsabilidade, são o juízes menos afoitos no condenar o réu à reparação de um dano por ele causado, pois, se o fizessem, não raro arruinariam a pessoa que involuntariamente o causou. Uma decisão severa, nesse sentido, em vez de resolver o problema, apenas transferiria para um o prejuízo experimentado pelo outro, que nenhum dos dois está em condição de suportar. É possível, entretanto, que a recíproca é que seja a verdadeira. Poder-se-ia dizer que, por serem menos numerosas e menos severas as condenações à reparação do dano, menor é o recurso ao seguro de responsabilidade. Realmente, tal asserção é justificável. Prefiro, entretanto, a primeira afirmação, que creio mais de acordo mais de acordo com a realidade. De qualquer modo, o que me pareceu inegável é que o problema da responsabilidade civil não atingiu, entre nós, a importância alcançada noutros países; e, a meu ver, o menor relevo atribuído à matéria, pelos nossos escritores de direito, talvez encontre na pouca difusão do seguro a explicação natural. Aliás, note-se que a obra-prima sobre o assunto publicada no Brasil, ou seja, o livro de AGUIAR DIAS, encontra suas raízes mais na literatura estrangeira do que no ambiente brasileiro. É óbvio que a menor amplitude na indenização do dano constitui um inconveniente para o interesse da sociedade; já que não se pode evitar, de modo absoluto, a superveniência de eventos que causam prejuízos a uns, a solução é propiciar meios para a sua reparação. Ora, essa reparação só pode ser alcançada ampla e adequadamente através do seguro de responsabilidade." RODRIGUES, Sílvio. *Ibid.*, p. 3-6.

[15] A importância deste tipo de seguro é ainda maior nos atuais tempos da responsabilidade objetiva (e da teoria do risco): "Essa tendência à estipulação de seguros para variadas hipóteses de responsabilização objetiva parece criar um fenômeno às avessas caracterizado pela mitigação do senso de responsabilidade, ou melhor, da preocupação do ofensor em efetivamente assumir os danos e, consequentemente, assentir com uma posição preventiva em outras oportunidades. Isso porque, ao transferir para uma seguradora o risco no desembolso de valores a título de reparação por danos, o 'futuro' lesante já se sente 'protegido' contra os 'males' advindos de uma possível demanda reparatória." UEDA, Andrea Silva Rasga. *Responsabilidade civil nas atividades de Risco: um pano-*

## 2. Indenização punitiva

### 2.1. Definição

O Código Civil de 2002 é bastante claro em seu artigo 186 ao estipular que "aquele que, por ação ou omissão voluntária, negligência ou imprudência, violar direito e causar dano a outrem, ainda que exclusivamente moral, comete ato ilícito". Conforme as lições de Caio Mário, o ato ilícito é alguma conduta humana, concretizada em algum procedimento concreto, em desacordo com a ordem legal. O ato ilícito, ao contrário do lícito, não traz a possibilidade de gerar uma situação em benefício do agente. Em decorrência da própria iliceidade que macula este ato, o ato ilícito é lesivo do direito de outrem. Assim, cria somente deveres para o agente, decorrentes da obrigatoriedade que este tem em reparar o terceiro que foi de certa forma lesionado devido à transgressão da norma. Em suma, o ato ilícito, por ser um procedimento contrário a um dever preexistente, importa na violação do ordenamento jurídico.[17] [18]

O ato ilícito gerará uma obrigação de reparar (que será de indenizar ou de compensar)[19] o evento danoso, surgindo assim a incidência das normas do sistema jurídico reparatório da responsabilidade civil. A reparação civil reintegra o prejudicado na situação patrimonial anterior.[20]

---

*rama atual a partir do código civil de 2002.* 2008. Dissertação (Mestrado em Direito Civil) – Universidade de São Paulo, São Paulo. 2008, p. 27.

[16] "Por outro lado, observa-se que a manipulação do seguro deve-se fazer com muita cautela, de modo a não perder de vista o fato de que, o seguro de responsabilidade civil é uma *consequência* da própria responsabilidade civil e não pode pretender substituí-la. A responsabilidade civil desenvolve um papel fundamental de prevenção de danos na sociedade, papel esse jamais cogitado quando se analisa as repercussões do sistema de seguros". BASSAN, Marcela Alcazas. *As funções da indenização por danos morais e a prevenção de danos futuros.* Dissertação (Mestrado em Direito Civil) – Faculdade de Direito, Universidade de São Paulo, São Paulo, 2009, p. 87. Disponível em: <http://www.teses.usp.br/teses/disponiveis/2/2131/tde-24112009-133257/>. Acesso em: 2014-05-10.

[17] PEREIRA, Caio Mário da Silva. *Instituições de Direito Civil: Introdução ao Direito Civil.* 21. ed. Rio de Janeiro: Forense, 2005, v. 1, p. 653/654.

[18] Caio Mário explica os requisitos necessários para a configuração de um ato ilícito. É importante ressaltar que existe um moderno debate acerca da natureza jurídica da responsabilidade objetiva, que conforme muitos juristas, seria uma espécie de ato ilícito incompleto, por suprimir o requisito da imputabilidade: "Como categoria abstrata, o *ato ilícito* reúne, na sua etiologia, *certos requisitos* que podem ser sucintamente definidos: a) uma *conduta*, que se configura na realização intencional ou meramente previsível de um resultado exterior (Enneccerus); b) a violação do ordenamento jurídico, caracterizada na contraposição do comportamento à determinação de uma norma (Enneccerus); c) a *imputabilidade*, ou seja, a atribuição do resultado antijurídico à consciência do agente; d) a penetração da conduta na esfera jurídica alheia, pois, enquanto permanecer inócua, desmerece a atenção do direito". PEREIRA, Caio Mário da Silva, *Op. Cit.*, p. 654.

[19] Pelo rigor teórico do direito civil, a palavra "indenização" é sempre referente a alguma lesão cometida contra um bem patrimonial (como o dano material causado a um automóvel). Por outro lado, a palavra "compensação" é sempre relacionada a alguma lesão cometida contra algum bem imaterial (como a integridade moral de uma pessoa). A palavra "reparação" abrange tanto a "indenização" como a "compensação", sendo aquela o gênero e estas as espécies.

[20] MARTINS, João Marcos Brito. MARTINS, Lídia de Souza. *Direito de Seguro: Responsabilidade Civil das Seguradoras.* Rio de Janeiro: Forense Universitária, 2008, p. 96.

O evento danoso poderá gerar duas espécies de danos à pessoa lesada. A primeira espécie é o dano material, e a segunda é o dano moral. Ambas são duas espécies autônomas de danos decorrentes do ato ilícito.[21] Os danos materiais são danos patrimoniais sofridos pela vítima, sendo portanto ressarcíveis. Dividem-se em danos emergentes (aquilo que definitivamente foi perdido devido ao ato ilícito) e lucros cessantes (aquilo que alguém deixou razoavelmente de ganhar por causa do ato ilícito).[22]

Por outro lado, é extremamente polêmica a definição dos danos morais,[23] entretanto, citamos a definição de dano moral lecionada por João Marcos Brito Martins e Lídia de Souza Martins:

> O dano moral, por sua vez, consiste na lesão a um interesse que visa à satisfação ou ao gozo de um bem jurídico extrapatrimonial, situado no âmbito dos *direitos da personalidade*, a saber: a vida, a integridade corporal, a liberdade, a honra, o decoro, a intimidade, os sentimentos afetivos, a própria imagem; ou, *nos atributos da pessoa*, a saber: o nome, a capacidade e o estado de família.[24] [25]

---

[21] "Ato jurídico ilícito é toda atuação humana, omissiva ou comissiva, contrária ao Direito. Assim, temos que atos ilícitos são aquelas ações ou omissões da conduta humana, que produzem efeitos contrários ao Direito. Enquanto conduta antijurídica, há atos ilícitos na esfera dos contratos, dos atos unilaterais da vontade, da família, dos atos intrinsecamente ilícitos e só abuso de direito. Para além do Direito Civil, há os ilícitos penais, administrativos, tributários, trabalhistas, etc.; todos com um ponto em comum: a antijuridicidade." FIUZA, César. *Direito Civil: Curso Completo*. 13. ed. Belo Horizonte: Del Rey, 2009, p. 203.

[22] RODRIGUES, Sílvio. *Direito Civil: Responsabilidade Civil*. 4. ed. São Paulo: Saraiva, 2002, v. 4, p 185.

[23] A lesão causada pelo dano moral (referente a algum direito da personalidade) é um ato ilícito: "É ato ilícito, por conseguinte, todo ato praticado por terceiro que venha refletir, danosamente, sobre o patrimônio da vítima ou sobre o aspecto peculiar do homem como ser moral. Materiais, em suma, são os prejuízos de natureza econômica, e, morais, os danos de natureza não econômica e que "se traduzem de ânimo, em reações desagradáveis, desconfortáveis, ou constrangedoras, ou outras desse nível, produzidas na esfera do lesado" (CARLOS, ALBERTO BITTAR, *Reparação Civil por Danos Morais*. 2. ed. São Paulo: Revista dos Tribunais, 1993, n. 5, p. 31). Assim, há dano moral quando a vítima suporta, por exemplo, a desonra e a dor provocadas por atitudes injuriosas de terceiro, configurando lesões nas esferas interna e valorativa do ser como entidade individualizada (idem, n. 6, p. 34)." THEODORO JUNIOR, Humberto. *Dano Moral*. São Paulo: Juarez de Oliveira, 2009, p. 2.

[24] MARTINS, João Marcos Brito. MARTINS, Lídia de Souza. *Direito de Seguro: Responsabilidade Civil das Seguradoras*. Rio de Janeiro: Forense Universitária, 2008, p. 101.

[25] Conforme ensina Marcela Bassan, existem três definições para o dano moral; uma que o define como uma violação ao direito subjetivo, outra que o define como a ofensa a um interesse, e finalmente uma terceira que o define como um prejuízo decorrente de um ato lesivo aos bens tutelados pelo direito: "À primeira das questões, três principais linhas doutrinárias são características. Por uma delas, pode o dano ser definido como *a violação ao direito subjetivo*, ou seja, a violação à tutela que o direito dispensa a determinados bens. O núcleo existencial do dano encontra-se na transgressão ao direito subjetivo, não havendo, nesse sentido, um apego ao resultado da violação, para a definição do dano". Roberto H. Brebbia assim propõe: "...se entende por dano a violação a um ou vários dos direitos subjetivos que integram a personalidade jurídica do sujeito, produzida por um ato voluntário, que gera à pessoa agravada o direito de receber uma reparação do sujeito ao qual a lei imputa o referido ato." [Tradução livre.] A segunda linha doutrinária entende o dano como a *ofensa a um interesse*. Os danos são, então, classificados a depender da natureza do interesse atingido. Já o interesse, por sua vez, deve ser entendido como a faculdade que tem o titular do direito de atuar sobre determinados bens jurídicos. Assim, ao demonstrar um menoscabo que afete a satisfação, ou gozo de bens jurídicos sobre os quais exerce a faculdade de atuar, a vítima prova a lesão ao seu interesse e, consequentemente, a existência do dano. Em outra ótica, a terceira linha doutrinária define dano como sendo um prejuízo decorrente de um ato lesivo aos bens tutelados pelo direito.6 Nessa situação, considera-se a consequência da ofensa e não apenas o ato lesivo. De tal modo, pode-se supor um ataque a um bem jurídico, sem a necessária decorrência de um dano ao seu titular. Hans Albrecht Fisher explica que é dano todo prejuízo que o sujeito de direito sofra, através da violação dos seus bens jurídicos, com exceção única daquela que a si mesmo tenha inferido o próprio lesado: essa juridicamente irrelevante. No mesmo sentido, Karl Larenz define dano como "o menoscabo que a pessoa sofre em seus bens vitais naturais e em sua propriedade

A indenização punitiva[26] é uma forma de indenização[27] por dano moral, esta é o gênero; aquela, a espécie. A indenização por dano moral pode ser a compensatória e a punitiva, sendo que ambas podem ocorrer simultaneamente ou não. A indenização compensatória (pelo dano moral) visa a compensar a vítima, não pelo valor real do dano (até mesmo porque o bem jurídico lesado, que é algum direito da personalidade, não é avaliável economicamente), e sim por um valor meramente compensatório ao dano sofrido.[28]

> Vale pensar que a indenização pode ter basicamente duas naturezas: uma compensatória (*compensatory damages*) e outra punitiva/exemplar (*punitive damages*, também podem ser chamados de *exemplary damages* ou *vindictive damages*). Enquanto a primeira categoria baseia-se na compensação em razão das perdas e danos sofridos, a segunda é não se atrela especificamente a um dano, mas tem um viés claramente punitivo, inibitório e preventivo da reiteração de comportamentos danosos abusivos.[29]

Por outro lado, a indenização punitiva visa meramente a punir o agressor em vez de compensar a vítima. Tanto que, em nosso direito, a jurisprudência tem destinado o valor da indenização às instituições de caridade, justamente para ressaltar o aspecto punitivo e não compensatório deste tipo de indenização.[30] Entretanto, existem três teorias que trazem diferentes soluções para a destinação da indenização punitiva. Uma destina a indenização ao próprio demandante (vítima do ato

---

ou patrimônio, em consequência de um acontecimento ou evento determinado." BASSAN, Marcela Alcazas. *As funções da indenização por danos morais e a prevenção de danos futuros*. 2009. Dissertação (Mestrado em Direito Civil) – Faculdade de Direito, Universidade de São Paulo: São Paulo. 2009, p. 5/6. Disponível em: <http://www.teses.usp.br/teses/disponiveis/2/2131/tde-24112009-133257/>. Acesso em: 2014-05-10.

[26] Neste trabalho utilizaremos a expressão "punitive damages" e "indenização punitiva" como sinônimas. Entretanto, há uma leve diferença entre o significado real dos termos. Como ensina Roberta Corrêa Gouveia em sua tese de doutorado: "Além disso, a terminologia *punitive damages*, muitas vezes traduzida para o português como 'danos punitivos', não reflete exatamente o seu significado. Isso porque o termo em inglês *damages* quer dizer indenização ou a reparação efetivamente concedida e não danos, como se costuma livremente traduzir para o português". Bibliografia: GOUVEIA. Roberta Corrêa. *Limites à Indenização Punitiva*. 2012. Tese (doutorado em Direito Civil Comparado) – Pontifícia Universidade Católica de São Paulo, São Paulo, 2012, p. 10. Disponível em: <http://www.sapientia.pucsp.br//tde_arquivos/9/TDE-2012-12-17T08:49:35Z-13261/Publico/Roberta%20Correa%20Gouveia.pdf>. Acesso em 29.7.2014.

[27] Parte da doutrina alega que a palavra "indenização" não deve ser utilizada para se caracterizar a reparação por dano moral, e sim, a palavra "compensação". O motivo é que a palavra "indenização" remonta à ideia da reparação ter o efeito de reconstituir o *status quo* anterior ao dano, o que não ocorre com a "compensação", justamente pela natureza extrapatrimonial do bem jurídico lesionado pelo dano moral. Entretanto, neste trabalho, mencionaremos a palavra "indenização" como se fosse sinônimo de "reparação", incluindo-se neste vocábulo a compensação e a indenização em sentido restrito.

[28] É importante ressaltar que o dano psíquico é a consequência desfavorável do dano moral, entretanto, não é a sua causa. A causa verdadeira do dano moral é a agressão a um direito da personalidade, e não a consequência psíquica da agressão para a vítima, apesar da agressão ao direito da personalidade normalmente coincidir com a ocorrência do dano psíquico. A melhor forma de explicar isto é por meio de um exemplo. Se uma pessoa chutar a barriga de uma gestante, o nascituro sofrerá um dano moral porque o seu direito da personalidade será agredido. Entretanto, este mesmo nascituro, até mesmo pela sua falta de consciência, pode não ter sofrido uma lesão física nem uma lesão psíquica por este evento danoso.

[29] GONÇALVES, Paula Beatriz Costa. *A aplicação dos punitive damages no ordenamento jurídico brasileiro*. 2013. Trabalho de Conclusão de Curso (Graduação em Direito) – Faculdade de Direito, Universidade de Brasília, Brasília, 2013, p. 21.

[30] MARTINS-COSTA, Judith. PANGENDLER, Mariana Souza. *Usos e Abusos da Função Punitiva: punitive damages e o Direito Brasileiro*. Revista CEJ, Brasília, n. 28, p. 15-32, jan./mar. 2005, p. 24/25.

ilícito), outra destina a indenização a um fundo público ou privado (cuja finalidade é financiar melhorias sociais) e a última destina a indenização ao demandante e ao fundo público ou privado, sendo assim, uma solução mista.

Como ensina Pedro Ricardo e Serpa, "ainda tratando sobre os aspectos que julgamos pertinentes para a introdução legislativa da indenização punitiva em nosso ordenamento, cumpre-nos tecer algumas considerações sobre a destinação final do quantum indenizatório e, nesse mister, indicar qual dos três modelos regulativos consideramos o mais adequado para emprestar à indenização punitiva o tratamento legal mais eficiente e justo possível; ou seja, se, ao cabo da demanda indenizatória movida contra o demandado, a quantia por ele paga a título de indenização punitiva deve (i) ser destinada ao próprio demandante (o qual é vítima direta ou indireta do ato ilícito), em sistema assemelhado ao que se denomina de *private attorney general*; se, de outro lado, tal quantia deve (ii) ser destinada a um fundo público ou privado, cuja finalidade seja a de financiar melhorias sociais; ou, ainda, se a solução deve-se situar no meio do caminho, (iii) partilhando-se a indenização entre a vítima do ato ilícito e um fundo, público ou privado, em iniciativa semelhante àquela denominada de *split recovery*".[31]

A indenização punitiva tem como finalidade a punição (*punishment*) e a prevenção (*deterrence*). Assim, visa a punir o que ocorreu e evitar que no futuro novas transgressões ocorram. Este caráter educativo, que visa a fomentar a ideia da "exemplaridade" da reprimenda, resulta na diferenciação deste tipo de indenização em relação à indenização moral de natureza compensatória, que visa, ao invés, apenas a reparar a vítima pelo mal ocasionado. A polêmica é que o instituto da indenização punitiva inaugura no sistema do direito civil a ideia de "pena privada", usurpando assim uma função punitiva que é típica do direito criminal (e também do direito administrativo disciplinar ou do poder administrativo de polícia):

> Tal qual delineada na tradição anglo-saxã, a figura dos *punitive damages* pode ser apreendida, numa forma introdutória e muito geral, pela idéia de *indenização punitiva* (e não "dano punitivo", como às vezes se lê). Também chamados *exemplary damages*, *vindictive damages* ou *smart money*, consistem na soma em dinheiro conferida ao autor de uma ação indenizaria em valor expressivamente superior ao necessário à compensação do dano, tendo em vista a dupla finalidade de punição (*punishment*) e prevenção pela exemplaridade da punição (*deterrence*) opondo-se – nesse aspecto funcional – aos *compensatory damages*, que consistem no montante da indenização compatível ou equivalente ao dano causado, atribuído com o objetivo de ressarcir o prejuízo. Por desempenhar, funcionalmente, o duplo papel de punir o culpado (o autor do dano) e de servir como dissuasão da prática de certo comportamento social ("exemplaridade"), a figura tem recebido atenção da doutrina e da jurisprudência de países cuja tradição é – em tema de responsabilidade civil – bastante diversa, modelada na idéia da reparação do dano ou na *restituição* ao *statu quo ante* ou na *compensação* monetária do prejuízo sofrido (no juízo cível), cabendo o papel de punir ao juízo penal, exclusivamente nas hipóteses previamente tipificadas em lei. A atração exercida pelos punitive damages está, justamente, na ultrapassa-

---
[31] SERPA, Pedro Ricardo e. *Indenização punitiva*. Dissertação (Mestrado em Direito Civil) – Faculdade de Direito, Universidade de São Paulo, São Paulo, 2011, p. 265/266. Disponível em: <http://www.teses.usp.br/teses/disponiveis/2/2131/tde-15052012-102822/>. Acesso em: 2014-05-29. Página 286.

gem dessa cisão, introduzindo na responsabilidade civil (e, portanto, em matéria sujeita ao juízo cível) a idéia de pena privada.[32]

A indenização punitiva tem origens bastante remotas. Há indícios de que ela existia no antigo Código de Hamurabi (1800 a.C.) e na Roma Antiga, em que a vítima poderia de certa forma ser recompensada em um valor até quatro vezes maior do que a perda sofrida.[33] Ela surgiu posteriormente na *Common Law* britânica, sendo que a partir desta tradição essa prática jurídica alcançou os Estados Unidos. Neste país, a doutrina da indenização punitiva foi expressamente exposta no século XIX, no *case Wilkes vs. Wood*. Neste caso, John Wilkes Wilkes publicou um panfleto que foi acusado de ser difamatório em relação ao rei. Quando Wilkes foi condenado pelo júri, o Chief Justice Pratt afirmou que:

> Juries have it their power to give damages for more than the injury received. Damages are designed not only as a satisfaction to the injured person, but likewise as a punishment to the guilty, to deter from any such proceeding for the future, and as proof of the detestation of the jury to the action itself..[34]

Na Europa, posteriormente, surgiram também registros históricos da incidência do instituto na jurisprudência do Tribunal Federal de Justiça alemão e em Tribunais espanhóis, franceses, italianos e portugueses.[35] Atualmente, o instituto é conhecido e debatido no mundo inteiro, como veremos a seguir, quando analisarmos o direito comparado sobre o tema.

## 2.2. Requisitos

São necessários três requisitos para a aplicação da teoria da indenização punitiva. O primeiro requisito é a conduta reprovável (por parte do ofensor), o segundo requisito é a obtenção de lucro com o ato ilícito, e o terceiro requisito é o elemento pedagógico desestimulador da punição realizada.[36]

---

[32] MARTINS-COSTA, Judith. PANGENDLER, Mariana Souza. *Usos e Abusos da Função Punitiva: punitive damages e o Direito Brasileiro*. Revista CEJ, Brasília, n. 28, p. 15-32, jan./mar. 2005, p. 16.

[33] Para alguns autores a indenização punitiva era anterior ao nascimento de Cristo: "Algunos autores encuentran los orígenes de esta doctrina en el Código de Hammurabi, que estipulaba puniciones pecuniarias para ciertos ilícitos. También se encuentran antecedentes en el derecho romano, pues allí también se fijaron puniciones pecuniarias (Ley XII Tablas); en la Roma clásica, donde se consideraron sanciones económicas a favor de la víctima, del doble, triple o cuádruple del daño causado, y en la Edad Media, donde podemos citar las Siete partidas del rey don Alfonso el Sabio, una de cuyas disposiciones (sexta y setena partida) exigía a quien negara que causó el daño que lo pagara doblado. Encontramos antecedentes más directos en el acient law, el estatuto más antiguo (data de 1275), que consagra el daño punitivo. El primer antecedente moderno se ve hasta 1763, en la causa Huckle frente a Money. De allí se trasladaron a Canadá, Australia, Nueva Zelanda, Irlanda, Sudáfrica y los Estados Unidos.". MATAMOROS, Laura Victoria García. LOZANO, María Carolina Herrera. *El concepto de los daños punitivos o punitive damages*. Estud. Socio-Juríd., Bogotá (Colômbia), v. 5(1), p. 211-229, 2003, p. 214. Disponível em: <http://revistas.urosario.edu.co/index.php/sociojuridicos/article/viewFile/88/75>. Acesso em 18.5.2014.

[34] MARK, Peterson. SARMA, Syam. SHANLEY, Michael. *Punitive Damages: Empirical Findings*. Califórnia: The RAND Corporation, 1987, p.1-2.

[35] MEDEIROS, João Paulo Fontoura de. *Um olhar econômico-ambiental sobre a responsabilidade civil: a prevenção que vem refletida nos punitive damages*. Revista do Ministério Público do RS, Porto Alegre, n. 72, p. 141-200, mai./ago. 2012, p. 169.

[36] SOUZA, Maicon de Souza e. *A aplicação da teoria dos "punitive damages" nas relações de trabalho. Instrumento para efetividade dos direitos trabalhistas*. Jus Navigandi, Teresina, ano 15, n. 2537, 12 jun. 2010. Disponível em: <http://jus.com.br/artigos/15014>. Acesso em: 1 jul. 2014.

Se o segurado agir com dolo, obviamente isto será um risco excluído. Afinal, neste caso, o seguro não teria um interesse legítimo a ser segurado, e ao mesmo tempo, seria tecnicamente inviável a cobertura de um risco que fosse tão elevado. Igualmente, no caso de culpa grave, será admitida a incidência deste tipo de indenização, mesmo que normalmente o grau de culpa não seja levado em consideração nos institutos jurídicos da responsabilidade civil:[37]

> Tradicionalmente, para a responsabilização civil, não importa o grau de culpa (*lato sensu*) do agente. Seja a conduta dolosa ou decorrente de culpa (grave, leve ou levíssima), o dever de indenizar subsiste em igual proporção, pois, como já se viu, a indenização é medida pela extensão do dano, admitindo-se a redução daquela somente quando o juiz a considerar desproporcional em relação a este. Para a aplicação da indenização punitiva, ao contrário, é fundamental estabelecer o grau de culpa (*lato sensu*) da conduta do agente. Essa espécie de sanção deve, em linha de princípio, ser reservada apenas aos casos de dano moral decorrentes de *dolo* ou *culpa grave*, nos quais o comportamento do agente se afigura especialmente reprovável ou merecedor de censura. Com efeito, a indenização com caráter de pena deve ser aplicada quando patenteado que o ilícito foi praticado com *intenção lesiva* ou, ao menos, com *desprezo ou indiferença pelo direito alheio*. É nessas situações que a indenização punitiva encontra campo fértil para exercer a sua *função dissuasória*, que objetiva prevenir a prática de outros ilícitos contra direitos da personalidade. Tomando de empréstimo expressão empregada por Ihering, só nos casos em que a própria pessoa fosse "pisoteada juntamente com o seu direito" é que a indenização punitiva se justificaria, como forma de auto-afirmação da personalidade.[38]

No mundo inteiro, o seguro de responsabilidade civil não se aplica quando o segurado deliberadamente causa a circunstância que prejudica o terceiro. Por exemplo, é interessante transcrever o art. 842 do Código Civil da Geórgia (tradução em inglês): "Article 842. Release of the Insurer from Liability. The insurer shall be released from liability if the insured deliberately caused the circumstance which created the liability to the third person".[39]

Entretanto, não é pacífica na doutrina brasileira a aplicabilidade da teoria da indenização punitiva no Brasil, apesar de cada vez mais juristas serem favoráveis à aplicação do instituto. Como ensina Walter Polido, os tribunais têm aplicado de

---

[37] A gradação da culpa tem sua origem no direito bizantino, entretanto, no moderno direito civil, tal divisão não é relevante para o direito, em regra, devido ao princípio da reparação integral (uma exceção a esta regra é o art. 944 do CC/02 que considera o grau de culpa). Como ensina o grande jurista Carlos Edison do Rêgo Monteiro Filho: "A gradação da culpa, a que o dispositivo remete o intérprete, encontra suas origens no direito bizantino. Classicamente, triparte-se a culpa em grave (lata), leve e levíssima, segundo os diferentes graus de diligência empregados pelo autor do dano. No entanto, já se afirmou que a divisão, em regra, não é relevante para o direito, que apenas considera a culpa e o dolo *em geral*. De qualquer modo, atenta doutrina crítica o fato de o procedimento de liquidação dos danos tomar por base o grau de culpa, já que a medida da indenização é a extensão do dano sofrido, independente da culpabilidade. Isso porque, de uma ação com forte dolo, pode decorrer dano diminuto (ou pior, nenhum dano), assim como de uma culpa levíssima (ou pior, nenhum dano), assim como de uma culpa levíssima (ou pior, de uma não culpa) pode derivar dano de colossais dimensões. O causador do dano deve responder, isso sim, pelos efeitos da lesão que causou à pessoa e ao patrimônio do ofendido em sua integralidade (a regra, repita-se, é a da reparação integral)". MONTEIRO FILHO, Carlos Edison do Rêgo Monteiro. *Artigo 944 do Código Civil: O problema da mitigação do princípio da reparação integral. In* TEPEDINO, Gustavo. FACHIN, Luiz Edson. *O direito e o tempo: embates jurídicos e utopias contemporâneas – Estudos em homenagem ao Professor Ricardo Pereira Lima.* Rio de Janeiro: Renovar, 2008, p. 757-796.

[38] ANDRADE, André Gustavo Corrêa. *Indenização punitiva*. Disponível em: <http://www.tjrj.jus.br/c/document_library/get_file?uuid=dd10e43d-25e9-478f-a346-ec511dd4188a>. Acesso em 1.7.2014.

[39] Código Civil da Geórgia traduzido para o inglês, disponível em: <http://www.law.yale.edu/rcw/rcw/jurisdictions/asw/georgia/Georgia_code_civil.pdf>. Acesso em 2.11.2014.

maneira regular os elementos punitivos na apreciação e arbitramento de indenizações a título de danos morais, sem se apegarem às teses formalistas que seriam contrárias a aplicabilidade do instituto no Brasil.[40]

### 2.3. Debates

Conforme exposto, existe um certo debate acerca da viabilidade jurídica da teoria da indenização punitiva, apesar desta teoria ser aceita pela maioria da doutrina e da jurisprudência no Brasil.

Conforme o debate, Fiúza alega que a teoria tem sido introduzida no Brasil com reservas, apesar de diversos defensores da teoria defenderem a criação de fundos públicos para serem destinatários do montante da indenização desta espécie (afinal, se este montante fosse para a vítima, poderia haver a ocorrência do enriquecimento sem causa):

> Como se pode ver, trata-se mais de indenização punitiva. A idéia de danos punitivos vem sendo introduzida no Brasil com algumas reservas. De um lado, seus defensores propugnam por sua aplicação imediata e irrestrita, advogando a tese de que o Direito Civil também incumbe a tarefa de punir e principalmente a de coibir a reincidência da conduta ilícita. De outro lado, há os que a rechaçam, ao argumento de que é ao Direito Penal que incumbe punir e que a indenização além do merecido seria enriquecimento sem causa por parte da vítima. Por fim, há os que defendem a idéia, propondo a criação de fundos públicos, para onde seria dirigido o valor a maior da indenização. Esses fundos públicos teriam o objetivo de educar as pessoas ou de promover outras políticas para evitar e reparar danos. A idéia de fundos públicos pode solucionar parte do problema, mas sempre haverá quem se oponha aos danos punitivos. Num primeiro momento, há que pesar de um lado da balança os benefícios dos danos punitivos, do outro lado, o malefício do enriquecimento sem causa. Essa ponderação há de ser feita, de modo argumentativo, diante do caso concreto. De todo modo, a questão há de ser debatida à luz de idéias de que, além da reparação, é fundamental a prevenção do ilícito e dos danos.[41]

Existem diversos juristas que são contra a teoria da indenização punitiva. Normalmente alegam dois argumentos contrários à aplicação do instituto. O primeiro é que tal instituto seria inconstitucional. O segundo é que tal indenização seria incompatível com o regime da responsabilidade civil baseado no princípio da reparação integral,[42] disposto no art. 944[43] do CC/02.

---

[40] POLIDO, Walter A. *Seguros de Responsabilidade Civil: Manual Prático e Teórico*. Curitiba: Juruá, 2013, p. 195.

[41] FIUZA, César. *Direito Civil: Curso Completo*. 13. ed. Belo Horizonte: Del Rey, 2009, p. 729.

[42] "Este princípio também é chamado de equivalência entre o dano e a indenização, pois busca colocar a pessoa lesada em situação à que se encontrava antes de ocorrer o ato ilícito. Referido princípio está intimamente ligado ao fim da responsabilidade civil41, que é fazer com que desapareçam os efeitos do evento danoso do ato ilícito e volte a vítima ao seu *status quo* anterior. Para o Ministro Paulo de Tarso Sanseverino a reparação de um dano constitui uma exigência do próprio significado de Justiça, devendo, para isso, ser da forma mais completa possível, o que é modernamente chamada de princípio da reparação integral do dano". Conferir: MAGRO, Alexandra Lago. *Exceção ao princípio da reparação integral do dano na responsabilidade civil objetiva*. 2011. Trabalho de Conclusão de Curso (Especialização em Direito Civil) – Faculdade de Direito, Universidade Federal do Rio Grande do Sul, Porto Alegre, 2011, p. 14.

[43] Já que o regime jurídico da moderna responsabilidade civil é baseado no princípio da reparação integral, que limita a reparação patrimonial à extensão ao dano sofrido. Art 944: A indenização mede-se pela extensão do

Os defensores da indenização punitiva rebatem estes dois argumentos. Contra o primeiro deles, argumentam que no art. 5º, inciso V,[44] da Constituição Federal, não há nenhuma vedação à indenização punitiva, e ademais, esta estaria compatível com uma interpretação sistemática do ordenamento focada na realização dos objetivos institucionais do país delineados na CRFB/88,[45] como a defesa do princípio da dignidade da pessoa humana (art. 1º, inciso III, da CRFB/88) em relação às pessoas que foram agredidas pelo ato ilícito. Contra o segundo argumento, alegam que o art. 944, *caput*, do CC/02, só se aplica aos danos materiais (danos emergentes e lucros cessantes), não sendo aplicável aos danos de caráter extrapatrimonial por estes não serem mensuráveis monetariamente.[46] [47]

---

dano. Parágrafo único. Se houver excessiva desproporção entre a gravidade da culpa e o dano, poderá o juiz reduzir, equitativamente, a indenização.

[44] V – é assegurado o direito de resposta, proporcional ao agravo, além da indenização por dano material, moral ou à imagem;

[45] "O segundo método interpretativo é o chamado lógico-sistemático, pelo qual se interpreta a norma inserindo-a em um sistema lógico, o qual não admite contradições ou paradoxos, o ordenamento jurídico. O intérprete jamais pode se esquecer de que a norma objeto da atividade interpretativa não é algo isolado do restante do ordenamento, devendo ser interpretada em consonância com o restante das normas jurídicas que compõem o sistema." CÂMARA, Alexandre Freitas. *Lições de Direito Processual Civil*. 18. ed. Rio de Janeiro: Lumen Juris, 2008, p. 22.

[46] Entretanto, parte da doutrina crê que o art. 944 é aplicável aos danos extrapatrimoniais: "Com efeito, em relação aos danos materiais – para os quais foi concebida originariamente a norma, não há *sequer um registro* de decisão que tenha reduzido a indenização, seja dos danos emergentes, seja dos lucros cessantes, baseando-se no gau reduzido de culpa. Trata-se de mais um paradoxo a envolver o assunto: o instituto foi criado tendo em mira um objetivo – a redução da indenização os danos materiais – e acabou servindo a outro – a fundamentação do cálculo da reparação dos danos extrapatrimoniais." MONTEIRO FILHO, Carlos Edison do Rêgo Monteiro. *Artigo 944 do Código Civil: O problema da mitigação do princípio da reparação integral. In* TEPEDINO, Gustavo. FACHIN, Luiz Edson. *O direito e o tempo: embates jurídicos e utopias contemporâneas – Estudos em homenagem ao Professor Ricardo Pereira Lima*. Rio de Janeiro: Renovar, 2008, p. 757-796.

[47] "Argumentos frequentes entre os opositores da função punitiva da responsabilidade civil são a alegação de sua inconstitucionalidade e, ainda, a de sua incompatibilidade com o regime da responsabilidade civil delineado no art. 944 do Código Civil. Não resiste o primeiro argumento a uma análise mais detida da questão. Isto porque, ao prever em seu art. 5º, inciso V, que 'é assegurado o direito de resposta, proporcional ao agravo, além da indenização por dano material, moral ou à imagem', a Constituição, conforme assinala DÉBORA C. HOLENBACH GRIVOT, não estabeleceu qualquer cláusula proibitiva da imposição de indenizações punitivas. Com efeito, não há qualquer expressa vedação no texto constitucional a sua fixação. Ademais, como examinado acima, uma interpretação sistemática e voltada à tutela dos princípios constitucionais autoriza sua utilização quando necessária à realização dos objetivos traçados na Constituição, respeitadas, logicamente, as demais garantias nela consagradas. A alegada ilegalidade, a seu turno, também não merece acolhida. Impende salientar, aqui, que a doutrina tem entendido que o mencionado dispositivo não se coaduna com as particularidades inerentes aos danos de caráter extrapatrimonial. Se, quanto aos danos materiais, é possível proceder-se à quantificação de danos emergentes e lucros cessantes, o mesmo não se verifica quando se está diante de danos de caráter extrapatrimonial. De fato, não é viável a perfeita equivalência entre a indenização e o dano, circunstância, contudo, que não consiste em fundamento para a negativa de reparação. Neste sentido, JUDITH MARTINS-COSTA e MARIANA SOUZA PARGENDLER sustentam que: "A regra da simetria do art. 944, caput, do Código Civil, incide só em danos patrimoniais, pois não há como mensurar monetariamente a 'extensão' do dano extrapatrimonial: nesse caso, o que cabe é uma ponderação axiológica, traduzida em valores monetários". Além disso, firmou-se o entendimento na IV Jornada de Direito Civil, através do Enunciado no. 379472, que o referido artigo não é suficiente para determinar a inadmissão da fixação de indenizações com caráter punitivo no ordenamento jurídico pátrio". TEIXEIRA, Leandro Fernandes. *A prática de dumping social como um fundamento de legitimação de punitive damages, em uma perspectiva da análise econômica do direito*. 2012. 236 f. Dissertação (Mestrado em Relações Sociais e Novos Direitos) – Faculdade de Direito, Universidade Federal da Bahia. 2012. p. 171.

Existem outros argumentos que são de certa forma desfavoráveis à teoria da indenização punitiva em nosso país. Um deles afirma que tal teoria poderia ensejar na aplicação exagerada do Judiciário deste tipo de indenização, fomentando em nosso país a milionária "indústria do dano moral",[48] e por outro lado, poderia ensejar no enriquecimento ilícito[49] por parte do lesado. Entretanto, justamente para evitar estas críticas, os defensores da indenização punitiva defendem que os valores pecuniários destas punições sejam revertidos para um terceiro alheio à demanda, como uma instituição de caridade ou educativa cujos fins sejam não

---

[48] Segundo Delaiti de Melo: "Após a análise dos aspectos gerais sobre o dano moral, cumpre-nos agora, falar sobre a industrialização do dano moral, que a nosso ver, está se tornando uma ato imoral, diante de tantas demandas judiciais existentes nos tribunais de todo país, e que sem fundamentação para a aquisição de tal direito acabam por contribuírem para a banalização desse instituto. Já sabemos que a Constituição Federal de 1988, mas especificamente no seu art. 5º, incisos V e X, o Dano Moral consagrou-se em nossa realidade jurídica e social, como um pleito possível de se buscar junto ao Poder Judiciário, por meio de uma valoração pecuniária, como forma de satisfação compensatória ao lesado, haja vista que a dor, as angústias, assim como todo e qualquer sentimento com repercussão negativa à personalidade de alguém não tem preço, sendo impossível de se auferir um valor exato. No entanto, hoje em dia, o que se discute bastante entre os juristas brasileiros, é a forma de liquidação do Dano Moral, através de uma avaliação associada a uma valoração, a qual tem caráter preponderantemente subjetivo, uma vez que, a legislação pátria é omissa, recaindo sobre os nossos magistrados a árdua tarefa de quantificarem o valor da indenização, mesmo quando requerido de forma previamente mensurada pelo lesado. A banalização do Dano Moral, haja vista os inúmeros pedidos inócuos e extremamente oportunistas fomentados por uma lacuna derivada de um rigoroso subjetivismo em relação ao seu *quantum*, e que atualmente vem sendo combatida por alguns critérios doutrinários e jurisprudenciais adotados, é que tem inspirado relevantes discussões entre os juristas, especialmente, os profissionais, dentre eles advogados e juízes. As exageradas indenizações ainda aparecem nos tribunais. De forma um pouco menos frequente, é verdade, mas ainda presentes estão aquelas condenações milionárias deferidas por estudiosos magistrados, e muitas vezes divulgadas em excesso. Para contê-las, necessário seria uma padronização dos critérios quantificadores entre os magistrados, o que soa impossível, pela diversidade e multiplicidade de magistrados com concepções das mais diversas. O critério de levar em consideração as condições do ofendido e do ofensor, buscando o efeito compensatório ao ofendido e penalizatório-educativo ao ofensor, já se espalhou e sedimentou por todas as comarcas do país, em alusão direta ao Princípio da Proporcionalidade. Existem indenizações por danos morais, mormente voltados à honra e imagem, superiores aos fixados pela morte de pessoas, oras contra ricos e oras contra pobres. O critério posto só serve objetivamente quando comparadas sentenças do mesmo juiz da causa. Entre juízes diferentes, o mesmo critério produz quantificações diversas, demonstrando a falha dos mecanismos disponíveis. Para um melhor entendimento, trouxemos o posicionamento de uma doutrinadora renomada no que se refere à indenização dos danos morais: Maria Helena Diniz, afirma que: "A reparação do dano moral cumpre, portanto, uma função de justiça corretiva ou sinalagmática, por conjugar, de uma só vez, a natureza satisfatória da indenização do dano moral para o lesado, tendo em vista o bem jurídico danificado, sua posição social, a repercussão do agravo em sua vida privada e social e a natureza penal da reparação para o causador do dano, atendendo à sua reparação econômica..." (*apud* MARIA HELENA DINIZ, *INDENIZAÇÃO POR DANO MORAL*, in Revista Jurídica CONSULEX, ano I – nº. 03, 1997). MELO, José Mário Delaiti de. *A industrialização do dano moral*. In Âmbito Jurídico, Rio Grande, XVI, n. 111, abr 2013. Disponível em: <http://www.ambito-juridico.com.br/site/index.php/?n_link=revista_artigos_leitura&artigo_id=12703&revista_caderno=7>. Acesso em maio 2014.

[49] "El daño punitivo es un beneficio injustificado para la víctima, pues al obtener una indemnización que va más allá de los daños sufridos, se estaría enriqueciendo a expensas del penalizado. Por lo rígido del sistema del Common Law, el daño moral es aceptado sólo de forma muy limitada, por lo cual esto ha llevado a que muchas veces se repare ese tipo de daños con el ropaje de los daños punitivos. Quien sufre un daño tiene derecho a ser resarcido de manera integral, de forma que todo monto superior al daño real es un enriquecimiento injusto para el damnificado. Sin embargo, se debe tener en cuenta que esta crítica se ve derrotada, al tener en cuenta que no nos podemos ubicar en el campo de la reparación del daño, sino que el daño punitivo está dentro del ámbito de la punición de ciertos ilícitos". MATAMOROS, Laura Victoria García. LOZANO, María Carolina Herrera. *El concepto de los daños punitivos o punitive damages*. Estud. Socio-Juríd., Bogotá (Colômbia), v. 5(1), p. 211-229, 2003, p. 222. Disponível em: <http://revistas.urosario.edu.co/index.php/sociojuridicos/article/viewFile/88/75>. Acesso em 18.5.2014.

lucrativos[50] (neste caso, até mesmo como uma aplicação do recurso da analogia legal, tendo como parâmetro o art. 883, parágrafo único, do CC/02). Outra posição é a de que o juiz cível usurparia a competência dos juízes criminais. Ainda, segundo alguns, este tipo de pena civil não seria aplicável em nosso sistema por não existir prévia cominação legal.[51]

Walter Polido salienta com mais agudeza a questão, defendendo o ponto de vista favorável à viabilidade teórico jurídica da indenização punitiva:

> Os tribunais do Brasil tem acatado e aplicado regularmente os elementos punitivo e exemplar na apreciação e arbitramento de indenizações a título de danos morais, sem qualquer apego às teses formalistas antes anunciadas e contrárias a esse entendimento e aplicabilidade no ordenamento nacional. Tem prevalecido, portanto, os pressupostos fundamentais das teses favoráveis, sem contraposições jurisdicionais. Nos vários exemplos de jurisprudências citadas nesta obra, o entendimento majoritário aqui expresso pode ser observado, na medida em que os relatores justificam sempre o arbitramento do dano moral não só como medida indenizatória, mas também como elemento preventivo, quer servindo de exemplo para os demais membros da sociedade, dissuadindo-os da prática do mesmo ato, quer para punir diretamente o infrator. Ainda, qualquer pesquisa efetivada no repertório jurisprudencial nacional pode comprovar o entendimento de que prevalece acerca do caráter punitivo e exemplar das indenizações de danos morais, além do fato de não terem prosperado as teses contrárias, apesar dos reconhecidos esforços que foram e continuam sendo empreendidos na construção daquela doutrina.[52]

A jurisprudência dos Tribunais Superiores já aceitou a teoria da indenização punitiva.[53]

---

[50] Ao se referir aos danos sociais (ou difusos), o professor Antônio Junqueira de Azevedo, inclusive, aponta que além do pagamento de uma indenização, deve ser destinado o valor a um fundo de proteção, o que dependeria dos direitos atingidos. O professor cita também o parágrafo único do art. 883 do CC/02 que trata do pagamento indevido e do destino de valor para instituição de caridade. Conferir: TARTUCE, Flávio. *Manual de direito civil: volume único*. Forense: São Paulo, 2011, p. 438.

[51] "Surgem então teses e teorias que objetivam desqualificar a validade jurídica da aplicação de desestímulo, assim obtido por meio das imposições da espécie, em suma a sob os seguintes argumentos: a) o caráter punitivo no Brasil é mera cópia dos "punitive damages" do direito norte americano; b) o caráter punitivo não é compatível com o sistema brasileiro jurídico porque, sendo uma pena, não há prévia cominação legal; c) sendo pena, o caráter punitivo tem feições criminais, estando assim os juízes cíveis usurpando competência exclusiva dos juízes criminais; d) os valores das indenizações por danos morais aplicados no Brasil têm sido milionários, justamente por causa da adoção do valor de desestímulo, gerando enriquecimento ilícito para quem recebe tais valores; e) indenização por danos morais deve apenas compensar o dano, na sua exata extensão, daí porque também não ser cabível o caráter punitivo agregado ao compensatório; f) o acolhimento indiscriminado das ações judiciais tem colaborado para a banalização do instituto indenizatório, fomentado do seio da Justiça brasileira uma "indústria dos danos morais". PIMENTEL, Maria Helena da Silva. *O caráter punitivo do dano moral*. 2005. Trabalho de Conclusão de Curso (Graduação em Direito) – Universidade Cândido Mendes, Rio de Janeiro, 2005, p. 15/16.

[52] POLIDO, Walter A. *Seguros de Responsabilidade Civil: Manual Prático e Teórico*. Curitiba: Juruá, 2013, p. 195.

[53] Adentrando no direito comparado, o Supremo Tribunal de Justiça de Portugal já adotou também a teoria da indenização punitiva. A seguir, preleções de um interessante trabalho acadêmico apresentado durante um colóquio científico realizado pelo próprio STJ português: "O STJ de Portugal também adotou em sua jurisprudência a teoria da indenização punitiva: STJ 30/10/96: a indemnização por danos não patrimoniais reveste uma natureza mista, pois *"visa reparar, de algum modo, mais do que indemnizar os danos sofridos pela pessoa lesada"*, não lhe sendo estranha, porém, *"a ideia de reprovar ou castigar, no plano civilístico e com os meios próprios do direito privado, a conduta do agente"*; STJ 21/11/96: salienta o recurso à equidade e a *"a ideia de reprovação do responsável"*; STJ 04/12/96: volta a referir que *"a concessão da indemnização (...) funciona como reparação e como castigo"*; STJ 14/05/98: *"segundo supomos, já se defendeu mesmo que em certos casos os danos morais dos lesados devem ser quantificados, em parte, segundo os lucros advenientes para o lesante do teor da própria violação (posição,*

O STJ, no Recurso Especial n. 210101, reconheceu o instituto, entretanto, reiterou que a indenização punitiva não pode ser aplicada de maneira irrestrita, para haver a vedação da ocorrência do enriquecimento sem causa.[54]

Entretanto, recentemente, houve uma certa regressão do STJ em relação ao posicionamento anterior, já que o Tribunal, em um novo julgado envolvendo direito ambiental, negou a possibilidade da indenização punitiva, pelo fato deste

---

*defendida, pensamos, em Espanha) consagrando a indemnização punitiva*; STJ 05/11/98: afirma que *"o normativo previsto no artigo 496.o do Código Civil tem, não só por finalidade compensar o lesado, mas também sancionar a conduta do lesante"*; STJ 17/11/98: reitera que *"(o)s factores referidos no artigo 494.o do CC apontam, no seu conjunto, para um duplo objectivo: o da reparação dos danos causados e o da sanção ou reprovação do agente"*; STJ 08/06/99: esclarece que o dano estético merece ser compensado, por causar danos não patrimoniais, e que a quantia a atribuir, *"para responder actualizadamente ao comando do artigo 496.o do C. Civil e constituir uma efectiva possibilidade compensatória, tem de ser significativa, viabilizando um lenitivo para os danos suportados e, porventura, a suportar, pelo que não pode ser miserabilista"* – e reafirma de novo que essa compensação *"deve proporcionar uma satisfação ao lesado, para que possa assumir a sua natureza mista e, consequentemente, reparar os danos sofridos pelo lesado e reprovar ou castigar, no plano civilístico e com os meios próprios do direito privado, a conduta do agente"*; STJ 29/06/2000: neste recente acórdão, conclui-se que *"(a) circunstância da lei mandar atender à situação económica quer do lesante quer do lesado vem a significar que essa indemnização reveste uma natureza acentuadamente mista: visa compensar, de algum modo, os danos sofridos pela pessoa lesada e visa, ainda, reprovar a conduta do agente"*, louvando-se na doutrina de ANTUNES VARELA". LOURENÇO, Paula Meira. *A indemnização punitiva e os critérios para a sua determinação.* Disponível em: <http://www.stj.pt/ficheiros/coloquios/responsabilidadecivil_paulameiralourenco.pdf>. Acesso em 18.5.2014.
[54] CIVIL E PROCESSUAL CIVIL. RESPONSABILIDADE CIVIL. DANOS MORAIS. ACIDENTE DE TRÂNSITO COM VÍTIMA FATAL. ESPOSO E PAI DAS AUTORAS. IRRELEVÂNCIA DA IDADE OU ESTADO CIVIL DAS FILHAS DA VÍTIMA PARA FINS INDENIZATÓRIOS. LEGITIMIDADE ATIVA. QUANTUM DA INDENIZAÇÃO. VALOR IRRISÓRIO. MAJORAÇÃO. POSSIBILIDADE. DESPESAS DE FUNERAL. FATO CERTO. MODICIDADE DA VERBA. PROTEÇÃO À DIGNIDADE HUMANA. DESNECESSIDADE DE PROVA DA SUA REALIZAÇÃO. 1. É presumível a ocorrência de dano moral aos filhos pelo falecimento de seus pais, sendo irrelevante, para fins de reparação pelo referido dano, a idade ou estado civil dos primeiros no momento em que ocorrido o evento danoso (Precedente: REsp n.º 330.288/SP, Rel. Min. Aldir Passarinho Júnior, DJU de 26/08/2002) 2. Há, como bastante sabido, na ressarcibilidade do dano moral, de um lado, uma expiação do culpado e, de outro, uma satisfação à vítima. 3. O critério que vem sendo utilizado por essa Corte Superior na fixação do valor da indenização por danos morais, considera as condições pessoais e econômicas das partes, devendo o arbitramento operar-se com moderação e razoabilidade, atento à realidade da vida e às peculiaridades de cada caso, de forma a não haver o enriquecimento indevido do ofendido, bem como que sirva para desestimular o ofensor a repetir o ato ilícito. 4. Ressalte-se que a aplicação irrestrita das *punitive damages* encontra óbice regulador no ordenamento jurídico pátrio que, anteriormente à entrada do Código Civil de 2002, vedava o enriquecimento sem causa como princípio informador do direito e após a novel codificação civilista, passou a prescrevê-la expressamente, mais especificamente, no art. 884 do Código Civil de 2002. 5. Assim, cabe a alteração do quantum indenizatório quando este se revelar como valor exorbitante ou ínfimo, consoante iterativa jurisprudência desta Corte Superior de Justiça. 6. In casu, o tribunal a quo condenou os recorridos ao pagamento de indenização no valor de 10 salários mínimos a cada uma das litisconsortes, pela morte do pai e esposo das mesmas que foi vítima fatal de atropelamento pela imprudência de motorista que transitava em excesso de velocidade pelo acostamento de rodovia, o que, considerando os critérios utilizados por este STJ, se revela extremamente ínfimo. 7. Dessa forma, considerando-se as peculiaridades do caso, bem como os padrões adotados por esta Corte na fixação do quantum indenizatório a título de danos morais, impõe-se a majoração da indenização total para o valor de R$ 100.000,00 (cem mil reais), o que corresponde a R$ 25.000,00 (vinte e cinco mil reais) por autora. 8. Encontra-se sedimentada a orientação desta Turma no sentido de que inexigível a prova da realização de despesas de funeral, em razão, primeiramente, da certeza do fato do sepultamento; em segundo, pela insignificância no contexto da lide, quando limitada ao mínimo previsto na legislação previdenciária; e, em terceiro, pelo relevo da verba e sua natureza social, de proteção à dignidade humana (Precedentes: REsp n.º 625.161/RJ, Rel. Min. Aldir Passarinho Júnior, DJU de 17/12/2007; e REsp n.º 95.367/RJ, Rel. Min. Ruy Rosado de Aguiar, DJU de 03/02/1997) 9. Recurso especial provido (Resp 210101 / PR recurso especial 1999/0031519-7 Relator(a) Ministro Carlos Fernando Mathias. Quarta Turma. Data do julgamento 20/11/2008. Data da publicação/Fonte dje 09/12/2008.)

tipo de indenização se restringir às esferas jurídicas do direito administrativo e do direito penal.⁵⁵

Portanto, neste tópico, podemos concluir que a indenização punitiva é um instituto majoritariamente aceito e aplicado em nosso país pela jurisprudência pátria, até porque este último julgado do STJ (não vinculante) ainda não mudou totalmente a configuração da jurisprudência no país como um todo. Importante agora é discutir se é possível ou não esta espécie de indenização ser coberta pela cobertura securitária do contrato de seguro de responsabilidade civil.

### 3. Teoria ampliativa e teoria restritiva da aplicabilidade da cobertura dos *punitive damages* pelo seguro de responsabilidade civil

O tema é extremamente polêmico e a sua importância já foi percebida pela doutrina pátria, conforme expõe sobre o tema Ernesto Tzirulnik.⁵⁶ Podemos de-

---

⁵⁵ DIREITO CIVIL E AMBIENTAL. CARÁTER DA RESPONSABILIDADE POR DANOS MORAIS DECORRENTES DE ACIDENTE AMBIENTAL CAUSADO POR SUBSIDIÁRIA DA PETROBRAS. RECURSO REPETITIVO (ART. 543-C DO CPC E RES. 8/2008 DO STJ). Relativamente ao acidente ocorrido no dia 5 de outubro de 2008, quando a indústria Fertilizantes Nitrogenados de Sergipe (Fafen), subsidiária da Petrobras, deixou vazar para as águas do rio Sergipe cerca de 43 mil litros de amônia, que resultou em dano ambiental provocando a morte de peixes, camarões, mariscos, crustáceos e moluscos e consequente quebra da cadeia alimentar do ecossistema fluvial local: é inadequado pretender conferir à reparação civil dos danos ambientais caráter punitivo imediato, pois a punição é função que incumbe ao direito penal e administrativo. O art. 225, § 3º, da CF estabelece que todos têm direito ao meio ambiente ecologicamente equilibrado, bem de uso comum do povo e essencial à sadia qualidade de vida, e que "as condutas e atividades consideradas lesivas ao meio ambiente sujeitarão os infratores, pessoas físicas ou jurídicas, a sanções penais e administrativas, independentemente da obrigação de reparar os danos causados". Nesse passo, no REsp 1.114.398/PR, (julgado sob o rito do art. 543-C do CPC, DJe 16/2/2012) foi consignado ser patente o sofrimento intenso de pescador profissional artesanal, causado pela privação das condições de trabalho, em consequência do dano ambiental, sendo devida compensação por dano moral, fixada, por equidade. A doutrina realça que, no caso da compensação de danos morais decorrentes de dano ambiental, a função preventiva essencial da responsabilidade civil é a eliminação de fatores capazes de produzir riscos intoleráveis, visto que a função punitiva cabe ao direito penal e administrativo, propugnando que os principais critérios para arbitramento da compensação devem ser a intensidade do risco criado e a gravidade do dano, devendo o juiz considerar o tempo durante o qual a degradação persistirá, avaliando se o dano é ou não reversível, sendo relevante analisar o grau de proteção jurídica atribuído ao bem ambiental lesado. Assim, não há falar em caráter de punição à luz do ordenamento jurídico brasileiro – que não consagra o instituto de direito comparado dos danos punitivos (*punitive damages*) –, haja vista que a responsabilidade civil por dano ambiental prescinde da culpa e que, revestir a compensação de caráter punitivo propiciaria o *bis in idem* (pois, como firmado, a punição imediata é tarefa específica do direito administrativo e penal). Dessa forma, conforme consignado no REsp 214.053-SP, para "se estipular o valor do dano moral devem ser consideradas as condições pessoais dos envolvidos, evitando-se que sejam desbordados os limites dos bons princípios e da igualdade que regem as relações de direito, para que não importe em um prêmio indevido ao ofendido, indo muito além da recompensa ao desconforto, ao desagravo, aos efeitos do gravame suportado" (Quarta Turma, DJ 19/3/2001). Com efeito, na fixação da indenização por danos morais, recomendável o arbitramento seja feito com moderação, proporcionalmente ao grau de culpa, ao nível socioeconômico dos autores e, ainda, ao porte da empresa recorrida, orientando-se o juiz pelos critérios sugeridos pela doutrina e jurisprudência, com razoabilidade, valendo-se de sua experiência e do bom senso, atento à realidade da vida e às peculiaridades de cada caso. Assim, é preciso ponderar diversos fatores para se alcançar um valor adequado ao caso concreto, para que, de um lado, não haja nem enriquecimento sem causa de quem recebe a indenização e, de outro lado, haja efetiva compensação pelos danos morais experimentados por aquele que fora lesado. (REsp 1.354.536-SE, Rel. Min. Luis Felipe Salomão, julgado em 26/3/2014)

⁵⁶ Como exemplo, lembramos que Ernesto Tzirulnik, ao dissertar acerca do futuro do seguro de responsabilidade civil, comenta a importância do tema dos *punitive damages* em relação ao seguro de RC. Bibliografia:

fender duas posturas em relação à questão. Uma que restringe a cobertura dos *punitive damages* pelo seguro de R.C. ("restritiva"), e outra que permite a mesma ("ampliativa"). O direito comparado mostra que a teoria restritiva é a teoria adotada ao redor do globo.

A favor da teoria ampliativa, Pedro Ricardo e Serpa cita alguns argumentos utilizados por I. Ebert para que fosse permitida a celebração de contratos de seguros que versassem sobre a indenização punitiva.

Alguns dos argumentos eram a primazia do princípio da liberdade contratual, que sempre deveria ser respeitada (argumento bem consistente no sistema jurídico liberal norte-americano) e a ideia de que o contrato de seguro que versasse sobre os *punitive damages* também teria como fim ajudar a evitar (ou a prevenir) a falência do segurado. Afirma os citados autores que "ao analisar a questão, I. EBERT aponta ao menos três argumentos usualmente aventados para permitir a celebração de contratos de seguro que versem sobre *punitive damages*. A uma, diz-se que o segurado (que acredita ter transferido integralmente os riscos de sua atividade à seguradora) deve ser protegido pelo contrato de seguro, ainda que, em demanda indenizatória ajuizada contra ele, venha-se a considerar que as condutas por ele cometidas ultrapassaram o limite da *mera negligência* (*mere negligence*) para atingir o campo da *negligência grosseira* (*gross negligence*), tornando-se aptas a permitir a incidência de *punitive damages*. Tal argumento, sustenta o citado autor, mostra-se especialmente válido para o campo da responsabilidade civil objetiva [caso, e.g., da responsabilidade pelo fato do produto (*products liability*)], uma vez que a linha que separa a conduta que é passível de condenação por meio de *punitive damages* daquela que não o é pode ser tênue, e o valor da condenação pode exceder, em muito, aquele ordinariamente necessário para compensar o ofendido, surpreendendo o segurado. A duas, sustenta-se que, mesmo diante de uma questão dita de ordem pública, o princípio da liberdade contratual não deveria ser restringido. Dever-se-ia permitir, portanto, que as empresas seguradoras oferecessem serviços que abarcassem a cobertura de indenizações punitivas se o ordenamento expressamente admite tal sorte de condenação (se há o risco, deveria ser admitida a celebração de contrato de seguro para transmiti-lo à empresa seguradora). Por fim, alega-se que, de um lado, o contrato de seguro de *punitive damages* ajuda a evitar (ou, ao menos, prevenir) a falência do segurado, possivelmente sujeito à condenações em montante expressivo, e, de outro, a garantir que os ofendidos efetivamente receberão o montante ao qual fazem jus, antes de que o patrimônio do ofendido seja irremediavelmente atingido".[57]

---

TZIRULNIK, Ernesto. *O futuro do seguro de responsabilidade civil*. Instituto Brasileiro de Direito do Seguro. Disponível em: <http://www.ibds.com.br/artigos/OFuturodoSegurodeResponsabilidadeCivil.pdf>. Acesso em 17.5.2014.

[57] SERPA, Pedro Ricardo e. *Indenização punitiva*. 2011. Dissertação (Mestrado em Direito Civil) – Faculdade de Direito, Universidade de São Paulo, São Paulo, 2011, p. 79/80. Disponível em: <http://www.teses.usp.br/teses/disponiveis/2/2131/tde-15052012-102822/>. Acesso em: 2014-05-29.

A doutrina estadunidense mostra que nos E.U.A. a questão é mais polêmica, porque a viabilidade de tal cobertura varia de Estado para Estado. Inclusive, um dos argumentos é de que a justificativa para a segurabilidade da indenização punitiva tem a mesma razão de ser da justificativa para a segurabilidade da indenização compensatória.[58]

Quanto à Califórnia, é interessante mencionar que parte da doutrina defende a viabilidade da cobertura securitária em relação aos *punitive damages*. O ordenamento jurídico da Califórnia permite a cobertura securitária dos *punitive damages claims* em uma extensa variedade de circunstâncias.[59]

---

[58] Como ensina Mitchell Polinsky: The question whether liability insurance for punitive damages should be permitted is of interest, in part because legal policy on the matter varies among the states. The basic answer to this question is that punitive damages should be insurable when the justification for punitive damages is that injurers might escape liability. The reasons for allowing liability for punitive damages are essentially the same as those for allowing liability for compensatory damages. These reasons are easiest to explain when liability is strict and harm is solely monetary. In that case, the sale of liability insurance cannot hurt potential victims, since they will be fully compensated for any loss; and the insurance must raise the wellbeing of injurers if they elect to buy it. The arguments for allowing insurance in other contexts are more complicated. A potential qualification to all of these arguments arises if injurers are judment-proof; the availability of insurance could worsen injurers' behavior in these circumstances (although insurance also could improve matters). (...).POLINSKY, A. Mitchell. SHAVELL, Steven. *Punitive Damages*. Disponível em: <http://www.law.harvard.edu/faculty/shavell/pdf/Punitive_damages_764.pdf>. Acesso em 18.4.2014.

[59] There is a rubric frequently repeated by insurers: You cannot insure for punitive damages. However, that simply is not often true. The prevalent standard form general liability insurance policy does not contain an exclusion for punitive damages. See Commercial General Liability Coverage Form (ISO Properties, Inc. 2006). Absent an exclusion, insurers are left to argue that "public policy" prohibits coverage for punitive damage awards. In support of this position, they rely on California Insurance Code Section 533, which states that an insurer "is not liable for a loss caused by the wilful act of the insured ... "They also point to decisions such as City Products Corp. v. Globe Indemnity Co., 88 Cal. App. 3d 31 (1979), in which the court held that "the policy of this state with respect to punitive damages would be frustrated by permitting the party against whom they are awarded to pass on the liability to an insurance carrier." However, California law actually permits insurance coverage for punitive damage claims in a wide variety of circumstances. First, the public policy prohibition does not apply to an insurer's duty to defend. "[S]ection 533 precludes only indemnification of wilful conduct and not the defense of an action in which such conduct is alleged." Downey Venture v. LMI Ins. Co., 66 Cal. App. 4th 478 (1998) (quoting B &E Convalescent Center v. State Comp. Ins. Fund, 8 Cal. App. 4Th 78 (1992)). Second, a liability policy that provides coverage on a national basis might cover punitive damages claims because it "may be construed in accordance with the law of the jurisdiction in which a particular claim arises." Not all jurisdictions prohibit coverage for punitive damage claims. See, e.g., Colson v. Lloyd's of London, 435 S.W.2d 42 (Mo. Ct. App. 1968) (Missouri public policy permits coverage of compensatory and punitive damages award against insured for false arrest). Third, even if California law governs interpretation of a policy, the policy still may cover punitive damage awards in other jurisdictions when the laws of those jurisdictions permit an award of punitive damages based on recklessness or without a showing of malice in fact. As the Downey court explained, "There is no reason to believe a California court would not enforce a contractual promise of indemnity against liability for malicious prosecution where the liability was incurred in a jurisdiction that does not require proof the insured acted with malice in fact." See, e.g., Continental Cas. Co. v. Fibreboard Corp., 762 F. Supp. 1368 (N.D. Cal. 1991) (neither California law nor West Virginia law prohibit coverage for punitive damages award in WestVirginia where award was based on recklessness, and Texas law permits coverage for award of punitive damages in Texas). Fourth, many liability policies cover an "innocent" insured when it is liable for the acts of another insured under the policy. Indeed, "when a policy covers multiple insureds and the insurer asserts that an exclusion precludes coverage, the fact the exclusion might apply to bar coverage for one of the insureds does not automatically preclude coverage for the other insureds." Smith Kandal Real Estate v. Continental Cas. Co., 67 Cal. App. 4th 406 (1998). See, e.g., Arenson v. Nati Auto. & Cas. Ins. Co., 45 Cal. 2d 81(1995) (intentional conduct exclusion and Section 533 have "no application to a situation where the plaintiff is not personally at fault"). PASICH, Kirk A. *Insurance can cover punitive damage claims*. Daily Journal, Los Angeles, 12 abr. 2012.

Pedro Ricardo e Serpa afirma que metade dos Estados norte-americanos proíbe a contratação de seguros que versam sobre a cobertura dos *punitive damages*. Segundo o jurista, em outros Estados é possível a cobertura de *punitive damages*, desde que seja sobre responsabilidade pelo fato de terceiro (*vicarious liability*). E também, cita o interessante caso do Texas, que apenas permite a cobertura securitária dos *punitive damages* em caso de condutas "grosseiramente negligentes" (*grossly negligent*).[60]

Na doutrina alemã, Christoph Günther, ao explicar o sistema norte-americano, afirma que embora em alguns Estados dos EUA não existam restrições legais quanto à cobertura securitária da indenização punitiva, ela é proibida na maioria dos Estados dos EUA, justamente por este tipo de cobertura estimular a realização de atos ilícitos.[61]

A doutrina italiana também debate o tema. Em interessante tese de doutorado, o jurista Andrea Gillota afirma que o aspecto negativo da cobertura securitária dos *punitive damages* é a perda da força dissuasória da indenização punitiva. As legislações dos Estados que aceitam a cobertura securitária da indenização punitiva apenas a permite nos casos de negligência grave, excluindo assim os casos de dolo da cobertura securitária. Entretanto, o autor ensina que a cobertura da indenização punitiva é aceita na jurisprudência italiana por dois motivos. Um motivo é que o grande valor dos prêmios pagos já tem um valor sancionatório e tem eficácia dissuasória indireta, e além disso, as sociedades empresárias mancham as suas reputações perante o público quando são atingidas pela indenização punitiva.[62]

---

[60] SERPA, Pedro Ricardo e. *Indenização punitiva*. 2011. Dissertação (Mestrado em Direito Civil) – Faculdade de Direito, Universidade de São Paulo, São Paulo, 2011, p. 81/82. Disponível em: <http://www.teses.usp.br/teses/disponiveis/2/2131/tde-15052012-102822/>. Acesso em: 2014-05-29.

[61] In einigen Bundesstaaten ist es rechtlich nicht zulässig, sich gegen punitive damages zu versichern. Dies wird darauf gestützt, dass die punitive damages eine Strafund Präventionsfunktion erfüllen sollen, und es daher nicht zulässig sein kann, wenn diese Funktionen durch eine Risikoabwälzung ausgehebelt werden. Zwar kann in der Haftpflichtpolice Deckungsschutz für punitive damages gewährt werden, in den Bundesstaaten, in denen die Versicherbarkeit nicht zulässig ist, darf die Versicherung jedoch nicht zur Auszahlung kommen. Die nachfolgende Übersicht soll einen Überblick geben, in welchen Bundesstaaten eine Versicherung von punitive damages nicht zulässig ist. Obwohl in einigen Bundesstaaten noch keine Aussage darüber getroffen wurde, ob eine Versicherung von punitive damages zulässig ist oder nicht, zeichnet sich insgesamt ein Trend ab, nachdem immer mehr Bundesstaaten die Versicherung von punitive damages zulassen. GÜNTHER, Christoph. *Gebührenrecht – Legal Expenses: Rechtskosten und Schadensersatz im deutschen und US-amerikanischen Haftungsrecht*. Disponível em: <http://www.es-rueck.de/resources/es/generic/publications-es/schriftenreihe/Schriftenreihe_Nr_4.pdf>. Acesso em 20.5.2014.

[62] Un problema di rilevante importanza, rispetto al quale difettano ad oggi soluzioni univoche è quello della assicurabilità del rischio relativo alle condanne punitive. *Si rinvengono in dottrina due diversi orientamenti. Uno di segno negativo il quale esclude l'assicurabilità dei punitive damages*, in quanto in tal modo si verrebbe a perdere la valenza deterrente che è tipica dell'istituto. In particolare la tesi in questione paventa il rischio che attraverso la detta assicurabilità si finirebbe per assicurare anche tutti gli illeciti dolosi, che come sappiamo sono compresi nella più ampia nozione di *malice*. A ben vedere, però, la legislazione degli stati che ammettono la possibilità di copertura assicurativa sui danni punitivi, limita la stessa ai soli casi si colpa grave, escludendo espressamente quelli di illecito doloso. Altra obiezione mossa all'assicurabilità dei danni punitivi è quella che attraverso detta copertura si verrebbe a snaturare la complessiva finalità dell'istituto anche relativamente ai casi di semplice colpa grave. Questa tesi, in verità, non trova ampi riconoscimenti nella giurisprudenza delle Corti, che sembra incline a conferire il sigillo della legittimità ad ogni tipo di copertura assicurativa. Si osserva, infatti, che tanto

Entretanto, considerável parte da doutrina italiana é contrária aos danos punitivos. Conforme outra tese de doutorado, da jurista italiana Laura Frata, a cobertura securitária dos danos punitivos transfere os riscos para terceiros, deixando em aberto aos futuros ofensores um cálculo de custo-benefício que a previsão do dano punitivo visa a impedir.[63]

A doutrina francesa, conforme Maurice Nussenbaum, de um modo geral, considera que o suporte do seguro que cobre a indenização punitiva prejudica o papel dissuasivo e punitivo destas sanções. Entretanto, a capacidade de adaptação dos prêmios aos sinistros ocorridos ou previstos (na forma de bônus *malus*) ajuda a restaurar o efeito dissuasor e a reduzir o risco moral. Ainda mais, a cobertura por seguro tem também a vantagem de garantir a alocação ou a partilha de risco ideal ao nível da coletividade.[64]

Na doutrina belga, encontramos vozes que se opõem à cobertura securitária da indenização punitiva. O professor e jurista Biquet-Mathieu, titular da Université de Liège, ensina que a indenização punitiva deve ser arbitrada pelo juiz conforme os lucros específicos obtidos no decorrer da violação da lei, assim, para as sanções cumprirem os seus papéis, seria aconselhável a vedação das coberturas securitárias em relação a estes tipos de indenização.[65]

---

il pagamento di ingenti premi assicurativi, quanto la perdita di reputazione che indefettibilmente accompagna la condanna, assolvono, seppure in misura indiretta alle suddette esigenze di sanzione e deterrenza. GILLOTA, Andrea Giuseppe Antonio. *Le Pene Private e i Danni Punitivi*. 2011. Tese (doutorado em direito) – Facolta' Di Diurisprudenza, Universita' Degli Studi Di Catania, Catania. 2011, p. 123/124. Disponível em: <http://archivia. unict.it/bitstream/10761/1187/1/GLTNDR79A06D960U-Le%20pene%20private%20e%20i%20danni%20puni tivi.pdf>. Acesso em 18.5.2014.

[63] In secondo luogo, viene contestata la previsione di rendere assicurabili i danni punitivi, giustificata nel Rapporto in virtù della considerazione che gli stessi costi connessi alla copertura assicurativa costituirebbero un mezzo per prevenire i casi di *faute lucrative*. Ciò non pare condivisibile, poiché l'assicurazione permette di addossare la responsabilità ad un terzo, lasciando sussistere la possibilità di un calcolo costi- benefici, che la previsione dei danni punitivi intenderebbe impedire. RATA, Laura. *Funzioni della responsabilità civile e danni "ultracompensativi"*. Tese (doutorado em direito comparado) – Scuola di Dottorato in Scienze Giuridiche, Università Degli Studi di Milano, Milão. 2011, p. 178. Disponível em: <http://air.unimi.it/bitstream/2434/156259/4/phd_unimi_R07475.pdf>. Acesso em 18.5.2014.

[64] La doctrine française considère généralement que la prise en charge par l'assurance des réparations punitives nuirait au rôle dissuasif et punitif de ces sanctions. L'alyse économique ne prenant pas en compte la dimension morale, ne suit pas nécessairement ce point de vue. En effet, l'arrurabilité n'affecte pas la situation des victimes dès lors qu'elles sont certaines d'êtres indemnisées et accroît par ailleurs la solvabilité des débiteurs qui contractent l'assurance. Cependant en ce domaine, comme dans celui plus général de la responsabilité quasi délictuelle, l'assurance dissocie les dommages intérêts payés du préjudice subi puisque pour l'auteur du dommage, la prime d'assurance constitue le coût effectif subi en contrepartie de la faute commise. Néanmoins l'adaptabilité des primes aux sinistres subis ou anticipés (sous forme de bonus malus) permet de rétablir l'effet dissuasif et réduire les risques de hasard moral. L'assurabilité a par ailleurs l'avantage d'une répartition des risques optimale au niveau de la collectivité. L'analyse économique n'élimine donc pas cette possibilité d'assurabilité en prenant en compte l'efficacité économique de la règle de droit. NUSSENBAUM, Maurice. *L'appréciation du préjudice*. Petites Afiches, França, n. 99, p. 78-89, 19 maio 2005, p. 81. Disponível em: <http://sorgeveval.fr/IMG/pdf/L-appreciation-du-prejudice-mai2005.pdf>. Acesso em 19.5.2014.

[65] Aussi bien, certains auteurs exhortent-ils de lege lata les juges à estimer à un meilleur prix l'honneur, la réputation et la vie privée des indivdus. Ils plaident de lege ferenda en faveur de la possibilité pour le juge de prononcer ouvertement des dommages-intérêts punitifs en cas de mauvaise foi et de faute caractérisée ; ceux-ci devraient pouvoir être estimés en fonction notamment des profits réalisés à l'occasion de l'atteinte commise. Pour que ces dommages- intérêts punitifs remplissent effectivement leur rôle, il est en outre suggéré d'interdire

No direito argentino, é possível verificar lições que mostram a possibilidade da cobertura securitários dos "danos punitivos", inclusive, demonstrando que os valores pecuniários das indenizações punitivas são mais altos justamente pela incidência da cobertura securitária.[66]

Entretanto, a maioria dos juristas entende pela inviabilidade da cobertura.

Corroborando a tese de que a cobertura securitária da indenização punitiva é uma prática contrária à efetivação da finalidade punitiva da própria indenização punitiva, é oportuna a lição exposta na excelente dissertação de mestrado de André Gustavo Corrêa Andrade, que sustenta que "outro argumento freqüente é o de que a finalidade dissuasória muitas vezes não é alcançada, pois contratos de seguro cobrem grande parte dos valores impostos a título de *punitive damages*". Os partidários dos *punitive damages* contrapõem-se a esse argumento, ponderando que, mesmo quando uma seguradora possa responder pelo pagamento de *punitive damages* atribuídos ao seu segurado, muitas vezes a cobertura é inferior ao valor da indenização; e mesmo quando a cobertura seja suficiente, depois de efetuado o pagamento da indenização securitária muito provavelmente os valores referentes ao prêmio de um novo seguro serão objeto de um substancial aumento, se não houver o próprio cancelamento de toda e qualquer cobertura posterior. Não há de dúvida, no entanto, que, quando admissível a cobertura securitária dos punitive damages, estes perdem consideravelmente o seu propósito punitivo.[67] [68]

---

la prise en charge de telles pénalités par l'assurance responsabilité. BIQUET-MATHIEU, Ch. *Les peines privées – Rapport de droit belge*. Association Henri CAPITANT (Journées québécoises), Montreal – Québec, 11-18 set. 2004, página 3. Disponível em: <http://orbi.ulg.ac.be/bitstream/2268/66695/1/Les%20peines%20privées%20-%20preprint%20auteur.pdf>. Acesso em 19.5.2014.

[66] Asimismo, es otra cuestión fundamental a establecer en la legislación, si los daños punitivos pueden ser asegurados o no. Si fueran asegurables sería contradictorio con las bases de política pública en que se sustentan, sin embargo cuando se admite responsabilidad vicaria por daños punitivos, ésta — generalmente—se considera asegurable. Al ser asegurables también tienden a incrementarse los montos por daños punitivos, y consecuentemente sobre los costos de litigar y de los seguros, situación que indirectamente afectaría a quienes nunca han tenido un accidente. ÁLVAREZ, Gladys S. GREGORIO, Carlos G. HIGHTON, Elena. *Limitación de la responsabilidad por daños: un enfoque socioeconómico*. Argentina: La Ley, v. 100, p. 1045-1059, 1997. Disponível em: <http://www.iijusticia.org/docs/cc/Limitacion.pdf>. Acesso em 18.5.2014.

[67] ANDRADE, André Gustavo Corrêa. *Dano Moral e Indenização Punitiva*. 2003. Dissertação (Mestrado em Direito) – Universidade Estácio de Sá, Rio de Janeiro, 2003. p. 149.

[68] Em outra parte da dissertação (ANDRADE, André Gustavo Corrêa. *Ibid.*, página 252), o autor corrobora o mesmo raciocínio, excluindo os danos punitivos da cobertura securitária (grifo nosso): "Além disso, tendo o responsável contrato de seguro, a separação das parcelas possibilitaria excluir da indenização securitária o montante referente à indenização punitiva. Com efeito, o art. 781 do Código Civil limita a indenização securitária ao "valor do interesse segurado", o que vale dizer que o segurado não deverá receber mais do que o necessário para reparar ou (em se tratando de dano moral) compensar o dano. A indenização punitiva, porque não se presta a reparar ou compensar o dano, não estaria, a princípio, abrangida pela cobertura securitária. Observe-se que nenhum obstáculo jurídico há na separação dos montantes indenizatórios. Ao contrário, a exigência de, a um só tempo, buscar a compensação e a punição do ofensor pela lesão causada à vítima recomenda (mais do que isso, impõe) a partição desses valores.610 No final das contas, em termos práticos pouco importa a discussão sobre se a indenização punitiva constituiria uma sanção jurídica destacada da indenização compensatória ou se ambas constituiriam funções diferentes exercitadas pela única indenização, já que, em razão da fungibilidade da sanção pecuniária, as duas parcelas (as destinadas à punição e à compensação) serão necessariamente somadas para a consolidação do valor correspondente à indenização do dano moral".

Como grafa Marcela A. Bassan, em sua dissertação de mestrado, a cobertura dos *punitive damages* afastaria a eficácia da condenação em sua efetividade punitiva e preventiva. Sustenta que "outra crítica que se põe é relativa à questão dos seguros de responsabilidade civil. Ora, se a principal função dos *punitive damages* é a punição do causador do dano, para que não volte a praticar a mesma conduta, a possibilidade de a atividade causadora do dano estar sob a cobertura de um seguro de responsabilidade civil afasta a eficácia da condenação. Em relação a esse tema, a jurisprudência estadunidense inclina-se no sentido de proibir a cobertura dos *punitive damages* pelas seguradoras. A principal fundamentação dos tribunais, para adoção dessa postura, é a de que se afasta toda efetividade punitiva e preventiva do instituto, ao se permitir os seguros neste campo da responsabilidade civil".[69]

Outra referência ao tema na doutrina pátria pode ser encontrada na competente monografia de Vitor Oliveira Neto Leal Brum, quando este expõe com clareza a opinião do jurista Vitor Fernandes Gonçalves sobre a questão, afirmando que "sendo a indenização punitiva uma sanção a um ato excepcional, especialmente repreensível, tem-se que o risco da imposição da verba é intransferível. Não poderia ser diferente, vez que as companhias de seguros existem para prevenir as pessoas de eventos futuros e incertos que escapam do domínio pessoal. Por isso que essas companhias não seguram condutas dolosas". São dois os principais motivos de se afirmar a ilegalidade da transferência do risco. "O primeiro é o de que tal contrato frustra os fins preventivos e punitivos de tal verba, na medida em que, sabendo um segurado irresponsável e malicioso que a companhia de seguros irá pagar a sua eventual punição, nada em princípio irá detê-lo de agir ilicitamente (...) O segundo motivo é o de que o ônus da sanção consistente na indenização punitiva é imposto *intuitu personae* e, por tal motivo, não se pode admitir o fato de que a companhia de seguros vá distribuir esse custo entre todos os seus demais inocentes segurados".[70]

O professor Walter Polido, um dos maiores especialistas em direito dos seguros do Brasil, afirma em sua magistral obra que mesmo na cobertura do seguro RC produtos, quando há a extensão da cobertura ao exterior (referente a um produto exportado), muitas vezes existem exclusões específicas relacionadas à cobertura do *punitive damages*, que em geral são arbitradas por tribunais norte-americanos. Segundo as palavras do professor, "qualquer que seja o procedimento adotado em relação aos textos referentes à extensão da cobertura ao exterior, recomenda-se que eles sigam os mesmos parâmetros encontrados na cobertura concernente ao Território Nacional, com raras exceções. De qualquer maneira, são encontradas,

---

[69] BASSAN, Marcela Alcazas. *As funções da indenização por danos morais e a prevenção de danos futuros.* 2009. Dissertação (Mestrado em Direito Civil) – Faculdade de Direito, Universidade de São Paulo, São Paulo, 2009. p. 62. Disponível em: <http://www.teses.usp.br/teses/disponiveis/2/2131/tde-24112009-133257/>. Acesso em: 2014-05-10.

[70] BRUM, Vitor Oliveira Neto Leal. *Punitive Damages.* 2013. Trabalho de Conclusão de Curso (Graduação em Direito) – Faculdade de Direito, Universidade de Brasília, Brasília. 2013. p. 21. Disponível em: <http://bdm.bce.unb.br/bitstream/10483/4753/1/2013_VitorOliveiraNetoLealBrum.pdf>. Acesso em 18.5.2014.

muitas vezes, exclusões específicas para o risco no exterior, por exemplo, as indenizações punitivas (*punitive damage, exemplary damage*), em geral arbitradas por tribunais norte-americanos. Esta exclusão tem sido adotada de maneira ampla, ou seja, por praticamente todos os mercados de seguros e resseguros em relação às exposições de riscos nos países sob a *Common Law*".[71]

Adentrando no direito comparado e na doutrina portuguesa, é interessante a lição de Sara Monteiro Pinto Ferreira da Silva, exposta em sua dissertação de mestrado forense. Para a jurista, a eficácia preventiva dos *punitive damages* é baseada na sua indeterminação e na decorrente incapacidade do infrator realizar cálculos econômicos para saber se o lucro que espera obter ultrapassará as indenizações ligadas aos danos punitivos. Assim, por motivos lógico-jurídicos, a autora se opõe à viabilidade do seguro de responsabilidade civil em relação à indenização punitiva, afirmando que, como sabemos, cada vez mais é prática corrente a realização de seguros de responsabilidade civil. Esse seguro é obrigatório em muitas actividades consideradas perigosas, sendo o exemplo mais comum o seguro automóvel. Assim, é estabelecido um contrato de seguro entre o segurado e uma companhia de seguros, e transferido o risco do primeiro para a segunda, mediante um determinado conjunto de condições e de limites. Considerando aquilo que vem sendo dito acerca dos danos punitivos e das garantias da sua eficácia (o facto de não existir limite prévio, e do montante ser indeterminado), cumpre saber se a eficácia preventiva desta figura é colocada em causa pela admissão de contratos de seguro que prevejam a cobertura dos danos punitivos, por exemplo, ao nível da responsabilidade do produtor (da relação entre danos punitivos e responsabilidade objectiva trataremos no ponto seguinte). Serão os contratos de seguro incompatíveis com os danos punitivos? A eficácia preventiva desta figura, e decorrente da sua indeterminação, está na incapacidade do infractor fazer cálculos económicos para saber se o lucro que espera obter ultrapassa a indemnização que terá de pagar ao lesado, acrescida da quantia imposta a título de danos punitivos. Então, a transferência desse risco para um terceiro, vai enfraquecer a eficácia preventivo-punitiva desta figura, pois ela perde efeito dissuasor. É claro que podemos argumentar que o lesante terá de suportar o montante imposto a título de danos punitivos, sempre que este ultrapasse o limite máximo que o seguro cobre, e que terá um consequente aumento do prémio, mas estes argumentos não restituem a força dissuasora que a existência do seguro retirou. Brandão Proença sustenta igualmente que o fim preventivo-punitivo da responsabilidade civil está limitado, e talvez ameaçado, pelo alargamento da cobertura do seguro, «na medida em que o agente da indemnização tende a ser cada vez menos o responsável, o lesado beneficia com a ausência de justificação para a redução, e a 'reserva sancionatória' tende a ficar basicamente circunscrita à área das relações internas (na solidariedade), às condutas culposas não cobertas pelo seguro ou com limites de cobertura e

---

[71] POLIDO, Walter A. *Seguros de Responsabilidade Civil: Manual Prático e Teórico*. Curitiba: Juruá, 2013, p. 733.

ao âmbito dos danos não patrimoniais, desde que desprovidos de tutela reparadora colectiva». Assim sendo, é inegável que a diluição da culpa através do seguro de responsabilidade civil retira força à censura feita ao agente. Por tudo isto, considero que tais contratos não devem ser válidos, isto é, não podem proteger o lesante da imposição de danos punitivos, limitando-se a transferência do risco à reparação dos danos causados ao lesado".[72]

A doutrina argentina, fazendo referência ao debate norte-americano, também concorda com a inviabilidade da cobertura securitária em relação à indenização punitiva, conforme a linha argumentativa dos autores citados anteriormente.[73]

Ainda analisando o direito argentino, importante transcrever a lição exposta na tese acadêmica de María Virginia Mattio, quanto ao tema, ao afirmar que "La ley guarda silencio sobre la asegurabilidad de los daños punitivos, tema de suma importancia sobre el cual debería haberse pronunciado. El planteo gira en torno a la posibilidad de asegurar la responsabilidad derivada de la aplicación de daños punitivos. En Estados Unidos, en el caso 'Cas Co. vs. Mc.Nulty' de 1962, se prohibió asegurar las consecuencias de los daños punitivos, porque si así fuera estos perderían el efecto de castigo y disuasión que persiguen. Esta tendencia sigue aplicándose hasta la actualidad, ya que en la mayoría de los estados expresamente se ha prohibido la asegurabilidad de los daños punitivos. El criterio que nace con el fallo, puede funcionar pero puede plantearse excepciones como el caso de que los daños punitivos sean derivados de la actuación de empleados o dependientes, en este supuesto debería permitirse la asegurabilidad para brindar protección a las empresas. A nivel nacional, la asegurabilidad sería imposible, primero porque si los efectos de la aplicación de los daños punitivos pudieran diluirse a través del seguro, perderían totalmente su propósito sancionatorio y preventivo.

---

[72] SILVA, S. M. P. F. *Danos Punitivos – Problemas em relação à sua admissibilidade no ordenamento jurídico português*. 2012. 48 f. Dissertação (Mestrado em Direito) – Universidade Católica Portuguesa, Lisboa. 2012. Páginas 28-29. Disponível em: <http://repositorio.ucp.pt/bitstream/10400.14/10551/1/Danos%20punitivos%20-%20%20Problemas%20em%20relação%20à%20sua%20admissibilidade%20no%20ordenamento%20jur%C3%ADdico%20português.pdf>. Acesso em 17.5.2014.

[73] "Finalmente, cabe recordar la polémica sobre la asegurabilidad o no del riesgo por daños punitivos. En los Estados Unidos ha sido cuantiosa la jurisprudencia y la doctrina que ha debatido sobre el tema. Y es que el derecho de daños no puede ser totalmente comprendido sin prestar mucha atención a los seguros, y, correlativamente, el derecho de seguros no puede entenderse acabadamente sin prestar especial atención al derecho de daños. El conflicto se plantea a partir de los fines que tiene este instituto. Como hemos dicho anteriormente, y según los autores que se sigan, los llamados daños punitivos tienen como objetivo tanto la retribución (61) por el daño causado como –fundamentalmente– la disuasión (62) de conductas temerarias. *Justamente es aquí donde se plantea la postura negativa a la posibilidad de contratar seguros, debido a que el seguro anula los objetivos que persiguen los daños punitivos.* Si el monto punitorio lo paga una compañía de seguros, deja de ser punitorio; y la espina que, teóricamente, debía dejar una marca en el demandado, difícilmente logre cumplir su cometido. Estimamos por ello que esta clase de riesgos no debería ser asegurable. Recordando una clásica jurisprudencia estadounidense, "si se permite descargar en un seguro las consecuencias de los daños punitivos éstos no tendrían ningún efecto disuasivo ni punitivo contra el culpable" (63). Y es que el seguro recorta la función disuasoria–preventiva (64) del instituto, en cuanto no permite que el dañador "salga herido" por su conducta antisocial.". DÍAZ, Juan C. ELÍAS, José S. GUEVARA, Augusto M. ¿*Los "daños punitivos" aterrizan en el derecho argentino? Aportes para un debate más amplio*. Página 8. Disponível em: <http://www.cefeidas.com/http://www.cefeidas.com.previewdns.com/wp-content/uploads/2011/01/El%C3%ADas-Los-daños-punitivos-aterrizan-en-el-derecho-argentino.pdf>. Acesso em 18.5.2014.

Segundo, conforme la ley de seguros, Art. 114 "el asegurado no tiene derecho a ser indemnizado cuando provoque dolosamente o con culpa grave el hecho del que nace su responsabilidad", claramente si los hechos descriptos en el articulo son presupuestos necesarios para que haya daño punitivo, no hay posibilidad de aseguramiento".[74]

Na doutrina brasileira, é bastante interessante a lição de Pedro Ricardo e Serpa. O talentoso jurista, em sua brilhante e impressionante dissertação de mestrado, afirma que o próprio Código Civil de 2002 impossibilita a cobertura da indenização punitiva. O seu art. 762 prescreve que será nulo o contrato para garantia de risco proveniente de ato doloso do segurado, do beneficiário, ou de representante de um ou de outro. Portanto, o art. 762 do CC/02 exclui a incidência da indenização punitiva quando ocasionada por ato doloso. Já o art. 768 da mesma lei prescreve que o segurado perderá o direito à garantia se agravar intencionalmente o risco objeto do contrato, daí "se extraindo a interpretação jurisprudencial de que o segurado perderá o direito de ressarcimento se houver se conduzido não apenas com dolo, mas, igualmente, com culpa grave, agravando indevidamente o risco objeto do contrato". Se o segurado agisse com culpa grave, ele agravaria indevidamente o risco, então, perderia portanto o direito à cobertura.[75]

---

[74] MATTIO, María Virginia. *Daños punitivos en la Ley de Defensa del Consumidor*. Buenos Aires: Las tesinas de Belgrano, n. 440, 2010, p. 22-23. Disponível em: <http://www.ub.edu.ar/investigaciones/tesinas/440_Mattio.pdf>. Acesso em 18.5.2014.

[75] "Ainda que, à luz das características específicas do sistema da *common law*, fosse possível atribuir algum valor aos parcos argumentos a favor da contratação de seguro de responsabilidade civil para evitar condenações relacionadas aos *punitive damages*, o mesmo não se pode dizer sob a ótica do Direito Brasileiro, cujas normas atinentes ao contrato de seguro inadmitem a transferência do risco decorrente de condutas dolosas ou gravemente culposas por parte do segurado. Com efeito, logo nas disposições gerais do contrato de seguro, o Código Civil de 2002 fixa balizas suficientes para se defender a inadmissibilidade de tal sorte de contratação. A uma, no art. 762, do CC/2002, prescreve-se que *"nulo será o contrato para garantia de risco proveniente de ato doloso do segurado, do beneficiário, ou de representante de um ou de outro"*. Admitir-se a transferibilidade do *"risco"* (tratar-se-ia muito mais de *"certeza"* do que, propriamente, de *"risco"*) de cometimento de um ato doloso significaria permitir a celebração de contrato com objeto ilícito, e que se desviasse de seus fins econômicos e sociais, impondo-se-lhe a sanção de nulidade ainda que vazia fosse a dicção do aludido art. 762, do CC/2002. A duas, ainda que se não pudesse falar em nulidade, o art. 768, do CC/2002, prescreve que "[o] *segurado perderá o direito à garantia se agravar intencionalmente o risco objeto do contrato*", daí se extraindo a interpretação jurisprudencial de que o segurado perderá o direito de ressarcimento se houver se conduzido não apenas com dolo, mas, igualmente, com culpa grave, agravando indevidamente o risco objeto do contrato. À luz dos suprarreferidos dispositivos legais, e considerando o quanto acima exposto a respeito dos pressupostos subjetivos para a incidência da indenização punitiva (a saber: o dolo ou a culpa grave), vê-se que um contrato de seguro que objetivasse a transferência do risco de submissão do segurado ao pagamento de indenização punitiva ou bem seria nulo (ante a vedação de transferência do *"risco"* de cometimento de ato doloso, *ex vi* do art. 762, do CC/2002), ou a cobertura devida ao segurado seria negada pela empresa seguradora (ante a impossibilidade de agravamento intencional do risco, *ex vi* do art. 768, do CC/2002). Ainda que não se lhe pudesse reputar ilegal, a contratação de seguro para a indenização punitiva seria, no mínimo, indesejável. Pedindo-se licença ao leitor para relembrar argumentos já apresentados, quando analisamos a questão sob a ótica dos países da *common law*, por certo a transferibilidade do risco de condenação ao pagamento de uma sanção punitiva esvaziaria consideravelmente os propósitos de punição e prevenção perseguidos pela indenização punitiva: nesse caso, a empresa seguradora suportaria, com seu patrimônio, a indenização agravada que só veio a ser assim quantificada em razão da gravidade da conduta realizada por seu segurado. Pune-se pessoa diversa do ofensor". SERPA, Pedro Ricardo e. *Indenização punitiva*. 2011. Dissertação (Mestrado em Direito Civil) – Faculdade de Direito, Universidade de São Paulo, São Paulo, 2011. Páginas 265-266. Disponível em: <http://www.teses.usp.br/teses/disponiveis/2/2131/tde-15052012-102822/>. Acesso em: 2014-05-29.

Em seguida, o mesmo jurista lança outro argumento muito interessante. Se a cobertura securitária do seguro de responsabilidade civil cobrisse as indenizações punitivas, ela poderia estimular o segurado a se comportar de maneira descuidada, incorrendo no fenômeno da *moral hazard*. Sustenta que "de outro lado, sabedor de que todas as consequências prejudiciais de suas condutas serão suportadas pela empresa seguradora (ainda que resultem de grave incúria ou, até mesmo, de atos intencionais), o segurado poderá se sentir estimulado a se comportar de maneira descuidada, incorrendo-se no fenômeno denominado pelos economistas de *moral hazard*. Em adendo, Vítor Fernandes GONÇALVES afirma que a vedação da contratação de seguro para a cobertura do que denomina de *riscos extremos* (i.e., aqueles decorrentes de culpa grave ou dolo, aptos a ensejar a condenação do ofensor ao pagamento de indenização punitiva, em valor potencialmente elevado) tem ainda um outro fator benéfico: a exclusão desses riscos permitiria a diminuição do valor do prêmio dos seguros básicos, possibilitando, assim, que mais pessoas celebrassem contratos de seguro, bem como a extensão de benefícios desses seguros sem aumento sensível no valor do prêmio." Por todos os argumentos acima expostos, conclui-se que, se o legislador *"considera que a pena privada é uma sanção útil, a qual deve sempre conservar todas as suas virtudes dissuasivas, deve-se proibir a cobertura por meio de contrato de seguro"*.[76]

Portanto, podemos concluir neste tópico que não é cabível a cobertura securitária da indenização punitiva no Brasil, pelos diversos argumentos já expressos anteriormente. Assim, a mais coerente das teorias é a teoria restritiva da aplicabilidade da cobertura da indenização punitiva. É importante ainda ressaltar o art. 5º da LINDB (Lei de Introdução às Normas do Direito Brasileiro, o Decreto-Lei n. 4657/42) que dispõe que "na aplicação da lei, o juiz atenderá aos fins sociais a que ela se dirige e às exigências do bem comum". Ou seja, o jurista deve interpretar o direito de maneira sistemática e teleológica, buscando ajustar as estruturas dos institutos jurídicos às mais modernas e coerentes exigências sociais. Segundo a clássica obra de Claus-Wilhelm Canaris, o sistema jurídico é caracterizado pela sua unidade interna e pela adequação valorativa de suas normas.[77]

---

[76] SERPA, Pedro Ricardo e. *Ibid.*, p. 267.

[77] "As características do conceito geral do sistema são a ordem e a unidade. Eles encontram a sua correspondência jurídicas nas idéias da adequação valorativa e da unidade interior do Direito; estas não são apenas pressuposições de uma jurisprudência que se entenda a si própria como Ciência e premissas evidentes dos métodos tradicionais de interpretação, mas também, e sobretudo, consequências do princípio da igualdade e da "tendência generalizadora" da justiça, portanto, mediatamente, da própria "idéia de Direito". CANARIS, Claus-Wilhelm. *Pensamento sistemático e conceito de sistema na ciência do direito.* Tradutor: Menezes Cordeiro. 2. ed. Lisboa: Fundação Calouste Gulbenkian, 1996, p. 279.

É importante também comentar o art. 60-A[78] do Projeto de Lei n. 281, de 2012 (PLS 281/12),[79] [80] que visa a reformar o Código de Defesa do Consumidor. Segundo este artigo, o Poder Judiciário poderá aplicar multas civis aos fornecedores que reiteradamente atuarem contra as previsões das normas de defesa do consumidor. O objetivo desta norma é prevenir futuros abusos dos fornecedores (especialmente devido à hipossuficiência econômica dos consumidores) por meio de punições econômicas, assim, assemelha-se em certos pontos com a teoria da indenização punitiva. Entretanto, pelos mesmos motivos citados nas páginas anteriores, não será cabível a cobertura do seguro de responsabilidade civil em relação a este instituto de multa civil previsto no 60-A do PLS 281/12, caso esta norma venha a ser futuramente aprovada pelo Legislativo.

## 4. Análise das regras estipuladas pelo Sistema Nacional de Seguros Privados (SNSP)

No Brasil, os contratos de seguro, além de serem delineados legalmente pelo Código Civil e pelo Código de Defesa do Consumidor, também são regidos pelo Sistema Nacional de Seguros Privados.[81] Dentro da lógica do dirigismo

---

[78] "Art. 60-A. O descumprimento reiterado dos deveres do fornecedor previstos nesta lei poderá ensejar na aplicação pelo Poder Judiciário de multa civil em valor adequado à gravidade da conduta e suficiente para inibir novas violações, sem prejuízo das sanções penais e administrativas cabíveis e da indenização por perdas e danos, patrimoniais e morais, ocasionados aos consumidores. Parágrafo único. A graduação e a destinação da multa civil observarão o disposto no art. 57." Consultar: *PLS n. 281/2012*. Disponível em: <http://www.senado.gov.br/atividade/materia/getPDF.asp?t=147424&tp=1>. Acesso em 2.11.2014.

[79] Em dezembro de 2010, foi instalada pela Presidência do Senado uma Comissão de Juristas para elaborar propostas de reformulação do Código de Defesa do Consumidor (CDC). A Comissão é presidida pelos juristas Antônio Herman Benjamin (Ministro do STJ), Cláudia Lima Marques, Ada Pellegrini Grinover, Kazuo Watanabe, Leonardo Roscoe Bessa e Roberto Augusto Castellanos Pfeiffer, elaborando desde o seu início três Projetos de Lei, dentre os quais o projeto de nº 281/12, que versa sobre as novas normas envolvendo o comércio eletrônico de consumo. Conferir: MODENESI, Pedro. *Contratos eletrônicos de consumo: Aspectos doutrinário, legislativo e jurisprudencial*. In MARTINS, Guilherme M. (Coord.). *Direito Privado e Internet*. São Paulo: Atlas, p. 301-369, 2014, p. 331.

[80] "A reforma do Código de Defesa do Consumidor está tramitando no Senado Federal, e se debruça sobre três temáticas: (i) disposições gerais e comércio eletrônico (PLS nº 281/2012); (ii) ações coletivas (PLS nº 282/2012) e (iii) superendividamento (PLS nº 283/2012). (...)." Conferir: GUGLINSKI, Vitor. *Principais aspectos da reforma do Código de Defesa do Consumidor: disposições gerais e comércio eletrônico (PLS nº 281/2012). Jus Navigandi*, Teresina, ano 17, n. 3423, 14 nov. 2012. Disponível em: <http://jus.com.br/artigos/23015>. Acesso em: 8 out. 2014.

[81] Como ensina Ângelo Mário Cerne (apenas ressalvando que atualmente não existe mais o monopólio do IRB, sendo possível a entrada condicionada de resseguradoras privadas em nosso mercado): "O Sistema Nacional de Seguros Privados compreende o seguro, o co-seguro, o resseguro e a retrocessão, visando abranger todas as atividades securitárias e, assim, determinar o melhor aproveitamento de prêmios pelo mercado brasileiro de seguros, fortalecendo-o através da pulverização dos riscos pelo maior número de seguradoras (art. 4 da Lei de Seguros). O Sistema Nacional de Seguros é constituído do Conselho Nacional de Seguros (CNSP) da Superintendência de Seguros Privados (SUSEP), do Instituto de Resseguros do Brasil (IRB), das Sociedades de Seguros e de Corretores habilitados (art. 8º da Lei de Seguros)." Conferir: CERNE, Ângelo Mário. *O seguro privado no Brasil*. Rio de Janeiro: F. Alves, 1973, p. 16.

contratual,[82] alguns modelos de cláusulas contratuais normalmente são regulados e certos conteúdos contratuais são impostos às seguradoras por meio de atos administrativos regulatórios, como as resoluções da CNSP[83] e as portarias da SUSEP.[84] No Brasil, as sociedades seguradoras têm liberdade restrita para criação de clausulados contratuais, já que precisam se submeter também às disposições das autoridades administrativas, sob pena de serem penalizadas com multas, decorrente do poder de polícia da autarquia[85] denominada SUSEP.

O Decreto-Lei n. 73/66 (conhecido por muitos como a "Lei de Seguros") estabelece em seu artigo 32, inciso IV, que compete ao CNSP fixar as características gerais dos contratos de seguro. Ainda, o artigo 36, alínea "c" afirma que cabe à SUSEP fixar condições de apólices, planos de operações e tarifas a serem utilizadas obrigatoriamente pelo mercado segurador nacional; a alínea "b" afirma que cabe à SUSEP baixar instruções e expedir circulares relativas à regulamentação das operações de seguro, de acordo com as diretrizes do CNSP; e finalmente, a alínea "e" afirma que cabe à SUSEP examinar e aprovar as condições de coberturas

---

[82] "A intervenção legislativa na órbita do Direito Privado, assim, evolui para o denominado "dirigismo contratual". A intervenção normativa, no âmbito contratual, reduzindo a efetividade do princípio da autonomia da vontade, é percebida como resposta da sociedade aos períodos de instabilidade política e econômica, mormente observados entre as duas guerras mundiais, ao introduzir parâmetros de observância compulsória às partes contratantes". PENTEADO JR., Cassio M. C. *O relativismo da autonomia da vontade e a intervenção estatal nos contratos*. R. CEJ, Brasília, n. 23, p. 66-72, out./dez. 2003. Página 68.

[83] "Conselho Nacional de Seguros Privados (CNSP) – órgão responsável por fixar as diretrizes e normas da política de seguros privados; é composto pelo Ministro da Fazenda (Presidente), representante do Ministério da Justiça, representante do Ministério da Previdência Social, Superintendente da Superintendência de Seguros Privados, representante do Banco Central do Brasil e representante da Comissão de Valores Mobiliários. Dentre as funções do CNSP estão: regular a constituição, organização, funcionamento e fiscalização dos que exercem atividades subordinadas ao SNSP, bem como a aplicação das penalidades previstas; fixar as características gerais dos contratos de seguro, previdência privada aberta, capitalização e resseguro; estabelecer as diretrizes gerais das operações de resseguro; prescrever os critérios de constituição das Sociedades Seguradoras, de Capitalização, Entidades de Previdência Privada Aberta e Resseguradores, com fixação dos limites legais e técnicos das respectivas operações e disciplinar a corretagem de seguros e a profissão de corretor." Conferir: BANCO CENTRAL DO BRASIL. *Conselho Nacional de Seguros Privados*. Disponível em: <http://www.bcb.gov.br/pre/composicao/cnsp.asp>. Acesso em 29.7.2014.

[84] "A Superintendência de Seguros Privados – SUSEP, autarquia federal, possui autonomia administrativa e financeira (art. 35 da Lei do Seguro), para o exercício de suas funções. A SUSEP, como órgão do SNSP constituído como executor da política securitária ditada pelo Conselho Nacional de Seguros Privados, deverá fiscalizar a constituição, organização, funcionamento e as operações das sociedades empresárias que tenham como objeto a exploração de seguros privados". Conferir: SILVA, Ivan de Oliveira. *Curso de direito do seguro*. 2. ed. São Paulo: Saraiva, 2012, p. 53-54.

[85] Já dissemos, e convém repetir, que o Estado é dotado de *poderes políticos* exercidos pelo Legislativo, pelo Judiciário e pelo Executivo, no desempenho de suas funções constitucionais, e de *poderes administrativos* que surgem secundariamente com a administração e se efetivam de acordo com as exigências do serviço público e com os interesses da comunidade. Assim, enquanto os *poderes políticos* identificam-se com os Poderes de Estado e só são exercidos pelos respectivos órgãos constitucionais do Governo, os *poderes administrativos* difundem-se por toda a Administração e se apresentam como meios de sua atuação. Aqueles são poderes imanentes e estruturais di Estado; estes são contingentes e instrumentais da Administração. Dentre os *poderes administrativos* figura, com especial destaque, o *poder de polícia administrativa*, que a Administração Pública exerce sobre todas as atividades e bens que afetam ou possam afetar a coletividade. Para esse policiamento há competências exclusivas e concorrentes das três esferas estatais, dada a descentralização político-administrativo decorrente do nosso sistema constitucional". MEIRELLES, Hely Lopes. *Direito Administrativo Brasileiro*. 33. ed. São Paulo: Malheiros, 2007, p. 130.

especiais, bem como fixar as taxas aplicáveis. Assim, nestes artigos de lei estão dispostas as diretrizes básicas do CNSP e da SUSEP para o exercício do devido poder administrativo regulamentar.[86]

A circular n. 437/2012 da SUSEP, que trata sobre as regras básicas do seguro de responsabilidade civil geral, não prevê os danos punitivos.

As cláusulas dos seguros de responsabilidade civil geral estão previstas nas "condições cláusulas padronizadas" criadas pela SUSEP, previstas no processo n. 15414.001870/2005-24 da autarquia, ancoradas na circular 437/2012 da mesma. Nestas cláusulas padronizadas, existe a previsão, dentro da seção correspondente às condições gerais do contrato, da exclusão da cobertura dos danos punitivos.

> 5 – RISCOS EXCLUÍDOS (...). 5.3 – ESTE CONTRATO NÃO INDENIZA, NEM REEMBOLSA: a) as multas, de qualquer natureza, impostas ao Segurado, *bem como as indenizações punitivas e/ou exemplares às quais seja condenado pela Justiça.*[87]

Apesar da previsão deste clausulado, duas perguntas precisam ser expostas neste contexto. A primeira é referente à possibilidade de tal risco excluído ser considerado cláusula abusiva pelo Judiciário, ou seja, se a cobertura securitária envolvendo dano moral precisa necessariamente abranger os danos punitivos. A segunda, é se a seguradora pode, conforme as regras da própria SUSEP, modificar tal disposição.

Não acreditamos que a previsão deste risco excluído é abusiva ao consumidor em um contrato de consumo, ou então, ao outro contratante, em um contrato empresarial de seguro. Este trabalho doutrinário posiciona-se favorável à doutrina da teoria restritiva da aplicabilidade da cobertura da indenização punitiva pelo seguro de responsabilidade civil. Os motivos já foram expostos anteriormente, no tópico anterior desta dissertação. Nem pode o segurado consumidor, ou o segura-

---

[86] O poder administrativo regulamentar é o poder-dever que tem a Administração Pública de criar normas administrativas infralegais para complementar as normas legais. Afinal, é impossível o poder Legislador conseguir precisar de maneira abstrata todas as normas necessárias em uma sociedade, portanto, em diversas situações, ele expressamente permite que a Administração Pública venha a reger normas secundárias aptas a complementar as normas primárias que advém de diplomas legais. No caso, é a própria lei (em sentido formal, conforme o art. 59 da CRFB/88) que estabelece este poder para a Administração, que somente deverá complementar as leis, sendo que nunca poderá esta inovar na ordem jurídica, sob pena de ferir o princípio da legalidade estipulado no art. 5, inciso II, e no caput do art. 37 da Constituição Federal. Afinal, somente a lei pode criar direitos e deveres para as pessoas, porque foram aprovadas pelos representantes do povo, conforme o princípio democrático. Nenhum agente titular do poder-dever administrativo regulamentar foi eleito pelo povo para a criação de direitos e deveres originários para os mesmos. Como ensina o grande administrativista Hely Lopes Meirelles: "No poder de chefiar a Administração está implícito o de regulamentar a lei s suprir, com normas próprias, as omissões do Legislativo que estiverem na alçada do Executivo. Os vazios da lei e a imprevisibilidade de certos fatos e circunstâncias que surgem, a reclamar providências imediatas da Administração, impõem se reconheça ao Chefe do Executivo o poder de *regulamentar*, através de *decreto*, as normas legislativas incompletas, ou de prover situações não previstas pelo legislador, mas ocorrentes na prática administrativa. O essencial é que o Executivo, ao expedir regulamento – autônomo ou de execução da lei –, não invada as chamadas "reservas da lei", ou seja, aquelas matérias só disciplináveis por lei, e tais são, em princípio, as que afetam as garantias e os direitos individuais assegurados pela Constituição (art. 5º)." Bibliografia: MEIRELLES, Hely Lopes. *Direito Administrativo Brasileiro*. 33. ed. São Paulo: Malheiros, 2007, p. 128.

[87] Disponível em: <http://www2.susep.gov.br/bibliotecaweb/docOriginal.aspx?tipo=4&codigo=29548>. Acesso em 19/5/2014.

do em um contrato de seguro por adesão, alegar o argumento de que nas cláusulas ambíguas a interpretação é favorável ao aderente,[88] se existir no contrato a previsão de cobertura por danos morais.[89] A doutrina claramente defende a dissociação da reparação moral compensatória em relação à indenização punitiva, não havendo fundamento para a alegação de ambiguidade interpretativa.

Quanto ao segundo ponto, teoricamente, ao menos em um primeiro momento, a seguradora poderia remover perante a regulação da autarquia o *status* de exclusão dos danos punitivos das coberturas de seus contratos. Conforme a circular 437/2012, a seguradora pode propor a inclusão de novas coberturas ou cláusulas, além de propor a modificação das mesmas (e mesmo se houver a negativa da SUSEP, é possível o produto ser enquadrado como não padronizado):

> Art. 3º Observadas as normas em vigor e as demais disposições deste normativo, as Sociedades Seguradoras poderão, em relação às condições padronizadas disponibilizadas por esta Circular: I – submeter alterações pontuais; II – propor a inclusão de novas coberturas e/ou de novas cláusulas específicas. § 1º Após analisar as alterações propostas pelas Sociedades Seguradoras, a Susep poderá aceitá-las, recusá-las, ou, ainda, aceitá-las parcialmente, para fins de enquadramento do produto submetido como Plano Padronizado do Seguro de Responsabilidade Civil Geral. § 2º Se a Sociedade Seguradora optar por manter qualquer alteração que, embora não contrária aos normativos em vigor, tenha sido considerada, pela Susep, inadequada para que o produto submetido venha a ser enquadrado como padronizado, então este será analisado como Plano Não-Padronizado do Seguro de Responsabilidade Civil Geral.

Apesar destas oportunidades criadas pela política regulatória da SUSEP, não seria possível a inclusão de uma cláusula em um contrato de seguro de R.C. possibilitando a cobertura da indenização punitiva, pela adoção em nosso ordenamento da teoria restritiva da viabilidade da cobertura securitária da indenização punitiva.

O art. 13 da circular n. 440/2012 da SUSEP, sobre microsseguros, em duas situações específicas prevê os danos punitivos como riscos a serem excluídos *facultativamente* nos contratos em hipóteses envolvendo microsseguros de responsabilidade civil, conforme os anseios das seguradoras. Tal conclusão pode ser deduzida da redação do *caput* do artigo cujo enunciado utiliza a expressão "poderão prever" (grifo nosso):

---

[88] Art. 423 do CC/02: "Quando houver no contrato de adesão cláusulas ambíguas ou contraditórias, dever-se-á adotar a interpretação mais favorável ao aderente."

[89] Os danos morais podem ser cobertos pela cobertura do seguro de responsabilidade civil. Em princípio, são riscos excluídos, mas podem, facultativamente, ser previstos como riscos cobertos. Conforme as "cláusulas contratuais padronizadas" de seguro de responsabilidade civil geral estipuladas pela SUSEP (processo n. 15414.001870/2005-24), nas "condições gerais" do contrato (grifo nosso) encontramos as seguintes disposições: "5.4 – ESTE CONTRATO NÃO INDENIZA, NEM REEMBOLSA, SALVO CONVENÇÃO EM CONTRÁRIO, NAS CONDIÇÕES ESPECIAIS E/OU PARTICULARES: e) DANOS MORAIS, ainda que decorrentes de danos corporais e/ou materiais cobertos pelo seguro; (…)." A cobertura dos danos morais está prevista na cobertura adicional n. 238 do clausulado padronizado, entretanto, apenas há previsão para danos morais decorrentes de danos materiais ou corporais garantidos pela cobertura contratada, assim, não há permissão prévia por parte da regulação quanto à cobertura de danos morais autônomos. Disponível em: <http://www2.susep.gov.br/bibliotecaweb/docOriginal.aspx?tipo=4&codigo=29548>. Acesso em 19/5/2014.

Art. 13. Além dos riscos excluídos previstos no artigo anterior, os planos *poderão prever* as seguintes exclusões específicas para: (...) XIII – cobertura de responsabilidade civil familiar: (...) c) dano moral e danos punitivos ou exemplares; (...) XIV – cobertura de responsabilidade civil – uso e conservação do imóvel: (...) c) dano moral e danos punitivos ou exemplares.[90] [91]

Assim, por meio de uma interpretação *a contrario sensu*,[92] através desta fórmula de redação, a SUSEP estipulou que os danos punitivos poderiam ser permitidos nos microsseguros de responsabilidade civil, já que previu a exclusão *facultativa* de tal cobertura em relação a estas duas coberturas securitárias contratuais transcritas acima. A SUSEP poderia ter sido mais precisa, como o direito colombiano, que expressamente estipulou que os danos punitivos são riscos definitivamente excluídos da cobertura de qualquer contrato de seguro de responsabilidade civil.[93] Esta previsão da SUSEP é extremamente problemática por afrontar a teoria doutrinária contrária à cobertura securitária dos danos punitivos, ainda mais no contrato de microsseguro, cuja estrutura de custos não é economicamente compatível com a cobertura destes tipos de danos.

Desta forma, o art. 13 da circular n. 440/2012 deveria ser nulo de pleno direito, por afrontar o Código Civil, e assim, afrontar o princípio da legalidade, já que nenhum ato infralegal (como uma circular da SUSEP) pode afrontar a lei em sentido estrito (e interpretada de maneira sistemática), para que não ocorra nenhum abuso do poder administrativo regulamentar.

---

[90] Disponível em: <http://www2.susep.gov.br/bibliotecaweb/docOriginal.aspx?tipo=1&codigo=29611>. Acesso em 19/5/2014.

[91] É evidente que a redação deste artigo se diferencia da redação do art. 12 da mesma circular, cuja redação impõe de forma coercitiva as exclusões de risco aos contratos de seguro, nos casos ali descritos (grifo nosso): "Art. 12. As exclusões específicas relativas a cada cobertura deverão estar relacionadas logo após a descrição dos riscos cobertos em todos os documentos contratuais, inclusive nos bilhetes, apólices e certificados individuais, e estão limitadas a: (...).".

[92] *"A contrario* (ou *a contrario sensu*) é uma locução latina que qualifica um processo de argumentação em que a forma é idêntica a outro processo de argumentação, mas em que a hipótese e, por consequência, a conclusão são as inversas deste último. Tal como na locução "a pari", usava-se originalmente, em linguagem jurídica, para se referir a um argumento que, usado a respeito de uma dada espécie, poderia ser aplicado a outra espécie do mesmo género. Tornou-se posteriormente um tipo de raciocínio aplicável a outros campos do conhecimento em que a oposição existente numa hipótese se reencontra também como oposição nas consequências dessa hipótese. Muito utilizado em Direito, o argumento *"a contrario"* tem de ser fundamentado nas leis lógicas de oposição por contrários, para que não se caia num argumento falacioso. Assim, se duas proposições contrárias não podem ser simultaneamente verdadeiras, podem ser simultaneamente falsas, já que podem admitir a particular intermédia. Por exemplo, à proposição verdadeira "todos os portugueses têm direito à segurança social" opõe-se a proposição falsa "nenhum português tem direito à segurança social"; contudo, o contrário da proposição falsa "todos os portugueses têm direito de voto" continua a ser falsa a proposição "nenhum português tem direito de voto", já que existe um meio termo verdadeiro: "alguns portugueses têm direito de voto". Da mesma forma, ao estar consignado na Constituição Portuguesa que "a lei estabelecerá garantias efectivas contra a obtenção e utilização abusivas, ou contrárias à dignidade humana, de informações relativas às pessoas e famílias", pode-se inferir que "A lei poderá não estabelecerá garantias efectivas contra a obtenção e utilização abusivas, ou contrárias à dignidade humana, de informações relativas às pessoas e famílias". Consultar: WIKIPEDIA. *A contrario*. Disponível em <http://pt.wikipedia.org/wiki/A_contrario>. Acesso em 30.5.2014.

[93] DAZA, Liliana Perea. *Cobertura del daño extrapatrimonial en el seguro de responsabilidad civil extracontractual*. 2011. Trabalho de Conclusão de Curso (Especialização em Direito da Responsabilidade Civil e do Estado) – Instituto de Posgrados Forum, Universidad de La Sabana, Bogotá. 2011. Disponível em: <http://intellectum.unisabana.edu.co:8080/jspui/bitstream/10818/3433/1/Rosa%20Liliana%20Perea%20Daza_152674.pdf>. Acesso em 18.5.2014.

## 5. Conclusão

A indenização moral pode se dividir em duas espécies quanto aos seus efeitos, a indenização compensatória e a punitiva. A existência da indenização punitiva é acolhida pela doutrina e pela jurisprudência brasileira, e também, pelo direito comparado. Entretanto, pelo viés punitivo preventivo deste tipo de indenização, não é possível qualquer cobertura securitária da mesma, segundo uma interpretação teológica e sistemática do direito.

Qualquer norma administrativa advinda das circulares da SUSEP que estipular, ou então, que vier a estipular a cobertura securitária da indenização punitiva, será nula de pleno direito.

## 6. Referências

ÁLVAREZ, Gladys S. GREGORIO, Carlos G. HIGHTON, Elena. *Limitación de la responsabilidad por daños: un enfoque socioeconómico.* Argentina: La Ley, v. 100, 1997. Disponível em: <http://www.iijusticia.org/docs/cc/Limitacion.pdf>. Acesso em 18.5.2014.

ANDRADE, André Gustavo Corrêa. *Dano Moral e Indenização Punitiva.* 2003. Dissertação (Mestrado em Direito) – Universidade Estácio de Sá, Rio de Janeiro. 2003.

——. *Indenização punitiva.* Disponível em: <http://www.tjrj.jus.br/c/document_library/get_file?uuid=dd10e43d-25e9-478f-a346-ec511dd4188a>. Acesso em 1.7.2014.

BANCO CENTRAL DO BRASIL. *Conselho Nacional de Seguros Privados.* Disponível em: <http://www.bcb.gov.br/pre/composicao/cnsp.asp>. Acesso em 29.7.2014.

BASSAN, Marcela Alcazas. *As funções da indenização por danos morais e a prevenção de danos futuros.* 2009. Dissertação (Mestrado em Direito Civil) – Faculdade de Direito, Universidade de São Paulo, São Paulo, 2009. Disponível em: <http://www.teses.usp.br/teses/disponiveis/2/2131/tde-24112009-133257/>. Acesso em: 2014-05-10.

BIQUET-MATHIEU, Ch. *Les peines privées – Rapport de droit belge.* Association Henri CAPITANT (Journées québécoises), Montreal – Québec, 11-18 set. 2004, página 3. Disponível em: <http://orbi.ulg.ac.be/bitstream/2268/66695/1/Les%20peines%20privées%20-%20preprint%20auteur.pdf>. Acesso em 19.5.2014.

BRUM, Vitor Oliveira Neto Leal. *Punitive Damages.* 2013. Trabalho de Conclusão de Curso (Graduação em Direito) – Faculdade de Direito, Universidade de Brasília, Brasília. 2013. Disponível em: <http://bdm.bce.unb.br/bitstream/10483/4753/1/2013_VitorOliveiraNetoLealBrum.pdf>. Acesso em 18.5.2014.

CÂMARA, Alexandre Freitas. *Lições de Direito Processual Civil.* 18. ed. Rio de Janeiro: Lumen Juris, 2008.

CANARIS, Claus-Wilhelm. *Pensamento sistemático e conceito de sistema na ciência do direito.* Tradutor: Menezes Cordeiro. 2. ed. Lisboa: Fundação Calouste Gulbenkian, 1996.

CAVALIERI FILHO, Sérgio. *Programa de Responsabilidade Civil.* São Paulo: Atlas, 2007.

CERNE, Ângelo Mário. *O seguro privado no Brasil.* Rio de Janeiro: F. Alves, 1973.

CORDEIRO, António Menezes. *Direito dos Seguros.* Coimbra: Almedina, 2013.

DAZA, Liliana Perea. *Cobertura del daño extrapatrimonial en el seguro de responsabilidad civil extracontractual.* 2011. Trabalho de Conclusão de Curso (Especialização em Direito da Responsabilidade Civil e do Estado) – Instituto de Posgrados Forum, Universidade de La Sabana, Bogotá. 2011. Disponível em: <http://intellectum.unisabana.edu.co:8080/jspui/bitstream/10818/3433/1/Rosa%20Liliana%20Perea%20Daza_152674.pdf>. Acesso em 18.5.2014.

DÍAZ, Juan C. ELÍAS, José S. GUEVARA, Augusto M. ¿Los "daños punitivos" aterrizan en el derecho argentino? Aportes para un debate más amplio. Disponível em: <http://www.cefeidas.com/http://www.cefeidas.com.previewdns.com/wp-content/uploads/2011/01/El%C3%ADas-Los-daños-punitivos-aterrizan-en-el-derecho-argentino.pdf>. Acesso em 18.5.2014.

FIUZA, César. Direito Civil: Curso Completo. 13. ed. Belo Horizonte: Del Rey, 2009.

FRATA, Laura. Funzioni della responsabilità civile e danni "ultracompensativi". 2011. Tese (doutorado em direito comparado) – Scuola di Dottorato in Scienze Giuridiche, Università Degli Studi di Milano, Milão. 2011. Disponível em: <http://air.unimi.it/bitstream/2434/156259/4/phd_unimi_R07475.pdf>. Acesso em 18.5.2014.

GILLOTA, Andrea Giuseppe Antonio. Le Pene Private e i Danni Punitivi. 2011. tese (doutorado em direito) – Facolta' Di Diurisprudenza, Universita' Degli Studi Di Catania, Catania. 2011. Disponível em: <http://archivia.unict.it/bitstream/10761/1187/1/GLTNDR79A06D960U-Le%20pene%20private%20e%20i%20danni%20punitivi.pdf>. Acesso em 18.5.2014.

GONÇALVES, Paula Beatriz Costa. A aplicação dos punitive damages no ordenamento jurídico brasileiro. 2013. Trabalho de Conclusão de Curso (Graduação em Direito) – Faculdade de Direito, Universidade de Brasília, Brasília, 2013.

GOULART JUNIOR. O. N. O contrato de seguro de responsabilidade civil e a teoria do reembolso sob a ótica da nova principiologia contratual. Dissertação (Mestrado em Direito Privado) - Faculdade Mineira de Direito, Pontifícia Universidade Católica de Minas Gerais, Minas Gerais, 2006. Disponível em: <http://www.biblioteca.pucminas.br/teses/Direito_GoulartJúniorON_1.pdf>. Acesso em 7.5.2014.

GOUVEIA. Roberta Corrêa. Limites à Indenização Punitiva. 2012. Tese (doutorado em Direito Civil Comparado) – Pontifícia Universidade Católica de São Paulo, São Paulo. 2012. Disponível em: <http://www.sapientia.pucsp.br//tde_arquivos/9/TDE-2012-12-17T08:49:35Z-13261/Publico/Roberta%20Correa%20Gouveia.pdf>. Acesso em 29.7.2014.

GUGLINSKI, Vitor. Principais aspectos da reforma do Código de Defesa do Consumidor: disposições gerais e comércio eletrônico (PLS nº 281/2012). Jus Navigandi, Teresina, ano 17, n. 3423, 14 nov. 2012. Disponível em: <http://jus.com.br/artigos/23015>. Acesso em: 8 out. 2014.

GÜNTHER, Christoph. Gebührenrecht – Legal Expenses: Rechtskosten und Schadensersatz im deutschen und US-amerikanischen Haftungsrecht. Disponível em: <http://www.es-rueck.de/resources/es/generic/publications-es/schriftenreihe/Schriftenreihe_Nr__4.pdf>. Acesso em 20.5.2014.

LOURENÇO, Paula Meira. A indemnização punitiva e os critérios para a sua determinação. Disponível em: <http://www.stj.pt/ficheiros/coloquios/responsabilidadecivil_paulameiralourenco.pdf>. Acesso em 18.5.2014.

MAGRO, Alexandra Lago. Exceção ao princípio da reparação integral do dano na responsabilidade civil objetiva. 2011. Trabalho de Conclusão de Curso (Especialização em Direito Civil) – Faculdade de Direito, Universidade Federal do Rio Grande do Sul, Porto Alegre, 2011.

MARK, Peterson. SARMA, Syam. SHANLEY, Michael. Punitive Damages: Empirical Findings. Califórnia: The RAND Corporation, 1987.

MARTINS-COSTA, Judith. PANGENDLER, Mariana Souza. Usos e Abusos da Função Punitiva: punitive damages e o Direito Brasileiro. Revista CEJ, Brasília, n. 28, p. 15-32, jan./mar. 2005.

MARTINS, João Marcos Brito. MARTINS, Lídia de Souza. Direito de Seguro: Responsabilidade Civil das Seguradoras. Rio de Janeiro: Forense Universitária, 2008.

MATAMOROS, Laura Victoria García. LOZANO, María Carolina Herrera. El concepto de los daños punitivos o punitive damages. Estud. Socio-Juríd., Bogotá (Colômbia), v. 5(1), p. 211-229, 2003. Disponível em: <http://revistas.urosario.edu.co/index.php/sociojuridicos/article/viewFile/88/75>. Acesso em 18.5.2014.

MATTIO, María Virginia. Daños punitivos en la Ley de Defensa del Consumidor. Buenos Aires: Las tesinas de Belgrano, n. 440, 2010, p. 22-23. Disponível em: <http://www.ub.edu.ar/investigaciones/tesinas/440_Mattio.pdf>. Acesso em 18.5.2014.

MEDEIROS, João Paulo Fontoura de. *Um olhar econômico-ambiental sobre a responsabilidade civil: a prevenção que vem refletida nos punitive damages*. Revista do Ministério Público do RS, Porto Alegre, n. 72, p. 141-200, mai./ago. 2012.

MEIRELLES, Hely Lopes. *Direito Administrativo Brasileiro*. 33. ed. São Paulo: Malheiros, 2007.

MELO, José Mário Delaiti de. *A industrialização do dano moral*. Âmbito Jurídico, Rio Grande, XVI, n. 111, abr 2013. Disponível em: <http://www.ambito-juridico.com.br/site/index.php/?n_link=revista_artigos_leitura&artigo_id=12703&revista_caderno=7>. Acesso em maio 2014.

MODENESI, Pedro. Contratos eletrônicos de consumo: Aspectos doutrinário, legislativo e jurisprudencial. *In* MARTINS, Guilherme M. (Coord.). Direito Privado e Internet. São Paulo: Atlas, p. 301-369, 2014, p. 331.

MONTEIRO FILHO, Carlos Edison do Rêgo. Artigo 944 do Código Civil: O problema da mitigação do princípio da reparação integral. *In* TEPEDINO, Gustavo. FACHIN, Luiz Edson. O direito e o tempo: embates jurídicos e utopias contemporâneas – Estudos em homenagem ao Professor Ricardo Pereira Lima. Rio de Janeiro: Renovar, 2008, p. 757-796.

NUSSENBAUM, Maurice. *L'appreciátion du préjudice*. Petites Afiches, França, n. 99, p. 78-89, 19 maio 2005. Disponível em: <http://sorgemeval.fr/IMG/pdf/L-appreciation-du-prejudice-mai2005.pdf>. Acesso em 19.5.2014.

PEREIRA, Caio Mário da Silva. *Instituições de Direito Civil: Introdução ao Direito Civil*. 21. ed. Rio de Janeiro: Forense, 2005, v. 1.

PASICH, Kirk A. *Insurance can cover punitive damage claims*. Daily Journal, Los Angeles, 12 abr. 2012.

PENTEADO JR., Cassio M. C. *O relativismo da autonomia da vontade e a intervenção estatal nos contratos*. R. CEJ, Brasília, n. 23, p. 66-72, out./dez. 2003.

PIMENTEL, Maria Helena da Silva. *O caráter punitivo do dano moral*. 2005. Trabalho de Conclusão de Curso (Graduação em Direito) – Universidade Cândido Mendes, Rio de Janeiro, 2005. POLIDO, Walter A. *Seguros de Responsabilidade Civil: Manual Prático e Teórico*. Curitiba: Juruá, 2013.

POLINSKY, A. Mitchell. SHAVELL, Steven. *Punitive Damages*. Disponível em: <http://www.law.harvard.edu/faculty/shavell/pdf/Punitive_damages_764.pdf>. Acesso em 18.4.2014.

RODRIGUES, Sílvio. *Direito Civil: Responsabilidade Civil*. 4. ed. São Paulo: Saraiva, 2002, v. 4.

SERPA, Pedro Ricardo e. *Indenização punitiva*. 2011. Dissertação (Mestrado em Direito Civil) – Faculdade de Direito, Universidade de São Paulo, São Paulo, 2011. Disponível em: <http://www.teses.usp.br/teses/disponiveis/2/2131/tde-15052012-102822/>. Acesso em: 2014-05-29.

SILVA, Ivan de Oliveira. *Curso de direito do seguro*. 2. ed. São Paulo: Saraiva, 2012.

SILVA, S. M. P. F. *Danos Punitivos – Problemas em relação à sua admissibilidade no ordenamento jurídico português*. Dissertação (Mestrado em Direito) – Universidade Católica Portuguesa, Lisboa. 2012. Disponível em: <http://repositorio.ucp.pt/bitstream/10400.14/10551/1/Danos%20punitivos%20-%20%20Problemas%20em%20relação%20à%20sua%20admissibilidade%20no%20ordenamento%20jur%C3%ADdico%20português.pdf>. Acesso em 17.5.2014.

SOUZA, Maicon de Souza e. *A aplicação da teoria dos "punitive damages" nas relações de trabalho. Instrumento para efetividade dos direitos trabalhistas*. Jus Navigandi, Teresina, ano 15, n. 2537, 12 jun. 2010. Disponível em: <http://jus.com.br/artigos/15014>. Acesso em: 1 jul. 2014.

TARTUCE, Flávio. *Manual de direito civil: volume único*. Forense: São Paulo, 2011.

TEIXEIRA, Leandro Fernandes. A prática de dumping social como um fundamento de legitimação de punitive damages, em uma perspectiva da análise econômica do direito. Dissertação (Mestrado em Relações Sociais e Novos Direitos) – Faculdade de Direito, Universidade Federal da Bahia. 2012.

THEODORO JUNIOR, Humberto. *Dano Moral*. São Paulo: Editora Juarez de Oliveira, 2009.

TZIRULNIK. Ernesto. *O futuro do seguro de responsabilidade civil*. Instituto Brasileiro de Direito do Seguro. Disponível em: <http://www.ibds.com.br/artigos/OFuturodoSegurodeResponsabilidadeCivil.pdf>. Acesso em 17.5.2014.

UEDA, Andrea Silva Rasga. *Responsabilidade civil nas atividades de Risco: um panorama atual a partir do código civil de 2002.* Dissertação (Mestrado em Direito Civil) – Universidade de São Paulo, São Paulo. 2008.

WIKIPEDIA. *A contrario.* Disponível em <http://pt.wikipedia.org/wiki/A_contrario>. Acesso em 30.5.2014.

## – X –

# Seguro garantia modalidade garantia trabalhista

### Adilson Neri Pereira

Especialista em Seguro Garantia. Advogado.

### Alexandre Mourão Bueno da Silveira

Pós-Graduado em Direito Contratual e Processual Civil pela PUC-SP, advogado e regulador de sinistro do seguro garantia.

### Caroline Emi Kimura

Graduada na Universidade Presbiteriana Mackenzie. Advogada.

### Hilton Gomes dos Santos

Pós-graduado em Direito Processual Civil pela Universidade Presbiteriana Mackenzie, advogado e Gerente de Sinistro Garantia.

### João Felez

Pós-graduando em Direito Contratual pela PUC-SP, advogado e especialista em sinistro garantia.

### Thais Helena dos Santos Cordioli

Pós-Graduada em Direito Processual civil pela Universidade Presbiteriana Mackenzie. Advogada e Consultora Jurídica.

### Thais Scavasin de Moraes Polla

Graduada pela Universidade Presbiteriana Mackenzie e pós-graduanda em Direito do Seguro e Resseguro pela Funenseg. Membro da Comissão de Direito Securitário da OAB/SP. Advogada.

*Sumário*: 1. Introdução; 2. Contrato de Seguro; 3. Seguro garantia; 4. Garantia trabalhista; 4.1. Licitações; 4.2. Cobertura para encargos trabalhistas; 5. Regulação do sinistro; 6. Expectativa, reclamação e caracterização do sinistro – seguro garantia obrigações trabalhistas; 7. Conclusão; 8. Referências.

## 1. Introdução

No presente trabalho, abordaremos a base securitária do contrato de seguro garantia apontando as suas peculiaridades, dentre elas a relação tripartite – segurado, tomador e seguradora –, em especial no contrato de seguro garantia modalidade garantia trabalhista em consonância com o quanto disposto na circular 477/2013 da emitida pela Superintendência de Seguros Privados – SUSEP.

Buscar-se-á estabelecer quais as relações jurídicas que existem entre segurado e tomador, que virão a ser amparados por essa modalidade de seguro garantia.

Devido à novidade do tema face a sua inserção na nova circular 477/2013 emitida pela SUSEP, discorreremos sobre a dinâmica destes contratos e como entendemos que deveria ser a regulação destes sinistros, eis que atualmente temos observado uma dissonância entre o quanto estabelecido nestes contratos de seguros e a prática vivenciada pelos segurados e tomadores, quando do momento do sinistro.

## 2. Contrato de Seguro

Dispõe o artigo 757 do Código Civil que "pelo contrato de seguro, o segurador se obriga, mediante o pagamento do prêmio, a garantir interesse legítimo[1] do segurado, relativo à pessoa ou a coisa, contra riscos predeterminados."

Define Pontes de Miranda que o contrato de seguro visa a pré-eliminar a álea àqueles que visam à garantia do restabelecimento do seu *status quo*[2] em caso de acontecimento de um determinado evento danoso pré-determinado.

Nesse sentido, no contrato de seguro, cria-se uma obrigação de resguardar o interesse do segurado: o risco. O segurador se compromete, mediante pagamento do prêmio, a entregar a outra parte determinada quantia caso ocorra algum evento previsto no contrato.

O conjunto dos prêmios advindos de diversos contratos cria a mutualidade jurídica entre os segurados ao formarem um agregado de recurso capaz de cobrir perdas causadas por eventuais sinistros advindos de um risco comum, bem como remunera a seguradora que se dispôs a assumir o risco.[3]

---

[1] "Significa la relación sobre um bien o "la participación en algo, el derecho sobre alguna cosa". Este algo es multiforme: puede ser uma cosa corporal determinada, mueble o inmueble; puede ser un derecho, el derecho a uma cosa o derivado de uma cosa, etc.; puede ser todo el patrimonio: no las cosas individualizadas que lo integran, sino su valor total". HALPERIN, Isaac. *El Contrato de Seguro*. Buenos Aires: Tipografia Editora Argentina, 1946, p.426

[2] "O que se segura não é propriamente o bem, razão por que, nas expressões "seguro de bens" ou "seguro de coisas" e "seguro de responsabilidade", há elipse. O que se segura é o status quo patrimonial ou do ser humano (acidentes, vida)." PONTES DE MIRANDA, F.C. *Tratado de Direito Privado*. T. XLV. 3ª ed., Rio de Janeiro: Borsoi, 1971, p. 275.

[3] SOUZA, Pedro Guilherme Gonçalves de; ZANCHIM, Kleber Luiz. *Contratos Empresariais – Contratos de Organização da Atividade Econômica*. Série GVlaw, São Paulo: Saraiva, 2011, p. 296/297.

Vale ressaltar que o prêmio é proporcional ao risco que o contratante está exposto conforme informações fornecidas pelo próprio segurado, dados estatísticos e cálculos atuariais.

Diante deste cenário, merece destaque a necessidade da mais estrita boa-fé[4] entre as partes para que o contrato de seguro tenha eficácia, tendo em vista que a aferição do risco e o mutualismo dependem principalmente das informações prestadas pelo segurado.

Sua importância é reforçada pela rigorosidade das penalidades previstas no Código Civil àqueles que quebram a boa-fé no contrato de seguro, conforme se extrai dos artigos 765, 766, 769.

Existem diversos tipos de contratos de seguro no mercado brasileiro, cada um com suas próprias características e nuances.

Neste artigo, passaremos a tratar especificamente da garantia trabalhista no contrato de seguro garantia, inserida como cobertura adicional pela Circular nº 477, de 30 de setembro de 2013.

Para tanto, vale tecer um breve resumo a respeito do seguro garantia.

### 3. Seguro garantia

O seguro garantia consiste em modalidade de seguro que visa a garantir o cumprimento de uma obrigação contratual.

Nos termos do artigo 2º da Circular SUSEP nº 477/2013, o seguro garantia "tem por objetivo garantir o fiel cumprimento das obrigações assumidas pelo tomador perante o segurado". Referidas obrigações podem ser advir tanto de contratos particulares como de contratos públicos.

O seguro garantia possui a mesma função da fiança bancária de eliminar o risco do credor, que consiste em eventual inadimplemento de uma obrigação contratual.

Embora tenha a mesma finalidade, o seguro garantia difere-se em diversos aspectos da fiança bancária.

Quanto à consequência jurídica, pode o fiador se opor à pretensão do credor conforme exceções previstas no Código Civil. O segurador, por sua vez, não pode se eximir de indenizar o sinistro a não ser que haja desrespeito às cláusulas da apólice que incidam em perda de cobertura.

Na fiança, o garantidor assume a responsabilidade do contrato principal como se fosse seu. No seguro garantia o segurador não toma o lugar do devedor.

---

[4] "O caráter da boa-fé do seguro, uberrima fides, como diziam os antigos, se impõe em razão do fato de que a companhia seguradora, apesar das informações de que dispõe, dificilmente pode conhecer todos os elementos que influem sobre o risco, ficando assim largamente dependente das comunicações prestadas pelo segurado ou pelo tomador." LEÃES, Luiz Gastão Paes de Barros. *O Seguro-Garantia sob a Modalidade de Antecipação de Pagamentos*. In Doutrinas Essenciais – Direito Empresarial. V. IV.São Paulo: RT, 2011, p. 870.

Cria-se a obrigação de indenizar o segurado das consequências patrimoniais decorrentes do inadimplemento do devedor.

Ademais, o fiador é menos dependente da boa-fé com relação ao contrato de seguro, tendo em vista que o fiador somente avalia a capacidade financeira do devedor, ao contrário da companhia seguradora que também avalia a capacidade de realização da obrigação.

Outrossim, o seguro garantia possui custo menor em relação à fiança bancária, bem como não utiliza linhas de crédito perante instituições bancárias.

Há o envolvimento de três partes no seguro garantia: (i) tomador, aquele que solicita a emissão da apólice e, no presente caso, é devedor do contrato principal; (ii) segurado, beneficiário do seguro e credor da obrigação firmada pelo tomador; e (iii) o segurador, que assume o risco de indenizar o segurado em caso de inadimplemento do contrato principal pelo tomador.

O interesse envolvido no contrato de seguro garantia vai além do pertencente ao segurado. Há interesse direto do tomador e do segurador para que o contrato principal, objeto do seguro, seja adimplido.

De um lado, o tomador deseja que o seu negócio dê certo e, de outro, o segurador beneficia-se da não configuração de um sinistro.

Nesse sentido, há contratos de seguro garantia em que o segurador fiscaliza as operações e tomada de decisões relativas ao contrato principal com o fim de assegurar que este seja adimplido.

Ademais, a assinatura do seguro garantia é condicionada à pactuação do contrato de contragarantia entre tomador e seguradora. Trata-se do oferecimento de uma garantia pelo tomador à seguradora que poderá ser executada por esta caso ocorra um sinistro ou caso não haja pagamento do prêmio pelo tomador.

Assim, ao contrário dos demais seguros, a seguradora é reembolsada dos valores despendidos para cobrir o sinistro, reduzindo o risco assumido.

Todavia, na prática, a execução da garantia oferecida pelo tomador muitas vezes é desafiadora pelas seguradoras, pois tal ato depende da solvência do tomador e da exequibilidade da garantia.

Caracterizado o sinistro com o descumprimento do contrato principal, a seguradora poderá indenizar o segurado (i) realizando a obrigação prevista no contrato principal, ou (ii) reembolsá-lo dos prejuízos sofridos em razão do inadimplemento do contrato.

A Circular 477/2013 padronizou as seguintes modalidades de seguro garantia: (i) seguro garantia do licitante; (ii) seguro garantia para construção, fornecimento ou prestação de serviços; (iii) seguro garantia de retenção de pagamentos; (iv) seguro garantia de adiantamento de pagamentos; (v) seguro garantia de manutenção corretiva; (vi) seguro garantia judicial; (vii) seguro garantia judicial para execução fiscal; (viii) seguro garantia parcelamento administrativo fiscal; (ix) seguro garantia aduaneiro; (x) seguro garantia administrativo de créditos tributários; e (xi) seguro garantia imobiliário.

Referidas modalidades não são restritas ou taxativas. As sociedades seguradoras poderão propor novas modalidades e/ou novas coberturas adicionais que, se aprovadas pela SUSEP, poderão ser comercializadas.

## 4. Garantia trabalhista

A Circular 477/2013 prevê a possibilidade da contratação de cobertura adicional para ações trabalhistas e previdenciárias.

Referida cobertura tem por objeto garantir ao segurado o reembolso dos prejuízos comprovadamente sofridos em relação às obrigações de natureza trabalhista e previdenciária de responsabilidade do tomador oriundas do contrato principal.

### *4.1. Licitações*

O Estado gerencial brasileiro, reconhecido como o Estado Mínimo, é aquele que deixa de ser executor e passa a ser gestor das atividades desenvolvidas em favor da comunidade que governa.

Neste sentido, o governo brasileiro aceitou essa evolução organizacional para incorporar na sua prestação de serviços e na movimentação da sua máquina administrativa, o fenômeno da terceirização como ferramenta de gestão.

Materializada por meio de contrato, essa ferramenta possibilita a redução de custos e a especialização na prestação dos serviços, no fornecimento de bens e no funcionamento geral do ente ou entidade governamental.

Maurício Godinho Delgado traz esse conceito:

[...] a terceirização é fenômeno pelo qual se dissocia a relação econômica de trabalho da relação justrabalhista que lhe seria correspondente. Por tal fenômeno insere-se o trabalhador no processo produtivo do tomador de serviços sem que se estendam a este os laços justrabalhistas, que se preservam fixados com uma entidade interveniente. A terceirização provoca uma relação trilateral em face da contratação da força de trabalho no mercado capitalista: o obreiro, prestador de serviços que realiza suas atividades materiais e intelectuais junto à empresa tomadora de serviços; a empresa terceirizante, que contrata este obreiro, firmando com ele os vínculos jurídico trabalhistas pertinentes; a empresa tomadora de serviços, que recebe a prestação de labor, mas não assume a posição clássica de empregadora desse trabalhador envolvido.[5]

Conforme estabelecido no art. 37, inciso XXI, da CF/88, todo contrato administrativo, como regra, deve ser precedido de um procedimento licitatório. A licitação é procedimento que visa selecionar, com critérios preestabelecidos e de forma objetiva, a contratação da proposta mais vantajosa para a Administração Pública, assegurando a ampla participação de todos os interessados.

---

[5] GODINHO, 2003, p. 424

A Lei de Licitações, ou Lei nº 8.666, de 21 de junho de 1993, que regulamenta normas para licitações e contratos da Administração Pública, estabelece que, a critério da Administração, poderá ser exigida prestação de garantia nas contratações.[6]

A Lei remete à discricionariedade da Administração a exigência da garantia, mas deverá ser exigida apenas nas hipóteses em que constar do próprio edital convocatório. Omisso no ato convocatório, a prestação da garantia não poderá ser posteriormente exigida pela Administração Pública.[7]

Todavia, quando exigida, caberá ao Contratado a escolha da garantia, podendo optar por caução em dinheiro, seguro garantia ou fiança bancária. É defeso à Administração Pública recusar uma ou outra opção de garantia, uma vez que a própria exigência da garantia causa um custo adicional à contratação, um ônus econômico que recairá indubitavelmente ao Contratado.

E devido a tal ônus econômico-financeiro recair sobre o Contratado, a lei lhe concede o benefício da opção, da escolha da garantia que melhor se adéque à sua realidade econômico-financeira. Assim, tem-se difundido cada vez mais no mercado de licitações a escolha do Seguro Garantia como a melhor opção de garantia, em virtude do baixo custo para o Contratado, quando comparado com as demais modalidades de garantia previstas na Lei de Licitações.

Conforme alhures mencionado, o contrato de seguro garantia de obrigações contratuais é uma espécie de contrato de seguro regulado pelo Código Civil Brasileiro,[8] e, portanto, possui todas as características e a natureza jurídica deste contrato, com algumas particularidades e exceções.

### 4.2. Cobertura para encargos trabalhistas

Pois bem, adentremos então na cobertura para verbas trabalhistas, objetivo primordial do presente trabalho. Trata-se de cobertura específica que deve ser contratada caso o segurado pretenda ser ressarcido dos prejuízos advindos do inadimplemento do tomador relativo as suas obrigações trabalhistas.

A princípio, os encargos trabalhistas que o tomador tenha deixado de adimplir no decorrer do contrato garantido, ainda que recaiam sobre o segurado, pela aplicação da responsabilidade subsidiária, são riscos excluídos da cobertura do seguro garantia.

A contratação adicional dessa cobertura, permite ao segurado obter até o limite máximo de indenização, o reembolso dos valores que tenha desembolsado referente a condenações, transitadas em julgado, decorrentes de obrigações de

---

[6] Lei 8.666/93, art. 56, *"caput"*.
[7] JUSTEN, Marçal Filho. *Comentários à Lei de Licitações e Contratos Administrativos*. 15ª ed. São Paulo: Dialética, 2002, p. 823/824.
[8] Lei nº 10.406/2002, arts. 757 a 802.

natureza trabalhista e previdenciária do contrato principal, as quais eram de responsabilidade do tomador.

A indenização nesta cobertura é operada exclusivamente por reembolso, de modo que, para caracterizar o sinistro e gerar o direito ao seu recebimento, faz-se necessário que o segurado comprove seu prejuízo com as despesas cobertas.

Assim, só se é possível falar em direito à indenização após a condenação judicial trabalhista transitada em julgado, ou após acordo homologado por aquele Judiciário, o qual deve ter sido previamente aprovado pela seguradora.

Em que pesem as considerações acima, o segurado terá seus direitos preservados a partir do momento em que comunicar à seguradora o recebimento de citação judicial em processo trabalhista ou previdenciário (em trâmite no Judiciário Trabalhista, exclusivamente), cujo objeto seja o recebimento de créditos de responsabilidade do tomador.

Como qualquer seguro, deve haver a colaboração do segurado para a não ocorrência do sinistro, de modo que ele perderá o direito à indenização se for negligente com relação à sua defesa judicial, perdendo prazos processuais ou sequer apresentando defesa, acreditando que a seguradora o reembolsará por todo e qualquer valor, de qualquer forma. No caso de acordo, o segurado perde o direito ao reembolso se transigir sem anuência prévia da seguradora, a fim de se evitar fraudes ou, ainda, a famosa "caridade com o chapéu alheio".

Também não estarão cobertos os casos de condenação do tomador e/ou segurado envolvendo danos morais, danos materiais, assédio moral ou sexual, decorrentes de responsabilidade civil daqueles, bem como indenizações por acidente de trabalho.

Isso porque o seguro garantia não se confunde com seguro de responsabilidade civil, mas tem o claro escopo de garantir o fiel cumprimento das obrigações assumidas pelo tomador perante o segurado, oriundas de um contrato principal referente a obras, serviços, compras, concessões ou permissões. Responsabilidades extracontratuais, portanto, não estarão amparadas pelo seguro garantia, tampouco pela cobertura adicional ora analisada.

Interessante notar, ainda, que o prazo prescricional desta cobertura é o mesmo prazo que vigora para as ações trabalhistas, previsto no art. 7º, XXIX, da Constituição Federal, qual seja, de 5 anos (total), limitado a 2 anos após a extinção do contrato de trabalho. Este prazo, diferenciado da maioria dos seguros, visa a atingir a efetividade da cobertura adicional em análise, pois, do contrário, se uma ação trabalhista fosse ajuizada fora do prazo de prescrição do seguro, mas dentro do prazo trabalhista, o segurado não estaria amparado pelo seguro contratado, que teria se tornado inócuo.

Portanto, vale ressaltar que a cobertura de verba trabalhista não tem o condão de garantir adiantamentos ou pagamentos efetuados diretamente ou dívidas trabalhistas que não seja de responsabilidade do segurado, mas somente se este for devidamente responsabilizado em decisão judicial transitada em julgado.

Isso porque o seguro tem característica de reembolso, como alhures mencionado, ou seja, reembolsar os prejuízos que o segurado vier a experimentar em virtude da falta de pagamento das verbas trabalhistas pelo tomador aos seus empregados.

O prejuízo, para efeitos do contrato de seguro, se caracteriza quando o segurado vier a ser condenado de modo subsidiário ao pagamento, derivado de condenação em decisão judicial transitada em julgado, oriunda de reclamações trabalhistas movidas por ex-funcionários do tomador em que aquele figure no pólo passivo da lide.

Não é demais mencionar que o segurado (Administração Pública) somente poderá ser responsabilizado pelo pagamento das verbas trabalhistas deixadas em aberto pelo tomador, prestador de serviço terceirizado, após decisão judicial transitada em julgado.

É que para a terceirização seja considerada lícita, é necessário observar o regramento em vigor, o qual permite sua realização para: trabalho temporário, serviços de vigilância, serviços de conservação e limpeza e serviços especializados ligados à atividade-meio do tomador.

Verificada a ilicitude da relação terceirizada, cabe o reconhecimento de vínculo empregatício entre o empregado e o tomador do serviço, com exceção dos casos de trabalho temporário, a teor da súmula nº 331 do TST. Assim, o tomador do serviço passa a ser responsável diretamente por todas as obrigações trabalhistas decorrentes daquela relação.

Súmula nº 331 do TST

CONTRATO DE PRESTAÇÃO DE SERVIÇOS. LEGALIDADE (nova redação do item IV e inseridos os itens V e VI à redação) – Res. 174/2011, DEJT divulgado em 27, 30 e 31.05.2011

I – A contratação de trabalhadores por empresa interposta é ilegal, formando-se o vínculo diretamente com o tomador dos serviços, salvo no caso de trabalho temporário (Lei nº 6.019, de 03.01.1974).

II – A contratação irregular de trabalhador, mediante empresa interposta, não gera vínculo de emprego com os órgãos da Administração Pública direta, indireta ou fundacional (art. 37, II, da CF/1988).

III – Não forma vínculo de emprego com o tomador a contratação de serviços de vigilância (Lei nº 7.102, de 20.06.1983) e de conservação e limpeza, bem como a de serviços especializados ligados à atividade-meio do tomador, desde que inexistente a pessoalidade e a subordinação direta.

IV – O inadimplemento das obrigações trabalhistas, por parte do empregador, implica a responsabilidade subsidiária do tomador dos serviços quanto àquelas obrigações, desde que haja participado da relação processual e conste também do título executivo judicial.

V – Os entes integrantes da Administração Pública direta e indireta respondem subsidiariamente, nas mesmas condições do item IV, caso evidenciada a sua conduta culposa no cumprimento das obrigações da Lei n.º 8.666, de 21.06.1993, especialmente na fiscalização do cumprimento das obrigações contratuais e legais da prestadora de serviço como empregadora. A aludida responsabilidade não decorre de mero inadimplemento das obrigações trabalhistas assumidas pela empresa regularmente contratada.

VI – A responsabilidade subsidiária do tomador de serviços abrange todas as verbas decorrentes da condenação referentes ao período da prestação laboral.

Verifica-se, portanto, que o reconhecimento de vínculo empregatício e, consequentemente, da obrigação pelas verbas trabalhistas dos terceirizados, não é aplicável quando o tomador dos serviços terceirizados é o Poder Público. Isso decorre do artigo 37, II, da Constituição Federal, que prevê que a investidura em cargo ou emprego público depende de aprovação prévia em concurso público, não podendo ser reconhecido o vínculo empregatício por via transversa, sob pena de ferir o regramento constitucional.

Não obstante, a responsabilidade trabalhista dos contratos firmados pelo Poder Público está devidamente prevista na Lei de Licitações:

> Art. 71. O contratado é responsável pelos encargos trabalhistas, previdenciários, fiscais e comerciais resultantes da execução do contrato.
> § 1º A inadimplência do contratado, com referência aos encargos trabalhistas, fiscais e comerciais não transfere à Administração Pública a responsabilidade por seu pagamento, nem poderá onerar o objeto do contrato ou restringir a regularização e o uso das obras e edificações, inclusive perante o Registro de Imóveis.

Para sanar o aparente conflito existente entre o dispositivo supra e a Súmula 331 do TST, foi proposta Ação Direta de Constitucionalidade, pela qual, por votação majoritária, o Plenário do Supremo Tribunal Federal declarou a constitucionalidade do § 1º do artigo 71.

O órgão superior entendeu que a mera inadimplência do contratado não seria suficiente para transferir ao Poder Público a responsabilidade pelos ônus trabalhistas. Ainda, houve consenso no sentido que o TST não poderá generalizar todas as situações, de modo que deve ser investigada a causa principal da falha administrativa e/ou apuração da falta de fiscalização pelo órgão público contratante.

Pelo inciso V da Súmula 331, entretanto, o tribunal consignou ser viável a responsabilização do Poder Público por encargos trabalhistas não pagos pela empresa prestadora do serviço, nos casos em que tenha havido omissão na fiscalização do cumprimento do contrato. É possível, assim, que o Judiciário trabalhista, no exame de cada situação concreta, decida que, à luz da falta de diligência da Administração, o empregado terceirizado poderá buscar nos cofres públicos os valores relativos às verbas empregatícias a que faça jus.

A Administração Pública, ao celebrar seus contratos, tem o dever de acompanhar e fiscalizar a sua execução, de acordo com o art. 67 da Lei nº 8.666/93, *in verbis*:

> Art. 67. A execução do contrato deverá ser acompanhada e fiscalizada por um representante da Administração especialmente designado, permitida a contratação de terceiros para assisti-lo e subsidiá-lo de informações pertinentes a essa atribuição.
> § 1º O representante da Administração anotará em registro próprio todas as ocorrências relacionadas com a execução do contrato, determinando o que for necessário à regularização das faltas ou defeitos observados.
> § 2º As decisões e providências que ultrapassarem a competência do representante deverão ser solicitadas a seus superiores em tempo hábil para a adoção das medidas convenientes.

Sendo o interesse público indisponível, esses são deveres de primeira ordem, pois somente assim se assegura a satisfação do contrato e se afasta o risco de danos ao erário. Verifica-se, portanto, que a culpa da Administração como fator determinante para geração do dano pode, basicamente, decorrer da escolha de empresa inidônea (*culpa in eligendo*) que não cumpre suas obrigações ou "da falta de atenção com o procedimento de outrem" [3] (*culpa in vigilando*). Confira-se a jurisprudência:

> AGRAVO DE INSTRUMENTO EM RECURSO DE REVISTA. RESPONSABILIDADE SUBSIDIÁRIA. ADMINISTRAÇÃO PÚBLICA. *CULPA IN VIGILANDO*. O Tribunal Regional decidiu a controvérsia em consonância com os artigos 186 e 927 do Código Civil, que preveem a *culpa in vigilando*. Ademais, os artigos 58, III, e 67 da Lei nº 8.666/93 impõem à Administração Pública o dever de fiscalizar a execução dos contratos administrativos de prestação de serviços por ela celebrados. No presente caso, o ente público tomador dos serviços não cumpriu adequadamente essa obrigação, permitindo que a empresa prestadora contratada deixasse de pagar regularmente a seus empregados as verbas trabalhistas que lhes eram devidas.Saliente-se que tal conclusão não implica afronta ao art. 97 da CF e à Súmula Vinculante nº 10 do STF, nem desrespeito à decisão do STF na ADC nº 16, porque não parte da declaração de inconstitucionalidade do art. 71, § 1º, da Lei nº 8.666/93, mas da definição do alcance das normas inscritas nessa Lei, com base na interpretação sistemática. Agravo de instrumento conhecido e não provido(TST, Agravo de Instrumento em Recurso de Revista nº TST-AIRR-21-96.2012.5.14.0403)

Portanto, restando comprovada a falta de dever de cuidado pela Administração Pública, é possível deslocar-se a responsabilidade da empresa contratada, transmitindo ao Poder Público os deveres trabalhistas relativos ao contrato firmado.

Por outro lado, se no curso do processo trabalhista não for reconhecida a falha da Administração no cumprimento de seu dever de fiscalizar o contrato, restará inviável atribuir a ela responsabilidade subsidiária.

Nesse sentido, tem se formado a orientação adotada pelo Tribunal Superior do Trabalho:

> RECURSO DE REVISTA DO SEGUNDO RECLAMADO. RESPONSABILIDADE SUBSIDIÁRIA. ENTE PÚBLICO. NÃO CONFIGURAÇÃO. PROVIMENTO. Para que seja autorizada a responsabilidade subsidiária da Administração Pública pelo inadimplemento das obrigações trabalhistas por parte da empresa contratada, conforme o disposto na Lei nº 8.666/93, deve ser demonstrada a sua conduta omissiva no que se refere à fiscalização do cumprimento das obrigações relativas aos encargos trabalhistas. Esse, aliás, foi o entendimento esposado pelo Supremo Tribunal Federal que, em recente decisão (ADC 16 – 24/11/2010), ao declarar a constitucionalidade do art. 71, § 1º, da Lei nº 8.666/93, asseverou que a constatação da *culpa in vigilando*, isto é, a omissão culposa da Administração Pública em relação à fiscalização quanto ao cumprimento dos encargos sociais, gera a responsabilidade do ente contratante. Assim, não estando comprovada a omissão culposa do ente em relação à fiscalização quanto ao cumprimento das obrigações trabalhistas, não há de se falar em responsabilidade subsidiária.Recurso de Revista conhecido e provido.[9]
>
> RECURSO DE REVISTA. RESPONSABILIDADE SUBSIDIÁRIA. AÇÃO DIRETA DE CONSTITUCIONALIDADE Nº 16. *CULPA IN VIGILANDO*. NÃO CONFIGURAÇÃO. Nos termos da Lei 8.666/1993 e dos arts. 186 e 927 do Código Civil, para que a responsabilidade subsidiária seja aplicada à Administração Pública, é necessária a comprovação da sua conduta omissiva no tocante à fiscalização do cumprimento das obrigações decorrentes do contrato entre tomador e prestador de serviços quanto às verbas trabalhistas. Esse é o entendimento que se extrai da decisão (ADC 16 – 24/11/2010) do STF ao declarar a constitucionalidade do art. 71, § 1º, da Lei 8.666/1993, acentuando que, uma vez constatada a *culpa in vigilando*, gera a responsabilidade do ente público. No presente caso, o Regional acolheu a

---

[9] TST, 4ª Turma, Processo nº TST-RR-123200-74.2007.5.15.0125

responsabilidade subsidiária tão somente porque o recorrente foi beneficiário da prestação de serviços, sem demonstração de que ela incidiu na *culpa in vigilando*, hábil a justificar a atribuição da responsabilidade subsidiária; o recurso merece provimento. Recurso de revista conhecido e provido.[10]

Justamente em razão do caráter excepcional da responsabilização do Poder Público pelas verbas trabalhistas, a Circular SUSEP nº 477, de 30 de setembro de 2013, ao disciplinar o seguro garantia, define a cobertura trabalhista como sendo aquela cobertura adicional que tem por objeto garantir ao segurado, até o limite máximo de indenização, o reembolso dos prejuízos comprovadamente sofridos em relação às obrigações de natureza trabalhista e previdenciária de responsabilidade do tomador oriundas do contrato principal.

Exige-se, portanto que haja condenação judicial do tomador ao pagamento e o segurado seja condenado subsidiariamente, de modo que esses valores tenham sido pagos por este, em decorrência de sentença condenatória transitada em julgado.

Para entender a abrangência da cobertura securitária trabalhista do seguro garantia, necessário que o intérprete sistematize os normativos em vigor. Nesse sentido, ao conjugar a Lei de Licitações, que exonera o Poder Público das responsabilidades trabalhistas dos contratos firmados com terceiros, com o entendimento jurisprudencial trabalhista consubstanciado na Súmula 33 do TST, o qual permite a responsabilização somente em caráter excepcional, concluir-se-á que a cobertura securitária está em total consonância com o ordenamento vigente.

Caracteriza-se, portanto, evento amparado de cobertura securitária o pagamento realizado pelo segurado, em decorrência de decisão judicial transitada em julgado, que o tenha condenado subsidiariamente ao pagamento de verbas trabalhistas oriundas de relação empregatícia da empresa terceirizada.

Vale frisar que o beneficiário do seguro garantia é o segurado e não o tomador de modo que a importância segurada contratada se destina a resguardar exclusivamente os prejuízos experimentados pelo segurado em decorrência do inadimplemento do tomador. Não têm a finalidade de garantir o pagamento dos salários e demais consectários trabalhistas em substituição às obrigações contratuais inerentes ao tomador, uma vez que, vale frisar, este não é o beneficiário do seguro.

## 5. Regulação do sinistro

Como já dito anteriormente, o contrato de seguro garantia tem por principal objetivo a garantia de obrigações contratuais, que podem ser obrigações de fazer, prestar ou fornecer[11] assumidas em contrato celebrado entre duas partes Contratante (segurado) e Contratado (tomador).

---
[10] TST, 8ª Turma, Processo nº TST-RR-46600-16.2008.5.04.0761
[11] POLETTO, Gladimir Adriani. *O Seguro garantia: em busca de sua natureza jurídica.* Rio de Janeiro: Funenseg, 2003.

Deve-se frisar que por força do normativo legal representado pelo Decreto 2.300/69, adotou-se para o seguro uma extensão relativamente adequada,[12] mas que já subordina o seguro ao contrato, prevendo a sua plena execução. Esse diapasão foi ampliado com os termos inseridos pelo Lei 8.666/93, no seu artigo 6º, inciso VI, no qual define o que venha a ser o seguro de garantia para efeitos da lei:

Art. 6º Para os fins desta Lei, considera-se:
(...)
VI – Seguro-Garantia – o seguro que garante o fiel cumprimento das obrigações assumidas por empresas em licitações e contratos;

A utilização de termo aberto faz parte da técnica de legislar mediante cláusulas gerais, opondo-se à casuística, entendida esta, como a configuração da hipótese legal – enquanto somatório dos pressupostos que condicionam a sua estatuição – que circunscreve particulares grupos de casos na sua especificidade própria.[13]

O vocábulo indefinido, equívoco, como é o caso da palavra "fiel", deixa ao intérprete a possibilidade de integrar o significado, lembrando que as questões pertinentes à integração são tratadas nos primeiros períodos das faculdades de direito, como introdução aos estudos e depois esquecidos, como se fossem desimportantes.[14] Mas, em se tratando da regulação de um sinistro, a correta acepção do termo trará implicações econômicas, por vezes, vultosas, tornando necessário a exata avaliação e ponderação no momento de elaborar um relatório e parecer a respeito da cobertura.

O seguro garantia, como muito bem afirmado em capítulo escrito pela Dra. Beatriz de Moura Campos Mello Almada, na obra *Seguros e Resseguros Aspectos Técnicos, Jurídicos e Econômicos "é um seguro atípico, tripartite, pois o tomador solicita a emissão de apólice à seguradora para dar garantia a um terceiro, o segurado"*.[15]

Assim, para que se tenha a caracterização de sinistro neste ramo de seguro é necessária a comprovação do descumprimento destas obrigações do tomador assumidas no contrato celebrado com o segurado e garantido pela apólice de seguros.

Parece simples falar em descumprimento, especialmente para o leigo cujo acesso limita-se a contratos em que a aferição do adimplemento é imediata, como na locação, transporte, fiança, compra e venda de móveis, compra e venda de imóveis. É certo que esses tipos também apresentam complexidades não apreendidas integralmente pela teoria.

---

[12] Art 45. São cláusulas necessárias em todo contrato as que estabeleçam: VI – as garantias oferecidas para assegurar sua plena execução, quando exigidas;

[13] MELO, Diogo L. Machado. *Cláusulas Contratuais Gerais: Contratos de Adesão, Cláusulas Abusivas e o Código de 2002*. São Paulo: Saraiva, 2008, p. 41 e 42.

[14] SILVA, Rodney Malveira. *Hermenêutica Contratual*. São Paulo: Atlas, 2011.

[15] ALMADA, Beatriz de Moura Campos Mello. *O seguro garantia como mitigador de riscos nos grandes projetos – Seguros e Resseguros Aspectos Técnicos, Jurídicos e Econômicos*. São Paulo: Saraiva: Virgília, 2010.

Na execução de projetos complexos, a existência de inexecuções, falhas, incorreções é verificada diariamente, mas, felizmente, a maior parte é solucionada pela sua correção, alteração do escopo, demonstração de que se encontra corretamente realizada ou por outras medidas resultantes no mesmo ponto: a admissão dos trabalhos.

Entretanto, quando o descumprimento atinge um nível tal que ocasione prejuízos ao contratante, estaremos diante da expectativa de um sinistro. Fala-se em expectativa por diversas razões. Algumas em função do relacionamento entre as partes e de fatores determinados ao longo do projeto:

O Contratado pode reconhecer a falha e corrigi-la;
Em lugar de corrigir pode ele próprio indenizar o prejuízo determinado pelas partes;
Esse prejuízo pode ser compensado pela execução de outros trabalhos, por alterações no escopo e até por trabalhos realizados em outros contratos;
Os prejuízos podem ser inferiores a percentuais retidos pelo Contratante para sanar defeitos, inexecuções, descumprimentos;
Existe mesmo a possibilidade de comprovar que não deu causa ao problema.

Outras razões estão relacionadas a questões próprias do seguro de garantia, para o qual não basta o descumprimento, mas também que este se encontre perfeitamente ajustado às condições gerais, especiais e particulares da apólice. Assim é possível citar as seguintes condições cuja superação se mostra necessária:

Ter havido resistência do tomador em efetuar o pagamento dos prejuízos alegados. Claro, se este efetua o pagamento ou sana o problema, a situação se assemelha àquelas tratadas acima;
Não ser decorrente da caso fortuito ou força maior;
O inadimplemento não decorrer de atos ou fatos provocados, permitidos, facilitados pelo próprio segurado;
Existir justa causa para o inadimplemento, aqui consideradas situações como a falta de pagamento (*exceptio non adimpleti contractus*), a proibição de acessar o local da obra, a alteração de regras no decorrer do contrato, o não fornecimento de materiais quando o contrato for apenas de mão de obra;
Reclamações formuladas após o prazo decadencial previsto (Artigo 614, § 2º do Código Civil);[16]
Alterações no escopo do projeto sem a aprovação da seguradora.

Diferentemente de outros tipos de seguros, no seguro garantia, a caracterização do sinistro não é de tão simples aferição, posto que é necessário seguir uma série de procedimentos e averiguações com segurado e tomador antes de se chegar à conclusão de que se tem um sinistro caracterizado ou não.

Em particular, é necessário que se ofereçam respostas a oito questões que se encontram detalhadas a seguir, observando que aquela descrita no item "g", refere-se apenas a empresas ou órgãos públicos, mas em se tratando de contratos privados, a inexistência dessa obrigação de processo administrativo há que ser suprida pela averiguação ainda mais cuidadosa da seguradora:

---

[16] Art. 614. Se a obra constar de partes distintas, ou for de natureza das que se determinam por medida, o empreiteiro terá direito a que também se verifique por medida, ou segundo as partes em que se dividir, podendo exigir o pagamento na proporção da obra executada. § 1º Tudo o que se pagou presume-se verificado. § 2º O que se mediu presume-se verificado se, em trinta dias, a contar da medição, não forem denunciados os vícios ou defeitos pelo dono da obra ou por quem estiver incumbido da sua fiscalização.

a) O inadimplemento contratual restou comprovado?
b) Quais itens deixaram de ser atendidos?
c) A inadimplência se refere a obrigações cobertas pela apólice?
d) Houve prejuízos? Qual sua extensão?
e) Verifica-se a ocorrência de caso fortuito ou força maior a justificar o inadimplemento?
f) Decorre o descumprimento de atos ou fatos de responsabilidade do segurado?
g) Instaurou-se processo administrativo com direito a contraditório e julgamento?
h) Houve alterações das obrigações contratuais garantidas pela apólice sem prévia anuência da seguradora?

No seguro garantia, deve o segurado notificar o tomador acerca do suposto descumprimento contratual, oferecendo-lhe prazo para suprir o inadimplemento. Ao tomar esta medida, deverá o segurado endereçar uma cópia desta notificação à companhia seguradora para que tome ciência e possa atuar como mediadora entre segurado e tomador a fim de sanar os problemas relatados (expectativa de sinistro).

Esse papel de mediação exercido pela seguradora nem sempre é bem entendido, afirmando-se que seu único interesse é o de evitar ou minimizar o pagamento dos prejuízos.

Obviamente que, existindo a caracterização do sinistro, essa intenção é mais do que justa e necessária, pois, ainda que o segurado venha a ser indenizado pelos prejuízos sofridos, é certo que o principal interesse em todos os contratos é que o seu objeto seja concluído.

A falha na execução completa de um projeto pode ser muito mais prejudicial, afetando por vezes o planejamento de longo prazo do contratante, impedindo a utilização de prédios ou equipamentos, prejudicando sua imagem perante os clientes, ocasionando prejuízos não contabilizados na simples determinação dos custos amparados pelo seguro.

Em geral, se o cenário se mostra favorável a obter um acordo e entendimento entre as partes envolvidas, certamente, todos sairão com um resultado melhor do que a simples indenização.

Interessante observar que algumas seguradoras já lançam mão de acompanhamentos permanentes das obras e projetos assegurados, com um trabalho de gerenciamento de risco e prevenção, atuando previamente na solução e procura de alternativas aos problemas relacionados com a execução.

Temos acompanhado essas tratativas em projetos envolvendo o desenvolvimento de projetos automotivos em que o fabricante precisa monitorar as etapas de um novo lançamento, em diversas empresas, simultaneamente.

Nesses casos, a atuação desse profissional focado no gerenciamento dos problemas e negociação, acaba sendo importante para evitar a ocorrência de sinistros e minimizar as suas consequências.

Assiste-se a iniciativas dessa ordem em projetos complexos como a construção de parques de eólicos. Vimos tais situações ainda em aeroportos e, por força da Copa do Mundo realizada no país, na construção dos estádios de futebol, ou arenas como passaram a ser chamados.

Caso essas iniciativas de mediação não sejam adotadas ou se vierem a falhar no seu intento, deverá o segurado efetuar um primeiro aviso conhecido como expectativa de sinistro nesta modalidade de seguros. A partir do recebimento deste aviso, a seguradora já iniciará todo o processo interno para início da regulação.

O ideal é que o segurado, logo que tenha conhecimento de eventuais problemas no transcorrer do contrato garantido, efetue o aviso da expectativa de sinistros à seguradora, enviando cópias de toda a documentação disponível, bem como de cópia da notificação enviada ao tomador para sanar dito descumprimento.

Neste trabalho, ater-nos-emos às expectativas e avisos de sinistros efetuados na modalidade de seguro garantia de obrigações trabalhistas, modalidade pública.

Conforme já tratado no presente trabalho esta modalidade de seguro garantia para obrigações trabalhistas, restou expressamente regulamentada com a publicação da circular Susep 477/2013.

A adoção do seguro garantia para estas modalidades de contratação pública é uma exigência legal, conforme já tratado anteriormente introduzida pela Lei 8.666/93 e que já garantia a execução do contrato, ou seja, a prestação dos serviços por partes da empresa contratada pela Administração Pública.

Ocorre que, com a crescente utilização deste tipo de contratação e a existência de apólices de seguro garantia para garantia do cumprimento das obrigações estipuladas nestes contratos, por exemplo, a prestação de serviços de limpeza e vigilância, muito se tem discutido sobre a real extensão das obrigações garantidas pelas apólices de seguros.

Embora algumas das apólices de seguro garantia contratadas em observância à Lei 8.666/93 digam respeito à garantia das obrigações principais aventadas no contrato público – execução dos serviços tem sido comum o direcionamento de pleitos recebidos pelos entes da administração relativos ao pagamento de obrigações trabalhistas.

Ante este fato que entendemos como muito bem-vinda a medida adotada pela nova circular ao dispor sobre a criação de uma garantia adicional na apólice de seguros garantia, visando a garantir o pagamento destas obrigações, desde que observados os dispositivos constantes na apólice, como passaremos a verificar a seguir.

## 6. Expectativa, reclamação e caracterização do sinistro – seguro garantia obrigações trabalhistas

Conforme já disposto anteriormente, estarão amparados por este seguro os prejuízos em relação a obrigações trabalhistas de responsabilidade do tomador em virtude de condenação judicial do tomador e condenação subsidiária do segurado ao pagamento, decorrentes de sentença condenatória transitada em julgado.

Assim, é de extrema importância o trabalho de regulação de sinistros para que sejam definidos os casos em que realmente se está diante de um sinistro coberto e se definam os valores corretos a indenizar.

Diante deste cenário, entende-se ser de extrema importância a observância aos requisitos estabelecidos na circular Susep para a regulação destas expectativas e avisos de sinistros, senão vejamos:

3.1. Expectativa: quando o segurado receber citação(ões) judicial(ais) para apresentar defesa trabalhista e/ou previdenciária, cujo autor/reclamante reivindique crédito de natureza remuneratória ou direito de responsabilidade do tomador, deverá comunicar à seguradora, tão logo seja citado, enviando cópia(s) da(s) referida(s) citação(ões) e de todo(s) documento(s) juntado(s) aos autos tanto pelo autor/reclamante como pelo réu/tomador.

3.2. Reclamação: a Expectativa de Sinistro será convertida em Reclamação, mediante comunicação do segurado à seguradora, quando transitada em julgado a ação, com o pagamento dos valores constantes na condenação do segurado.

3.2.1. Para a Reclamação do Sinistro será necessária a apresentação dos seguintes documentos, sem prejuízo do disposto no item 7.2.1. das Condições Gerais:

a) comprovante(s) de pagamento dos valores citados no item 3.2. desta Cobertura Adicional;
b) certidão(ões) de trânsito em julgado das sentenças proferidas e com os valores homologados;
c) acordo devidamente homologado pelo Poder Judiciário, se houver.
d) guias de recolhimento do Fundo de Garantia por Tempo de Serviço – FGTS;
e) guias de recolhimento do INSS dos empregados que trabalharam nos serviços contratados;
f) documentos comprobatórios de que o autor/reclamante trabalhou para o réu/tomador no contrato principal dentro do período de vigência da apólice.

Do cotejo das informações acima temos que para o escorreito trabalho de regulação de sinistros nessas apólices dever-se-ão serem seguidos todos os trâmites conforme estipulado na circular 477.

O envio da citação para apresentação de defesa nas reclamações trabalhistas apresentadas para reivindicar crédito de natureza trabalhista é de suma importância para que a seguradora já efetue o registro de expectativa de sinistro e possa atuar em conjunto com a empresa segurada quando entender necessário e cabível.

Prosseguindo na análise dos termos da circular também encontramos disposição bastante esclarecedora quanto ao fato determinante da conversão da expectativa de sinistro em aviso de sinistro, qual seja a condenação transitada em julgado de decisão condenando a empresa segurada ao pagamento das verbas trabalhistas.

Insistimos no ponto de serem observados os preceitos acima, eis que na prática o que tem acontecido é o endereçamento de pedidos pelos segurados às suas companhias seguradoras, antes mesmo do ajuizamento das ações judiciais por parte dos empregados das empresas tomadoras, requisitando o pagamento dos valores das apólices causando-lhes frustração quando as seguradoras lhes respondem informando não poder efetuar tal pagamento sem o desenvolvimento da competente regulação de sinistro.

Durante o processo de regulação de sinistros é dever da companhia seguradora apurar todos os fatos e informações e em observância ao quanto disposto no regramento existente, bem como às condições da apólice contratada tomar a melhor decisão.

Antes de efetuar qualquer pagamento é dever da companhia seguradora verificar se estão presentes todos os requisitos que lhe permitam dispor de quantia estipulada na apólice de seguros garantia contratada para o amparo de obrigações trabalhistas.

A companhia seguradora ao receber referido comunicado de expectativa de sinistros deverá solicitar a apresentação de documentação competente por parte da empresa segurada, para apurar o ocorrido durante a execução dos serviços, fiscalização efetuada pela Administração Pública junto à empresa tomadora, comprovação e confirmação da existência de créditos em nome da empresa tomadora que tenham sido retidos e que possam ser utilizados para o pagamento destas verbas trabalhistas.

Deverá ainda a companhia seguradora efetuar notificação à empresa tomadora para que apresente explicações sobre o ocorrido e razão pela qual não efetuou o pagamento das verbas trabalhistas de seus empregados que prestaram serviços para o ente público, eis que todo e qualquer pagamento que venha a ser efetuado pela companhia seguradora ao final dos trabalhos de regulação de sinistros será cobrado da empresa tomadora, conforme contrato existente entre seguradora e tomador, geralmente confeccionado para a emissão deste tipo de apólice de seguros.

Com o envio da expectativa de sinistros e angariação das informações pertinentes a companhia seguradora já poderá atuar em conjunto com a empresa segurada, para caso apure se tratar de risco coberto na apólice – prestação de serviços executados durante o período de vigência e verbas trabalhistas não pagas já atuar em conjunto, eis que é possível quando possível e cabível o pagamento de acordo entre segurado e empregados reclamantes, com prévia anuência da companhia seguradora.

Tais medidas são muito mais efetivas que o simples pedido de bloqueio de valores ou penhora dos direitos das apólices que por vezes têm sido endereçadas às companhias seguradoras a pedido dos segurados, que acreditamos fazê-lo por um certo desconhecimento do funcionamento de suas apólices.

Ao efetuar o aviso de uma expectativa de sinistro à sua companhia seguradora, não é necessário solicitar o bloqueio de valores da apólice, já que o simples aviso da expectativa já faz com que a seguradora tenha separado o valor que possivelmente possa ser utilizado para o pagamento de eventuais prejuízos cobertos na referida apólice, conforme restará determinado ao final do trabalho de regulação de sinistro.

Outro pedido corriqueiro e que entendemos ser desnecessário é o pedido de depósito do valor da garantia em juízo, como se a certeza do pagamento somente se desse a partir do depósito de tal valor em juízo, o que não é verdadeiro, posto que com a expectativa de sinistro e posterior conversão em aviso de sinistro a seguradora já está ciente que poderá ser obrigada ante o limite da apólice, caso restem comprovados prejuízos indenizáveis até este montante.

O que é imperioso frisar é o fato de que esta cobertura adicional quando contratada se traduz em mais um forte instrumento de mitigação de riscos a ser utilizado pelos entes da administração pública neste tipo de riscos cada vez mais crescente que é do inadimplemento do pagamento de verbas trabalhistas aos empregados de empresas prestadoras de serviços alocadas na realização destes serviços para a Administração Pública.

## 7. Conclusão

É possível inferir que o contrato de seguro garantia com a cobertura adicional de verbas trabalhistas visa a garantir o reembolso ao segurado dos valores que tenha desembolsado referente a condenações, transitadas em julgado, decorrentes de obrigações de natureza trabalhista e previdenciária do contrato principal, as quais eram de responsabilidade do tomador.

Portanto, vale ressaltar que a cobertura de verba trabalhista não tem o condão de garantir adiantamentos ou pagamentos efetuados diretamente ou dívidas trabalhistas que não seja de responsabilidade do segurado, mas somente se este for devidamente responsabilizado em decisão judicial transitada em julgado.

Tal esclarecimento se faz importante para que o segurado possa utilizar sua apólice da melhor forma, efetivando o aviso de expectativa de sinistro à seguradora, quando do recebimento de uma reclamação trabalhista, para que sua seguradora possa auxiliá-lo da melhor forma possível, já que ao ter essa informação poderá efetuar suas análises de coberturas e participar das negociações junto com o segurado, o que nos parece ser muito mais efetivo que o simples pedido de depósito da valor da garantia como tem ocorrido atualmente.

Esperamos com o presente trabalho prestar os devidos esclarecimentos aos segurados e tomadores, para que possam ter a devida extensão e entendimento de suas apólices de seguro garantia e assim obter o devido amparo de sua companhia seguradora da melhor forma, quando do recebimento de um aviso de expectativa de sinistro.

## 8. Referências

ALMADA, Beatriz de Moura Campos Mello. *O seguro garantia como mitigador de riscos nos grandes projetos* – Seguros e Resseguros Aspectos Técnicos, Jurídicos e Econômicos. São Paulo: Saraiva: Virgília, 2010.

COMPARATO, Fábio Konder. *O Seguro de Crédito*. São Paulo: Max Limonad, 1968.

HALPERIN, Isaac. *El Contrato de Seguro*. Buenos Aires: Tipografia Editora Argentina, 1946.

JUSTEN, Marçal Filho. *Comentários à Lei de Licitações e Contratos Administrativos*. 15ª ed. São Paulo: Dialética, 2002.

LEÃES, Luiz Gastão Paes de Barros. O Seguro-Garantia sob a Modalidade de Antecipação de Pagamentos. In: *Doutrinas Essenciais – Direito Empresarial*. vol. IV. São Paulo: Revista dos Tribunais, 2011.

MELO, Diogo L. Machado. Cláusulas *Contratuais Gerais*: Contratos de Adesão, Cláusulas Abusivas e o Código de 2002. São Paulo: Saraiva, 2008.

POLETTO, GladimirAdriani. *O Seguro garantia: em busca de sua natureza jurídica*. Rio de Janeiro: Funenseg, 2003.

PONTES DE MIRANDA, F. C. *Tratado de Direito Privado*. T. XLV. 3ª ed. Rio de Janeiro: Borsoi, 1971.

SILVA, Rodney Malveira. *Hermenêutica Contratual*. São Paulo: Atlas, 2011.

SOUZA, Pedro Guilherme Gonçalves de; ZANCHIM, Kleber Luiz. *Contratos Empresariais*: contratos de organização da atividade econômica. Série GVlaw, São Paulo: Saraiva, 2011.

— XI —

# O Incidente de Resolução de Demandas Repetitivas no substitutivo da Câmara dos Deputados ao Projeto de Lei de novo Código de Processo Civil e suas implicações no mercado de seguros

### Luís Antônio Giampaulo Sarro

Procurador do Município de São Paulo e Advogado especializado em Direito Público, Administrativo, Bancário e Securitário. Membro do Conselho de Ensino, Pesquisa e Extensão da Escola Superior de Direito Municipal de São Paulo – ESDM-SP. Presidente do GNT – Processo Civil e Seguro da AIDA BRASIL. Membro da Câmara Técnica de Legislação Urbanística do Município de São Paulo.

### Claudio Ribas

Pós-Graduado em Direito Processual Civil pela PUC/SP, Bacharel pela Universidade Mackenzie, Advogado na área de saúde suplementar Seguro. Professor de Direito Processual Civil, Saúde Suplementar e Legislação do Seguro na Fundação Escola Nacional de Seguros (FUNENSEG) nos cursos técnicos e MBA, Membro do GNT de Processo Civil da AIDA. Professor de Mediação e Conciliação pela Escola Paulista de Magistratura.

### Bárbara Bassani de Souza

Advogada. Mestranda em Direito Civil na Universidade de São Paulo. Especializada *lato sensu* em Direito Civil pela Universidade Presbiteriana Mackenzie. Graduada pela Universidade Presbiteriana Mackenzie. Membro da AIDA.

*Sumário*: 1. Introdução; 2. Dos requisitos de instauração do incidente; 3. Da legitimidade ativa e competência; 4. Da participação obrigatória do Ministério Público e possibilidade de oitiva de "amicus curie"; 5. Da isenção de custas e da publicidade; 6. Da preferência de julgamento ; 7. Da suspensão dos processos e do prazo de prescrição; 8. Das tutelas de urgência; 9. Do processamento; 10. Da aplicação da tese a todos os processos suspensos. Efeito vinculante; 11. Da possibilidade de revisão da tese; 12. Da presunção de repercussão geral e do cabimento de reclamação; 13. Dos enunciados do fórum permanente de processualistas civis sobre o incidente de resolução de demandas repetitivas; 13.1. Carta de Salvador; 13.2. Carta do Rio de Janeiro; 14. Da análise do impacto do Incidente de Resolução de Demandas Repetitivas no mercado de seguros; 15. Considerações finais; Referências.

## 1. Introdução

Em 2010, uma Comissão de Juristas, presidida pelo Ministro Luiz Fux e tendo como relatora a Professora Teresa Arruda Alvim Wambier, nomeada pelo Presidente do Senado Federal, entregou àquela Casa Legislativa uma proposta de Anteprojeto de Lei de Novo Código de Processo Civil, que deu origem ao Projeto de Lei do Senado nº 166/2010.

Cerca de seis meses depois e após a apresentação de 220 emendas, outra Comissão de Juristas, de Apoio ao Relator-Geral Valter Pereira, elaborou um Substitutivo, mantendo a essência do Anteprojeto, que foi aprovado pelo Senado Federal e remetido à Câmara dos Deputados Federais em dezembro do mesmo ano.

Na Câmara, o Projeto de Lei recebeu 900 emendas e, três anos e três meses após, o seu Plenário aprovou, no dia 26.03.2014, o seu Substitutivo, elaborado por outra Comissão de Juristas de Apoio ao Relator-Geral, primeiro, Sérgio Barradas Carneiro, substituído pelo Dep. Paulo Teixeira, o qual retornou ao Senado Federal no dia 27.03.2014, por onde tramita até o momento da elaboração deste trabalho, tendo recebido 186 emendas.

Dentre as inúmeras alterações relevantes trazidas no Código Projetado, que merecem estudo aprofundado, uma importante novidade: a instituição no Sistema Processual Civil brasileiro do Incidente de Resolução de Demandas Repetitivas.

Inspirado no Direito alemão, o novel instituto será mais uma ferramenta para o trato, com maior isonomia e rapidez, do fenômeno da multiplicação de processos de teses repetitivas.

Inserido no Projeto de Lei de Novo CPC desde o Anteprojeto (artigos 895 a 906 do PLS nº 166/2010), o instituto foi mantido pelos Substitutivos do Senado (artigos 930 a 941) e da Câmara (artigos 988 a 1.000) com os aprimoramentos de redação de algumas disposições.

Luiz Henrique Volpe Camargo, que integrou ativamente as Comissões de Juristas de Apoio aos Relatores Gerais do Projeto de Lei de Novo CPC no Senado Federal e na Câmara dos Deputados, em artigo sob o título "O Incidente de Resolução de Demandas Repetitivas no Projeto de Novo CPC; a comparação entre a versão do Senado Federal e a da Câmara dos Deputados",[1] observa que, apesar de todas as técnicas já existentes no sistema brasileiro para garantir a isonomia perante a lei, com grande frequência, casos iguais recebem respostas judiciárias díspares, em tempo diferenciado e que nem mesmo a existência do microssistema

---

[1] *Novas Tendências do Processo Civil*, Volume 1. Salvador: Editora *Jus*Podivm, 2014, p. 279.

da tutela coletiva, com a previsão de cabimento da ação civil coletiva para a tutela de direitos individuais homogêneos, tem sido eficaz para evitar o tratamento diferenciado para casos iguais e a multiplicação de processos. E menciona que Sídnei Agostinho Beneti[2] há muitos anos já sustenta que é preciso que se crie um mecanismo de rápida formação da jurisprudência superior nos casos repetitivos, a fim de que venha a célere orientação, antes que o repetido julgamento de casos idênticos nos escalões judiciários antecedentes alimente a máquina recursal, sendo preciso dinamizar o tipo de julgamento, a fim de que, quando venha a súmula, vinculante ou não, já não se tenha julgado centenas ou milhares de processos desencadeados igual ou inimaginável número de recursos. E, citando CABRAL,[3] VIAFORE,[4] LÉVY[5] e VERBIC,[6] esclarece, para, então, preencher esta lacuna, inspirado no *Musterverfahren* do direito alemão, com técnicas similares ao *Group Litigation Order* do direito inglês e com algumas técnicas análogas ao *Multidistrict-Litigation* do direito norte americano, o PLS nº 166, de 2010 (PL 8046/2010), pretende instituir o chamado *incidente de resolução de demanda repetitiva*.

No direito alemão, o instituto inspirador foi criado em um contexto bastante diferente do contexto brasileiro:

> Diversos processos contra companhias alemãs passaram a ser ajuizados em corte norte-americanas, o que gerou na Alemanha uma grande insatisfação. Para corrigir essa situação, o legislador alemão criou, especificamente no mercado de capitais, um instrumento que permite o tratamento coletivo de demandas de indenização em massa (*mass tort litigation* ou *massenverfahren*).
> (...) O objetivo deste procedimento é lidar principalmente com a legislação que impõe às empresas atuantes no mercado de capitais o dever de prestar informações, informar fatos relevantes, etc.
> (...) Nota-se, portanto, que se trata de demandas extremamente massificadas, com o potencial de ser necessário indenizar todos os investidores.[7]

Além disso, o instituto alemão permite o julgamento de matéria de fato e de matéria de direito e tem previsão legal somente até o ano de 2020, oportunidade na qual será revista a sua eventual prorrogação.

A despeito das diferenças, o fato é que o sistema brasileiro parece ter importado a ideia de ser realizado um julgamento padrão, com uma decisão modelo a ser seguida.

---

[2] BENETI, Sídnei Agostinho. *Da conduta do juiz*. 2ª ed. São Paulo: Saraiva, 2000, p. 204.

[3] CABRAL, Antonio do Passo. *O novo procedimento-modelo (musterverfahren) Alemão: uma alternativa às ações coletivas*. Revista de Processo, São Paulo: RT, v. 147, maio, 2007, p. 123-145.

[4] VIAFORE, Daniele. *As semelhanças e as diferenças entre o procedimento – modelo alemão musterverfahren e a proposta de um "incidente de resolução de demandas repetitivas" no PL 8.046/2010*. Revista de Processo, São Paulo: RT, nº 217, março, 2013, p. 257-308.

[5] LÉVY, Daniel de Andrade. *O incidente de resolução de demanda repetitiva no anteprojeto do Novo Código de Processo Civil – exame à luz da Group Litigation Order britânica*. Revista de Processo, São Paulo: RT, nº 196, ano 36, jun., 2011, p. 165-206.

[6] VERBIC, Francisco. *El incidente de resolución de demandas repetitivas em El prueto de nuevo Código Procesal Civil*. Revista de Informação Legislativa, Brasília: Senado Federal, v. 190 – tomo I, abril-junho, 2011, p. a89-202.

[7] SILVEIRA ROSA, Renato Xavier da. *Precedentes no Processo Civil Brasileiro: valorização e efetividade*. Dissertação de Mestrado. Faculdade de Direito, Universidade de São Paulo. São Paulo, 2013. p. 120-121.

Com certeza, a adoção do incidente instigará a uniformização da jurisprudência, permitindo uma única decisão para controvérsia com potencial de gerar relevante multiplicação de processos fundados em idêntica questão de direito e de causar grave insegurança jurídica, decorrente do risco de coexistência de sentenças conflitantes.

Todavia, a sua implantação provocará, como de fato já vem provocando, muitas dúvidas a respeito de sua adequada aplicação, exigindo primeiramente da doutrina e na sequência da jurisprudência a iluminação necessária ao seu bom processamento.[8]

A inovação, certamente, deverá repercutir na conduta dos operadores do direito, especialmente nos advogados, quanto à cultura em torno da valorização do precedente que passará a ser visto, diferentemente do que é hoje, como regra de caráter impositivo para orientação em torno de não se propor demandas que possam ter tido desfecho contrário à interpretação do jurista na análise da decisão decorrente de incidente.

Pretendemos, com este breve e singelo artigo, demonstrar objetivamente as disposições contidas no Substitutivo da Câmara dos Deputados, indicar as principais alterações efetivadas em comparação com a proposta aprovada pelo Senado Federal, reproduzir as interpretações já apresentadas pelo Fórum Permanente de Processualistas Civis (Carta de Salvador e Carta do Rio de Janeiro) e analisar o possível impacto no mercado de Seguros.

## 2. Dos requisitos de instauração do incidente

Dispõe o artigo 988 do Substitutivo da Câmara que: "É admissível o incidente de resolução de demandas repetitivas quando, estando presente o risco de ofensa à isonomia e à segurança jurídica, houver efetiva repetição de processos que contenham controvérsia sobre a mesma questão unicamente de direito".

Conforme a lição de Antonio Adonias A. Bastos:[9] "Costuma-se examinar os precedentes que versam apenas sobre questões de direito não sobre fatos. Sabe-se que toda decisão judicial examina os fatos (controvertidos ou não) que embasam determinado conflito e os fundamentos jurídicos que lhe são emprestados".

A distinção é importante do ponto de vista da opção do legislador quanto a somente permitir a instauração do precedente em questões tipicamente de direito,

---

[8] Tércio Sampaio Ferraz Junior argumenta a tendência de utilização dos precedentes ao invés da interpretação da Lei, sem, no entanto, referir-se ainda ao projeto do Novo CPC. Em artigo publicado defende que jurisprudência começa a se sobrepor a doutrina que: "Esse fato pode ser observado após algumas percepções do trabalho cotidiano do jurista. Até recentemente, por exemplo, um livro de direito constitucional não fazia referência nenhuma a jurisprudência. Hoje, os manuais são repletos de menções à ela. Nas faculdades de direito, a pesquisa de jurisprudência começa a se sobrepor à doutrina. A consequência disso é que passamos da centralização da Lei a da jurisdição." – Artigo Folha de São Paulo de 29.09.2014 – *Julgar ou Gerenciar* AI3 sessão opinião.
[9] *Novas Tendências do Processo Civil*, Volume 2. Salvador: Editora *Jus*Podivm, 2014, p. 89 em artigo intitulado *O precedente sobre Questão Fática no Projeto do Novo CPC*.

visando, com isso, não romper com o sistema tradicional em relação à experiência do direito pátrio em torno da edição de súmulas e também do incidente de recursos repetitivos e representativos de controvérsia decorrentes de casos com a denominada repercussão geral.

Ademais, a tendência em torno da opção por matéria unicamente de direito, para se poder acatar a instauração do incidente, afasta a possibilidade de subjetividade em torno do intérprete que irá definir as demandas que estarão aptas para instaurar o incidente.

Entretanto, a instauração do incidente deve levar em consideração determinada categoria de fatos, e não um fato em específico, tendo em vista que não se pode conceber a ideia de questões que envolvem determinado direito que não tenham fato ou categoria de fato que lhe sejam comuns e demandem soluções repetitivas. Sempre teremos circunstância de fato que embasam uma controvérsia concreta a permitir sua interpretação como uma questão de direito.

São, portanto, requisitos para a instauração do Incidente de Resolução de Demandas Repetitivas:

a) risco de ofensa à isonomia e à segurança jurídica;

b) efetiva repetição de processos que contenham controvérsia sobre a mesma questão de direito.

Na sua conclusão, Antonio Adonias A. Bastos[10] nos ensina, com bastante presteza, que a opção do legislador quanto ao incidente somente versar sobre questão de direito, necessariamente acaba por envolver fatos específicos atingindo o objetivo de resolução única para demandas que tenham fatos e fundamentos jurídicos idênticos. Vejamos a lição do doutrinador:

Há acontecimentos que são invocados como fundamento (causa de pedir) comum em diversas lides. A existência de uma decisão que pacifique um fato que é idêntico em inúmeras demandas pode contribuir para (a) a duração dos processos que o envolvem, reduzindo ou, até mesmo, provocando a dispensa da dilação probatória em certas circunstâncias; (b) uniformização das soluções dos conflitos isomórficos dos quais o fato constitua fundamento, garantido a isonomia entre os sujeitos que experimentaram a mesma situação concreta; e (c) a previsibilidade dos julgamentos dos casos futuros que versem sobre o mesmo episódio, resguardando os princípios da segurança jurídica e da proteção da confiança.

Prevê o § 7º do referido artigo que: "A inadmissão do incidente de resolução de demandas repetitivas por ausência de qualquer de seus pressupostos de admissibilidade não impede que, uma vez presente o pressuposto antes considerado inexistente, seja o incidente novamente suscitado".

O Incidente de Resolução de Demandas Repetitivas, contudo, será incabível quando um dos tribunais superiores, no âmbito de sua respectiva competência, já tiver afetado recurso para definição de tese sobre questão de direito material ou processual repetitiva (artigo 988, § 8º).

Na versão aprovada pela Câmara dos Deputados, foi eliminado o requisito de admissibilidade que constava da parte final do § 1º do artigo 933 do substituti-

---

[10] Ob. cit., p. 98.

vo do Senado, que determinava que, na admissibilidade, o tribunal considerará a conveniência de se adotar decisão paradigmática.

Outra alteração importante entre os dois substitutivos está no *caput* do artigo 988 na versão da Câmara, que estabelece como requisito a "efetiva" multiplicação de processos, em lugar da "potencial" multiplicação de processos (art. 930 do substitutivo do Senado), o que impedirá a instauração preventiva do incidente.

O substitutivo da Câmara inseriu, também, o requisito de que haja "pendência de causa" no tribunal, conforme se verifica do § 2º do artigo 988, exigência que não constava do substitutivo do Senado.

Registre-se, ainda, que dois parágrafos foram inseridos no Projeto de Lei durante a tramitação pela Câmara dos Deputados. O § 7º do artigo 988, que prevê que a inadmissão do incidente de resolução de demandas repetitivas por ausência de qualquer dos pressupostos de admissibilidade não impede que, uma vez presente o pressuposto antes considerado inexistente, seja o incidente novamente suscitado; e o § 8º, que estabelece ser incabível o incidente de resolução de demandas repetitivas quando um dos tribunais superiores, no âmbito de sua respectiva competência, já tiver afetado recurso para a definição da tese sobre a questão de direito material ou processual repetitiva.

Mas as duas versões – Senado (artigo 988, § 2º) e Câmara (artigo 988, § 4º) – exigem a instrução do incidente com os documentos necessários à demonstração da presença dos pressupostos de admissibilidade.

### 3. Da legitimidade ativa e competência

Na tramitação do Projeto de Lei pela Câmara dos Deputados, foi acolhida a Emenda 669/11 do Deputado Miro Teixeira, para permitir que os órgãos colegiados do tribunal – e não apenas o relator – suscitem o incidente (§ 3º do artigo 988).

Foram incluídos, no artigo 988, pelo Substitutivo da Câmara, o § 1º, para estabelecer que o incidente pode ser suscitado perante o Tribunal de Justiça ou Tribunal Regional Federal, e o § 2º, para ditar que o incidente somente pode ser suscitado na pendência de qualquer causa da competência do tribunal.

Nos termos do artigo 988, o pedido de instauração do incidente será dirigido ao Presidente do Tribunal (§ 3º), por ofício, pelo relator ou órgão colegiado (inciso I), ou por petição das partes, do Ministério Público, Defensoria Pública, pessoa jurídica de direito público ou associação civil cuja finalidade institucional inclua a defesa do interesse ou direito objeto do incidente (inciso II), devidamente instruída com os documentos necessários à demonstração do preenchimento dos pressupostos para a instauração do incidente (§ 4º).

Na Câmara dos Deputados, foi aprovada a Emenda 180 do Deputado Bruno Araújo, para atribuir ao regimento interno dos tribunais a indicação do órgão competente para decidir incidente de resolução de demandas repetitivas, com vistas a adequar o dispositivo aos ditames preceituados pelo artigo 96, inciso I, letra "a", da Carta Magna (artigo 991 do Substitutivo da Câmara).

Com a aprovação da referida Emenda, o artigo 991 do Substitutivo da Câmara passou a estabelecer que a competência para o julgamento do incidente de resolução de demandas repetitivas caberá ao órgão do tribunal que o regimento interno indicar, que tenha competência para editar enunciados de súmulas (§ 1º), sempre que possível integrado, em sua maioria, por desembargadores que componham órgãos colegiados com competência para o julgamento da matéria discutida no incidente (§ 2º). Contudo, a competência será do plenário ou do órgão especial do tribunal, quando arguida, em controle difuso, a inconstitucionalidade de lei ou ato normativo do poder público (§ 3º).

Foi acolhida, ainda, a Emenda 171, que modifica o texto do parágrafo único do artigo 938 do PL 8.046/2010, com o fim de suprimir a referência aos órgãos internos do Supremo Tribunal Federal e do Superior Tribunal de Justiça, que devem julgar, respectivamente, o recurso extraordinário e o recurso especial em incidentes de resolução de demandas repetitivas, eliminando, assim, vício de inconstitucionalidade, por contrariar o artigo 96, inciso I, letra "a", da Carta Maior:

Art. 96. Compete privativamente:

I – aos tribunais:

a) eleger seus órgãos diretivos e elaborar seus regimentos internos, com observância das normas de processo e das garantias processuais das partes, dispondo sobre a competência e o funcionamento dos respectivos órgãos jurisdicionais e administrativos;

Na versão da Câmara, o artigo 988 estabelece que o pedido de instauração do incidente será dirigido ao presidente do tribunal pelo relator ou órgão colegiado, por ofício, alterando o inciso I do § 1º do artigo 930 da versão do Senado, que previa a possibilidade de o pedido de instauração ocorrer também por ofício do juiz.

A Câmara incluiu, ainda, no inciso II do artigo 988 (equivalente ao inciso II do § 1º do artigo 930, na versão do Senado), ao lado das partes, do Ministério Público e da Defensoria Pública, a possibilidade do pedido de instauração ser formalizado por petição pela pessoa jurídica de direito público ou por associação civil cuja finalidade institucional inclua a defesa do interesse ou direito objeto do incidente.

### 4. Da participação obrigatória do Ministério Público e possibilidade de oitiva de "amicus curie"

A participação do Ministério Público no Incidente de Resolução de Demandas Repetitivas é obrigatória.

Com efeito, estabelece os parágrafos do artigo 988 do novo Código de Processo Civil (NCPC) que a desistência ou o abandono da causa não impedem o exame do mérito e o Ministério Público, se não for o requerente, intervirá obrigatoriamente no incidente e poderá assumir a titularidade da ação em caso de desistência ou abandono (§§ 5º e 6º do artigo 988).

Neste sentido, define o artigo 990, § 1º, que, admitido o incidente, o relator suspenderá todos os processos pendentes do estado ou região, individual ou coletivo, requisitará informações a órgãos envolvidos e intimará o Ministério Público para se manifestar em 15 dias.

No artigo 992, há previsão de manifestação do Ministério Público e de *Amicus Curie*, estabelecendo que serão ouvidos pelo relator as partes e os demais interessados, inclusive pessoas, órgãos e entidades com interesse na controvérsia, que, no prazo comum de quinze dias, poderão requerer a juntada de documentos e as diligências necessárias para a elucidação da questão de direito controvertida, manifestando-se, em seguida, o Ministério Público, regrando, ainda, o seu parágrafo único que, para instruir o incidente, o relator poderá designar data para, em audiência pública, ouvir depoimentos de pessoas com experiência e conhecimento na matéria. O *Amicus Curie* foi introduzido no NCPC no artigo 138 do substitutivo da Câmara como uma das formas de Intervenção de Terceiros.

### 5. Da isenção de custas e da publicidade

No incidente de resolução de demandas repetitivas, não serão exigidas custas processuais (artigo 988, § 9º), fazendo com que a possibilidade decorrente do importante instrumento seja estimulada com benefício que deve se estender a todos os interessados.

Os tribunais manterão banco eletrônico de dados atualizados com informações específicas sobre questões de direito submetidas a incidentes de resolução de demandas repetitivas e de julgamento de recursos repetitivos e da repercussão geral em recurso extraordinário e comunicarão ao Conselho Nacional de Justiça, para publicidade por meio eletrônico (artigo 989 e §§ 1º e 3º).

Na síntese do que se pretende, teremos verdadeiro rol de acórdãos com especificidade em torno de diversos assuntos e, obviamente, visando o objetivo de uniformização da interpretação do direito, a relação de acórdãos precedentes, matéria envolvida e tese preponderante que deverá criar nova modalidade de codificação não de artigos de Lei e seus comentários, mas sim de julgados que tiveram o "status" de ser eleito como paradigma.

### 6. Da preferência de julgamento

O Projeto de Lei do novo Código de Processo Civil (PLNCPC) prevê que o Incidente de Resolução de Demandas Repetitivas terá preferência de julgamento, salvo réu preso e *habeas corpus* (artigo 996), observando-se que o artigo 12 do

Substitutivo da Câmara estabelece a Ordem Cronológica dos Processos Conclusos para Sentença, sendo que o seu § 2º relaciona os processos excluídos da ordem cronológica, dentre os quais as decisões em bloco em face da aplicação de decisões de casos repetitivos e o julgamento dos casos repetitivos (incisos II e III).

## 7. Da suspensão dos processos e do prazo de prescrição

A admissão do incidente implicará na suspensão da prescrição das pretensões nos casos em que se repete a questão de direito (artigo 990, § 5º) e dos processos pendentes que tramitam no estado ou na região, por um ano, salvo decisão fundamentada do relator (artigos 990, § 1º, inciso I, e 996, § 1º).

O relator do Incidente de Resolução de Demandas Repetitivas comunicará a admissão do incidente e a suspensão dos processos, por ofício, aos juízes diretores dos fóruns de cada comarca ou seção judiciária, devendo cada juízo decidir sobre os pedidos de tutela de urgência (artigo 990, § 2º).

Conforme antes mencionado, o artigo 996 do substitutivo da Câmara estabelece o prazo de um ano para o julgamento do incidente, com preferência sobre os demais feitos, ressalvados os que envolvam réu preso e os pedidos de *habeas corpus*, após o qual cessará a suspensão dos processos, salvo decisão fundamentada do relator em sentido contrário (§ 1º). Na versão do Senado, o prazo fixado para o julgamento do incidente era de seis meses (artigo 939).

A determinação do prazo de 1 (um) ano para julgamento do incidente deverá de fato ocorrer, contrariamente aos prazos previstos para a prática dos atos processuais pelos juízos que nem sempre são obedecidos, considerando que no § 1º do artigo 996, consta expressa disposição no sentido de que em sendo superado o prazo de 1 (um) ano, as ações suspensas e que dele (incidente) dependem terão cessada a sua suspensão, com repercussão importante, na medida em que serão muitos os processos que guardam referida relação de dependência.

A suspensão dos processos poderá também ser requerida por qualquer legitimado (artigo 988, § 3º, inciso II), ou pela parte em processo em curso no qual se discuta a mesma questão objeto do incidente, ao tribunal competente para conhecer de recursos especial e extraordinário, com a suspensão, sujeita ao mesmo prazo, de todos os processos individuais ou coletivos em curso no território nacional que versem sobre a questão objeto do incidente já instaurado (artigos 996, § 2º, e 997, *caput* e § 1º), para assegurar a garantia da segurança jurídica, cessando a suspensão se não interposto recurso extremo contra a decisão proferida no incidente (artigo 997, § 2º).

O recurso especial e o extraordinário, que impugna a decisão proferida no incidente, tem efeito suspensivo, presumida a repercussão geral de questão constitucional discutida (artigo 998).

Ainda, podem os legitimados requerer ao Superior Tribunal de Justiça ou ao Supremo Tribunal Federal a suspensão de todos os processos do território nacional (artigo 997).

## 8. Das tutelas de urgência

Instaurado o Incidente de Resolução de Demandas Repetitivas e determinada a suspensão dos processos, as tutelas de urgência dos processos suspensos serão decididas pelo juiz da causa, de conformidade com o disposto pelo § 3º do artigo 990 do PLNCPC.

## 9. Do processamento

Prevê o artigo 990, § 1º, que, admitido o incidente, o relator:

1. suspenderá todos os processos pendentes do estado ou região, individual ou coletivo;
2. requisitará informações a órgãos envolvidos (15 dias);
3. intimará o Ministério Público (MP) para se manifestar em 15 dias.

Serão ouvidos pelo relator as partes e os demais interessados, inclusive pessoas, órgãos e entidades com interesse na controvérsia, que, no prazo comum de quinze dias, poderão requerer a juntada de documentos e as diligências necessárias para a elucidação da questão de direito controvertida, manifestando-se, em seguida, o Ministério Público (artigo 992), facultado ao relator designar data para, em audiência pública, ouvir depoimentos de pessoas com experiência e conhecimento na matéria (parágrafo único do artigo 992), solicitando, após concluídas as diligências, dia para o julgamento do incidente (artigo 993).

O dispositivo revela que o legislador, além da ampla divulgação do incidente, permite que todo e qualquer interessado que comprovar tal interesse possa manifestar-se no procedimento, visando, com isso democratizar e dar a devida importância do precedente, considerando a sua repercussão nas causas que com ele se identifiquem.

O julgamento seguirá as regras previstas pelo artigo 994 e, julgado o incidente, a tese jurídica será aplicada a todos os processos individuais ou coletivos que versem sobre idêntica questão de direito e que tramitem na área de jurisdição do respectivo tribunal, inclusive àqueles que tramitem nos juizados especiais do respectivo estado ou região (artigo 995), ou que venham a tramitar, até que o tribunal a revise (§ 1º). Se o incidente tiver por objeto questão relativa à prestação de serviço concedido, permitido ou autorizado, o resultado do julgamento será comunicado ao órgão ou à agência reguladora competente para fiscalização do efetivo cumprimento da decisão por parte dos entes sujeitos a regulação (§ 2º do artigo 995).

Caberão recursos especial e extraordinário contra a decisão que julgar o incidente e se a matéria for apreciada em seu mérito pelo Supremo Tribunal Federal ou pelo Superior Tribunal de Justiça, a tese jurídica firmada será aplicada a todos os processos individuais ou coletivos que versem sobre idêntica questão de direito e que tramitem no território nacional, admitindo-se pedido de revisão da tese (artigo 995, §§ 3º a 5º, e artigo 997).

O recurso especial e o extraordinário, que impugna a decisão proferida no incidente, tem efeito suspensivo, presumida a repercussão geral de questão constitucional discutida (artigo 998), com a remessa dos autos ao tribunal competente, independentemente da realização de juízo de admissibilidade na origem (artigo 999).

### 10. Da aplicação da tese a todos os processos suspensos. Efeito vinculante

Como dito no item anterior, a tese jurídica será aplicada a todos os processos da jurisdição, inclusive futuros e aos que tramitem por Juizados Especiais (art. 995 e § 1º), permitindo, dado ao objetivo do legislador, que decisões dos Tribunais da Justiça Comum influenciem as causas que se processam no juizado cujo âmbito de sua fase de cognição limitava-se ao Colégio Recursal do próprio Juizado, conforme o procedimento estabelecido pela Lei 9.099/95.

Da decisão que julgar o incidente, caberão recursos especial e extraordinário e se a matéria for apreciada em seu mérito pelo Supremo Tribunal Federal ou pelo Superior Tribunal de Justiça, a tese jurídica firmada será aplicada a todos os processos individuais ou coletivos que versem sobre idêntica questão de direito e que tramitem no território nacional (artigo 995, §§ 3º a 5º).

Portanto, a tese aprovada no incidente de resolução de demandas repetitivas terá efeito vinculante, tanto que caberá reclamação em caso de não ser observada nas decisões judiciais proferidas (artigo 1000, IV).

Ressalte-se que, na versão da Câmara dos Deputados, foi acrescido o § 1º do artigo 995, com previsão de que a tese jurídica será aplicada, também, aos casos futuros que versem idêntica questão de direito e que venham a tramitar no território de competência do respectivo tribunal até que esse mesmo tribunal a revise.

Também na versão da Câmara foi acrescido o § 2º do artigo 995, para estabelecer que, se o incidente tiver por objeto questão relativa à prestação de serviço concedido, permitido ou autorizado, o resultado do julgamento será comunicado ao órgão ou à agência reguladora competente para fiscalização do efetivo cumprimento da decisão por parte dos entes sujeitos a regulação.

Ao decidir o incidente de resolução de demandas repetitivas, o Tribunal definirá a tese, que terá que ser aplicada por todos os membros e órgãos do próprio tribunal responsável pela sua definição e a todos os juízos que, pela via recursal, estiverem submetidos ao respectivo tribunal. Não haverá, assim, decisão direta das causas, mas somente da tese submetida ao tribunal, a qual, após por este julgada, terá efeito vinculante para todos os processos da jurisdição do respectivo tribunal (artigo 995, §§ 1º e 2º, do substitutivo da Câmara, equivalente ao artigo 938, parágrafo único, do Substitutivo do Senado).

A sistemática introduzida com o incidente de resolução de demandas repetitivas leva a crer que o sistema jurídico processual brasileiro parece romper de vez com a tradição de julgamentos por meio do denominado sistema *civil law* e passa a admitir julgamentos parecidos com aquele adotado pelo sistema *common law*, o que certamente ensejará um longo caminho de adaptação à novidade processual extremamente positiva ao se analisar que o direito aplicado a determinado conflito, ao menos quanto à matéria típica de questão de direito que não deve ter tratamento diferente, sob pena de acarretar insegurança jurídica.

A respeito da distinção fundamental entre as duas tradições de interpretação do direito, vale trazer o ensinamento do processualista Antonio Adonias A. Bastos:[11]

> A distinção fundamental entre as tradições do *civil* e do *common Law* reside nos significados atribuídos à legislação e à função que o juiz exerce ao considerá-la. No *common law*, a lei não é criada com a pretensão de fechar os espaços para o juiz pensar. Portanto, os sistemas adeptos desta tradição não se preocupam em ter, na legislação, todas as regras capazes de solucionar os casos conflitivos. O *common law* não nega ao juiz o poder de interpretar a lei. Não há a concepção de que um Código pudesse eliminar a possibilidade de o juiz interpretá-la como se fosse "sua boca", através de sua '"aplicação mecânica".

E conclui o eminente processualista:[12]

> Assim, não se pode afirmar que o *civil law* tem como característica a existência de um amplo acervo legislativo, contido em Códigos, e a lei como principal fonte do direito; e que o *common law* seria oriundo de países com direito consuetudinário e escassa produção legal, conferindo aos juízes o poder de firmar precedentes que serão seguidos e respeitados. Muito menos se pode dizer que os precedentes persuasivos estão associados ao *civil Law*, ao passo que os vinculantes estão associados aos de *common Law*.

A doutrina demonstra que ambos os sistemas não podem ser vistos de modo engessado e rígido quanto ao método e a principal fonte de julgamento que possa ser utilizado pelo julgador e mesmo no regime de julgamentos de acordo com a Lei, a força dos precedentes e seu poder vinculante sempre existiu e se faz refletir.

Esta é a tendência das últimas duas décadas de funcionamento da forma de julgar, onde as súmulas e a jurisprudência exarada, especialmente dos tribunais superiores, inspiram e fundamentam os julgamentos das demandas desde a instância de origem.

Misabel de Abreu Machado Derzi e Thomas da Rosa de Bustamante, em artigo que discorrem a respeito de precedentes vinculantes na análise do projeto, assim se posicionam:

---

[11] Ob. cit. p. 93, citando Luiz Guilherme Marinoni, p.55/56, *in Precedentes Obrigatórios*. São Paulo: Revista dos Tribunais, 2010.

[12] Ob. cit., p. 94.

Em qualquer sistema jurídico um precedente judicial somente poderá constituir um padrão para resolver casos futuros caso seja possível dele extrair uma regra universal à qual os casos futuros possam e devam ser subsumidos sempre que se repetirem as condições precedentes na hipótese de incidência (*fattispecie*) de tal regra jurídica.[13]

Por seu turno, em interessante parecer acerca da aplicabilidade de precedente judicial, José Rogério Cruz e Tucci discorre a respeito do princípio da universalizabilidade para se concluir pela aplicação de determinada tese a hipótese de conflitos semelhantes:

> O elemento crucial que efetivamente justifica a recepção analógica da decisão anterior para a solução da hipótese posterior é o princípio da universalizabilidade, entendido como uma exigência natural de que casos substancialmente iguais sejam tratados de modo semelhante. É ele, com efeito, o componente axiológico que sempre revestiu a ideia de "justiça como qualidade formal".[14]

Traçadas estas premissas, verifica-se que, com a criação do instituto dos precedentes sedimentados em julgamentos de demandas repetitivas para ser aplicado a casos semelhantes a aquele que foi eleito para servir de paradigma, se existirá uma regra formal e universal em torno da existência de um precedente.

Daí em raciocínio lógico na ferramenta do raciocínio jurídico onde tem uma premissa maior (precedente extraído de incidente de demanda repetitiva), uma premissa menor (caso semelhante) e conclusão (aplicação da solução em torno da questão jurídica repetitiva) de modo a ter sempre em mente que as discussões somente poderão dizer respeito à matéria de direito.

## 11. Da possibilidade de revisão da tese

Como dito e reiterado, julgado o incidente, a tese jurídica será aplicada a todos os processos da jurisdição, inclusive futuros e aos que tramitem por Juizados Especiais (art. 995 e § 1º).

Todavia, nos termos do § 3º do artigo 995, a tese jurídica julgada pelo incidente poderá ser revista, de ofício, ou a requerimento dos legitimados, observando-se, no que couber, o disposto nos §§ 1º a 6º do artigo 521 (procedimento para a revisão de precedentes judiciais).

A previsão da possibilidade de revisão da tese não constava do Substitutivo do Senado, tendo sido inserida durante a tramitação do Projeto de Lei na Câmara dos Deputados.

## 12. Da presunção de repercussão geral e do cabimento de reclamação

O recurso especial e o extraordinário, que impugna a decisão proferida no incidente, tem efeito suspensivo, presumida a repercussão geral de questão

---

[13] Ob. cit., p. 435. *Súmulas e Precedentes Vinculantes no Anteprojeto de Novo CPC: Considerações a Partir do Relatório Paulo Teixeira.*

[14] *Precedente Judicial como fonte de direito.* São Paulo. RT, 2004, p. 25.

constitucional discutida (artigo 998), com a remessa dos autos ao tribunal competente, independentemente da realização de juízo de admissibilidade na origem (artigo 999).

O PLNCPC prevê, ainda, o cabimento de reclamação para o tribunal competente, se não observada a tese adotada pela decisão proferida no incidente (artigo 1.000, inciso IV).

### 13. Dos enunciados do fórum permanente de processualistas civis sobre o incidente de resolução de demandas repetitivas

Semestralmente têm ocorrido encontros do Fórum Permanente de Processualistas Civis, coordenado pelo Professor Fredie Didier Júnior, com o apoio do Instituto Brasileiro de Direito Processual – IBDP –, com o objetivo de discutir o Projeto do novo Código de Processo Civil, tal qual aprovado pela Câmara dos Deputados, assim como revisar os enunciados sobre o mesmo Projeto emitidos em encontros anteriores.

O II Encontro ocorreu em Salvador, nos dias 8 e 9.11.2014, quando ainda se denominava "Encontro de Jovens Processualistas", posteriormente alterado para "Fórum Permanente de Processualistas Civis", sob a coordenação dos Professores Fredie Didier Júnior (BA), Cássio Scarpinella Bueno (SP) e Antônio Adonias Bastos (BA), em que 176 processualistas de todo o Brasil aprovaram 105 enunciados, que compuseram a Carta de Salvador, publicada na Revista de Processo – RePro, vol. 227, p. 435-437, São Paulo: RT, 2014.

O III Encontro ocorreu no Rio de Janeiro, nos dias 25, 26 e 27 de abril de 2014, com o apoio da Ordem dos Advogados do Brasil – Secção Rio de Janeiro, sob a coordenação de Fredie Didier Júnior (BA), Cássio Scarpinella Bueno (SP) e Ronaldo Cramer (RJ), em que 247 processualistas de todo o Brasil revisaram os enunciados anteriores e aprovaram, por unanimidade, outros 129 enunciados, os quais compuseram a Carta do Rio de Janeiro, publicada na Revista de Processo – RePro nº 233, páginas 295-325, São Paulo: Ed. RT, 2014.

Em tais encontros, processualistas de todo o país, das mais variadas Instituições de Ensino e de distintas gerações, debatem de forma isonômica, aberta e respeitosa, com desapego a seus títulos acadêmicos ou a qualquer tipo de hierarquia, as novas soluções do Projeto da Câmara dos Deputados, adotando-se, durante os encontros, a metodologia de emitir enunciados aprovados por unanimidade no grupo temático e aprovados também por unanimidade na plenária, bastando uma só objeção justificada por qualquer dos participantes, seja no grupo ou na plenária, para a rejeição do enunciado.

A unanimidade, a despeito da extrema dificuldade de atingi-la, já que do Fórum participam processualistas de diferentes escolas de pensamento, confere expressiva legitimidade aos enunciados. Não há dúvida de que verbetes aprovados por todos os processualistas presentes ao Fórum têm peso maior do que se fossem deliberados pela maioria ou por alguma espécie de quórum qualificado.[15]

O relatório do III Fórum Permanente de Processualistas Civis indica que, considerando a expectativa de oportuna aprovação do novo Código de Processo Civil, após a derradeira etapa do processo legislativo no Senado Federal, o Fórum quer se firmar como o espaço adequado para construção de algum consenso sobre as regras projetadas, fornecendo importantes diretrizes que auxiliarão os intérpretes e aplicadores da nova lei.[16]

### 13.1. Carta de Salvador[17]

Enunciado 87. (art. 988) A instauração do incidente de resolução de demandas repetitivas não pressupõe a existência de grande quantidade de processos versando sobre a mesma questão, mas preponderantemente o risco de quebra da isonomia e de ofensa à segurança jurídica.

Enunciado 88. (art. 988; art. 522, parágrafo único) Não existe limitação de matérias de direito passíveis de gerar a instauração do incidente de resolução de demandas repetitivas e, por isso, não é admissível qualquer interpretação que, por tal fundamento, restrinja sem cabimento.

Enunciado 89. (art. 988) Havendo apresentação de mais de um pedido de instauração do incidente de resolução de demandas repetitivas perante o mesmo tribunal todos deverão ser apensados e processados conjuntamente. Os que forem oferecidos posteriormente à decisão de admissão serão apensados e sobrestados, cabendo ao órgão julgador considerar as razões neles apresentadas.

Enunciado 90. (art. 988) É admissível a instauração de mais de um incidente de resolução de demandas repetitivas versando sobre a mesma questão de direito perante tribunais de 2º grau diferentes.

Enunciado 91. (art. 990, *caput*) Cabe ao órgão colegiado realizar o juízo de admissibilidade do incidente de resolução de demandas repetitivas, sendo vedada a decisão monocrática.

Enunciado 92. (art. 990, § 1º, I) A suspensão de processos prevista neste dispositivo é consequência da admissão do incidente de resolução de demandas repetitivas e não depende da demonstração dos requisitos para a tutela de urgência.

Enunciado 93. (art. 990, § 1º, I) Admitido o incidente de resolução de demandas repetitivas, também devem ficar suspensos os processos que versem sobre a mesma questão objeto do incidente e que tramitem perante os juizados especiais no mesmo estado e região.

---

[15] III Fórum de Processualistas Civis – RePro nº 233, p. 296, São Paulo: Ed. RT, 2014.
[16] III Fórum de Processualistas Civis – RePro nº 233, p. 296, São Paulo: Ed. RT, 2014
[17] II Encontro de Jovens Processualistas – RePro, vol. 227, págs. 435-452, São Paulo: Ed. RT, 2014.

Enunciado 94. (art. 995, § 4°) A parte que tiver o seu processo suspenso nos termos do inciso I do § 1° do artigo 990 poderá interpor recurso especial ou extraordinário contra o acórdão que julgar o incidente de resolução de demandas repetitivas.

Enunciado 95. (art. 997) A suspensão de processos na forma deste dispositivo depende apenas da demonstração da existência de múltiplos processos versando sobre a mesma questão de direito em tramitação em mais de um estado ou região.

### 13.2. Carta do Rio de Janeiro[18]

Enunciado 204. (art. 988) Quando se deparar com diversas demandas individuais repetitivas, poderá o juiz oficiar o Ministério Público, a Defensoria Pública e os demais legitimados a que se refere o art. 988, § 3°, II, para que, querendo, ofereça o incidente de resolução de demandas repetitivas, desde que atendidos os seus respectivos requisitos.

Enunciado 205. (art. 990, § 1°, I; art. 997) Havendo cumulação de pedidos simples, a aplicação do art. 990, § 1°, I, ou do art. 997 poderá provocar apenas a suspensão parcial do processo, não impedindo o prosseguimento em relação ao pedido não abrangido pela tese a ser firmada no incidente de resolução de demandas repetitivas.

Enunciado 206. (art. 990, § 5°) A prescrição ficará suspensa até o trânsito em julgado do incidente de resolução de demandas repetitivas.

## 14. Da análise do impacto do incidente de resolução de demandas repetitivas no mercado de seguros

Postas as considerações acima, passa-se à análise do impacto do Incidente de Resolução de Demandas Repetitivas no seguimento do mercado de segurador, onde, salvo raras exceções em torno de algumas questões necessariamente de direito, o intérprete trabalha com fatos distintos ou díspares e que, na linguagem técnica do seguro. possam ser considerados eventos cobertos e previamente estabelecidos ou ainda sinistros que podem ser representados pelo evento inesperado e estejam garantidos na apólice contratada.

Segundo a Professora Vera Lúcia de Mello Franco,[19] a ideia de risco pode ser considerada como "fato jurídico e, assim, ato não voluntário, apto a gerar efeitos na órbita jurídica". A autora, trazendo-nos a lição de Emiliano Betti, refere-se a "fato independente da vontade humana, apto a alterar as relações jurídicas,

---

[18] III Fórum de Processualistas Civis – RePro n° 233, p. 295-325, São Paulo: Ed. RT, 2014.
[19] MELLO FRANCO, Vera Helena de. *Lições de Direito Securitário, Seguros Terrestres Privados*, Edição 1993, Editora Maltese, p. 45, apud – Emiliano Betti, *Teoria Geral do Contrato*, Coimbra, 1969, p. 20.

constituindo, modificando ou extinguindo poderes e vínculos ou qualificações e posições jurídicas".

Segundo De Plácido e Silva,[20] a palavra *sinistro* tem origem no latim *sinister* (contrário esquerdo), denotando por "evento funesto, ou fato danoso, que se temia, ou que se receava, provocador de danificações, de que resultam prejuízos. Extensivamente, exprime o próprio dano, prejuízo ou infortúnio, resultante do fato danoso, embora esses, a rigor, sejam propriamente, a indenização".

Dos termos e conceitos jurídicos relacionados ao elemento que caracteriza o objeto de cobertura dos contratos de seguro, qual seja, o sinistro ou, de outro viés, o risco coberto ou risco indenizável, o intérprete deverá sempre trabalhar com um fato jurídico que se pode traduzir por uma ocorrência com características próprias, que poderá demandar a incidência de fato típico e coberto pelo seguro contratado.

Pois bem, considerando que o incidente de demandas repetitivas tem como requisito para sua instauração uma controvérsia sobre uma questão de direito, em tese, será de difícil ocorrência na seara afeta ao mercado segurador na medida em que a maioria dos litígios envolvendo conflitos de interesses entre a seguradora e o segurado tem origem em fatos distintos, que dizem respeito às partes contratantes e que envolve matéria fática.

Ora, ao imaginarmos um litígio envolvendo um segurado e uma seguradora em que se discute a abusividade ou não de determinada cláusula, por exemplo, parece não haver dúvida de que o desfecho da controvérsia gira em torno de matéria fática, pois depende, dentre outros, do fato de o segurado ter sido ou não devidamente informado em relação a tal cláusula contratual, se a referida cláusula foi redigida em destaque, no caso de ser restritiva de direito.

Todavia, pode ser entendido pelo judiciário que uma determinada cláusula é sempre tida como abusiva, independentemente do modo como foi contratada e da forma como foi informado o segurado. Nessa hipótese, poder-se-ia considerar que se está diante de um entendimento legal controvertido, isto é, de matéria de direito, que pode ensejar o Incidente de Resolução de Demandas Repetitivas.

Para tornar mais plausível a hipótese acima, cita-se o julgado do REsp 1.106.827 – SP, D.J.E. 23/10/2012, no qual o Superior Tribunal de Justiça decidiu que o homem médio é incapaz de distinguir os crimes que são elencados como excluídos na apólice e que, diante do princípio da boa-fé contratual, e sendo o contrato de seguro, contrato de adesão, as cláusulas devem ser interpretadas de forma favorável ao aderente, com base nos artigos 422, 423, 765, todos do Código Civil.

Apesar de causar estranheza, entendimentos como esse são cada vez mais comuns no Judiciário, que acaba por consolidar um posicionamento sobre matéria fática como se de direito fosse.

---

[20] Obra citada, p. 240.

A exceção que pode demandar repercussão importante em decorrência da aplicação de teses envolvendo o mercado segurador, dada a experiência em torno da aplicação de súmulas e de jurisprudência consolidada oriundas dos tribunais superiores, diz respeito a valores a serem pagos em modalidade de seguro obrigatório (DPVAT), prazos prescricionais e modo de contagem de seu termo inicial, caracterização de risco coberto e indenizável pela interpretação judicial de cláusula judicial tida por abusivas, interpretação extensiva de riscos abrangidos em apólices pela simples razão de não estarem expressamente excluídos, concessão de indenização a título de dano moral presumido em razão de negativa da indenização securitária na esfera administrativa, dentre outras inúmeras situações, estejam elas relacionadas ou não à interpretação de cláusulas contratuais.

No caso do Seguro Obrigatório de Danos Pessoais Causados por Veículos Automotores de Via Terrestre (DPVAT), vale notar que, recentemente, o Supremo Tribunal Federal reconheceu nos autos do Agravo em Recurso Extraordinário (ARE) 704520 a repercussão geral dos casos nos quais se discute a constitucionalidade da redução dos valores de indenização.

A questão é extremamente vasta quando se trata de prazos prescricionais, considerando que, a depender da espécie securitária e da parte que pleiteia a indenização, o prazo pode ser de um ano, três anos ou até de dez anos (como defendem alguns, para o caso de beneficiários, por exemplo). Mais vasta ainda, quando se discute o marco inicial do prazo prescricional, como, por exemplo, nas ações nas quais se pretende o recebimento de indenização em razão da invalidez suportada, em que muito se discute acerca do marco inicial da ciência inequívoca do estado de invalidez. Nesses casos, parece ser claro o enfrentamento de matérias de direito e não fáticas, salvo as especificidades de cada caso concreto.

Não se olvide ainda nas hipóteses em que a jurisprudência entende que é devida a indenização securitária mesmo quando se verifica o descumprimento a uma cláusula contratual, salvo se restar comprovado que o descumprimento da referida cláusula foi determinante para o evento. Aqui, a questão fática parece prevalecer, sendo a questão de direito restrita à compreensão normativa.

Nas demandas envolvendo seguro-saúde, são cada vez mais comuns decisões que condenam à seguradora ao pagamento de indenização securitária e ainda ao pagamento de indenização a título de danos morais presumidos, em razão da negativa na esfera administrativa ou da demora no pagamento, hipóteses que, em certa medida, poderiam ser entendidas como matéria de direito.

Enfim, são inúmeros os casos em que os Tribunais têm cada vez mais firmado entendimentos pacificados, que à luz da criação do novo instituto processual, podem vir a se tornar incidentes de demandas repetitivas, caso ultrapassado o dilema da questão de fato versus questão de direito. É tênue, muitas vezes, a diferença e a interpretação sobre o que é questão de fato e o que é questão de direito.

Sobre o assunto, vale transcrever as lições de Miguel Reale:

Tudo está em situar o assunto em dois momentos distintos. Para que haja questão de fato não é essencial que não se considerem problemas de direito, pois vimos que isto seria inviável. Questão de fato é atinente ao fato na sua existência (sobre se o fato F efetivamente se deu) e se o mesmo apresenta, à luz da prova produzida pelas partes, a configuração C, isto é, com tais ou quais elementos constitutivos. O reconhecimento de que o fato, que interessa ao Direito, não se explica segundo nexos causais não altera os dados do problema.

No fundo questão de fato equivale à questão atinente à prova do fato que se deu, nada havendo de estranhável que, para a sua determinação, o juiz efetue juízo de valor, em função das normas aplicáveis à espécie, pois o que ele qualifica é uma situação de fato irreversível. Em verdade, a questão de fato versa sobre o que já foi feito ou já ocorreu, e que, como tal, se acha circunscrito, definitivamente, no espaço e no tempo.

(...) A questão de direito, ou direito em tese, surge, propriamente, quando juízes diferentes, para resolver a mesma questão de fato, invocam normas jurídicas sobre cujo significado e alcance dão entendimentos diversos: a divergência não se desenvolve, pois no plano fático ou da prova, mas no plano da compreensão normativa, envolvendo pressupostos doutrinários e princípios.

(...) É claro que muitas vezes não é fácil, podendo mesmo ser extremamente difícil, extremar uma questão da outra. Em casos excepcionais, quando as questões de fato e de direito se acham estreita e essencialmente vinculadas, a tal ponto de uma exigir a outra, é sinal que existe algo a ser esclarecido em tese, sendo aconselhável o julgamento prévio do Tribunal (...).[21]

A diferenciação entre questão de fato e questão de direito, entretanto, é de fundamental relevância para a aplicação do incidente de demandas repetitivas, especialmente, no âmbito securitário, como se depreende dos exemplos acima formulados.

Ocorre que é incerta a forma como os nossos tribunais virão a tratar os requisitos do incidente de demandas repetitivas, dentre eles, a efetiva repetição de processos que contenham controvérsia sobre a mesma questão de direito.

A incerteza é fomentada por diversas situações já vivenciadas na atualidade. Uma delas é o caso das indenizações por danos morais. Em tese, a análise de tais indenizações seria inviável pelo Superior Tribunal de Justiça (STJ), porque esbarraria na Súmula 7, que veda a reanálise de matéria fática. Contudo, nesses casos, o STJ já relativizou a referida Súmula para enfrentar questões de redução ou majoração da indenização concedida a título de dano moral. A justificativa para tanto é que "o erro sobre critérios de apreciação da prova ou errada aplicação de regras de experiência são matérias de direito, e, portanto, não excluem a possibilidade de recurso especial".[22]

Com essa breve elucidação, o que se pretende demonstrar é que da mesma forma como a jurisprudência já relativizou um requisito de admissibilidade do recurso especial para os casos de dano moral, pode também entender que algumas questões de fato (que para o mercado de seguros parecem obviamente de fato, até pelas próprias características do contrato de seguro) sejam analisadas como se questões de direito fossem, o que poderia, a longo prazo, engessar certos tipos de contratação de seguro.

---

[21] REALE, Miguel. *Lições Preliminares de Direito*. 27ª ed.. São Paulo: Saraiva, 2002. p. 210-211.
[22] GRECO FILHO, Vicente. *Direito Processual Civil Brasileiro*. São Paulo: Saraiva, 2003. v. 3. p. 336.

Nesse contexto, reside o temor da inovação trazida pelo NCPC no tocante às demandas repetitivas atingir maleficamente o mercado segurador, a depender da forma como for manejada pelos interessados e admitida pelos magistrados.

Talvez temor semelhante tenha sido vivenciado quando da inovação trazida pelo artigo 285-A, do atual Código de Processo Civil, o qual prevê que "quando a matéria controvertida for unicamente de direito e no juízo já houver sido proferida sentença de total improcedência em outros casos idênticos, poderá ser dispensada a citação e proferida sentença, reproduzindo-se o teor da anteriormente prolatada".

Referido artigo foi e ainda é objeto de muito debate na doutrina, mas a aplicação prática do mesmo não chegou a impactar o mercado, mesmo porque, não há hoje segurança jurídica no tocante à forma como são decididos casos idênticos, simplesmente pelo fato de que não há, em linhas gerais, uma identidade de julgamento sequer por parte de juízes de uma mesma comarca.

A resposta para todas as indagações e o sedativo para o temor do presente virá somente quando for colocado em prática o incidente, oportunidade em que se travará uma saborosa disputa entre os princípios da razoável duração do processo, da celeridade processual, da economia processual, da eficiência jurisdicional e o direito de ação, na medida em que se, por um lado, a instauração do incidente privilegia aqueles princípios, por outro, poderá mitigar o próprio direito de ação.

Resta a certeza de que a consolidação de teses por meio de demandas repetitivas terá repercussão importante no mercado segurador especialmente no âmbito do denominado preventivo contencioso, uma vez que as seguradoras, ao tomarem conhecimento de precedentes relacionados a contrato de seguros, tendo em vista a frequente e majoritária regulação administrativa dos sinistros, deverão adotar a posição consolidada para pagar ou negar o pagamento de indenizações securitárias.

Certamente, guardadas as devidas proporções em torno da maneira em que será considerada, a força dos precedentes na formatação nova das demandas repetitivas deverá influenciar o corpo técnico e jurídico das seguradoras para liquidar os sinistros com base também em tais precedentes, tal como já ocorre na obediência às leis, portarias, circulares e resoluções emanadas dos órgãos de controle da atividade securitária no País.

Neste caso, ter-se-á a situação de um fato que é idêntico e que tem o condão de repercutir em várias demandas, mas a tese de direito ou a questão de direito (culpabilidade do agente ou cobertura contratada) servirá de paradigma para todas as ações em curso e, inclusive, aquelas que poderiam ser ajuizadas, haja a vista que um órgão jurisdicional já terá deliberado acerca da sedimentação em torno do ponto em comum as demandas e as potenciais demandas.

As demandas que envolvem as seguradoras do mercado, em sua ampla maioria, tratam de fato típico que resulta ou na liquidação do sinistro ocorrido com a resolução do contrato ou na negativa de cobertura por qualquer razão contratualmente estabelecida e, portanto, difícil a ocorrência de determinado julgamento tipicamente de matéria de direito que possa repercutir em mais de uma demanda individual proposta com características ou circunstâncias comuns em desfavor da seguradora.

A exceção fica por conta dos tribunais enfrentarem questões de fato como se de direito fossem, a exemplo dos casos elucidados anteriormente e de demandas envolvendo ocorrência com dano coletivo, que possam envolver o interesse de uma seguradora e acarretar a potencialidade de ajuizamento de demandas e, ainda, que não tenham tido solução em regulação administrativa. Veja que as alternativas vislumbradas para ser concebida a possibilidade de existência de demanda repetitiva, pressuposto indispensável para surgir à instauração do incidente, são várias e, portanto, a repercussão da inovação ainda é incerta quanto aos interesses do mercado segurador, enquanto parte litigante em processo judicial.

## 15. Considerações finais

Conforme divulgado no relatório "justiça em número",[23] com dados de 2013, há no Poder Judiciário Nacional aproximadamente 95,14 milhões de processos. Destes processos, 66,8 milhões já estavam acumulados de anos anteriores e somente no ano de 2013 foram apresentadas 28,3 milhões de ações novas.

Em sua grande maioria (41.4%), trata de ações do executivo fiscal e envolve tributos como o IPVA, IPTU ou ICMS entre outros.

Diante do elevado número de processos, não é difícil supor que exista elevado número de demandas repetitivas que possuam objetos idênticos ou semelhantes e que devem, para o bem do sistema e sua inteireza, ter um mesmo julgamento.

Assim sendo, a primeira conclusão que se pode ter acerca da inovação processual é a constatação de que o incidente deverá servir também para tornar mais célere a prestação jurisdicional, além dos outros aspectos relacionados à salutar uniformização da jurisprudência e a consequente segurança jurídica, consagrando, destarte, o princípio da razoável duração do processo, esculpido no artigo 5°, inciso LXXVIII, da Carta Magna.

Por outro lado, apesar de inspirado no sistema alemão, o incidente de demandas repetitivas previsto no PNCPC não abarcou o tratamento dado por aquele ordenamento, na medida em que optou por julgar somente questões de direito e não questões de fato.

A aplicação do direito no sistema atual privilegia a índole eminentemente declarativa e, embora a aplicação de princípios da equidade e do livre convencimento, na maioria das vezes, o Juiz declara um direito que já existe na aplicação da Lei ao caso concreto por meio da cognição das provas que lhe são submetidas. A tendência, diante da inovação, é fortalecer o sistema de julgamentos pela técni-

---

[23] Folha de São Paulo, Poder, 24.09.2014, p. A11

ca de aplicação de precedentes, rompendo a tradição do processo civil brasileiro, onde o precedente era muito mais usado como fundamento de sentenças ou de decisão do que propriamente a razão de decidir desta ou daquela forma.

A adoção do sistema de precedentes, com a efetiva possibilidade de suspensão das ações em curso visando à consolidação da interpretação do direito em torno de determinadas questões, é uma iniciativa a ser festejada, pois permite ao sistema consolidar as teses em torno de questões que terão julgamento de pronto, nos casos massificados, auxiliando o judiciário no congestionamento de demandas. Além disso, quebrará a tradição do ato de julgamento ao, expressamente, determinar a aplicação das teses firmadas nos incidentes aos processos de mesma natureza e de semelhante tese de direito.

Embora confiantes na qualidade dos magistrados brasileiros e dos demais operadores do direito, dada a experiência em torno de súmulas e até mesmo de textos expressos de leis, que são interpretados ao modo e entendimento dos juízes, sem a vinculação, a tendência da jurisprudência e até mesmo de súmulas de órgãos de hierarquia superior, certamente a maior dificuldade será de mudança de postura, na medida em que a demanda suspensa e considerada repetitiva deverá seguir a determinação decorrente do precedente.

Na verdade, com o incidente de demandas repetitivas ter-se-á a antecipação de determinada tendência a ser consolidada ou que se consolidou em torno de uma questão jurídica, além de permitir que o sistema seja visto de modo mais uniformizado na interpretação do direito, acarretando assim a diminuição dos custos do judiciário, seja pelo fato de as demandas eleitas permanecerem suspensas e não acarretando trabalho aos funcionários do Poder Judiciário, seja pela evidente diminuição de ajuizamento de novas demandas naqueles casos em que a questão seja resolvida contrariamente ao direito que possa vir a ser debatido.

Na atuação do mercado de seguros, o que se espera é que a repercussão não seja significativa, pois as controvérsias, na sua grande maioria, giram em torno de situações fáticas e não matérias de direito.

Por outro lado, é inegável o risco de questões fáticas serem tidas como questões de direito, considerando que muitas vezes a diferenciação entre elas é tênue e, em outras vezes, apesar de não ser tão tênue, as questões fáticas poderão vir a ser convenientemente tratadas como de direito, simplesmente para desafogar o judiciário, naquilo que entendem como matérias massificadas de seguros. É o caso de questões que envolvem o seguro obrigatório DPVAT, negativas em seguro-saúde, riscos comumente elencados como excluídos, necessidade de notificação do segurado em relação à mora para o cancelamento do seguro, dentre outros.

De qualquer forma, acredita-se que a nova sistemática deverá auxiliar o mercado segurador na atuação do seu contencioso preventivo, ao resolver e liquidar sinistros já com a visão em torno de precedentes decorrentes dos incidentes que já tenham sido julgados ou com o receio de que alguma questão possa vir a ser entendida como repetitiva e, portanto, com determinada posição que deve ser seguida pela seguradora até mesmo para não mais onerar seu patrimônio na constatação de ser inútil debater determinada questão de direito sedimentada em incidente de demanda repetitiva.

## Referências

ATAÍDE JR, Jaldemiro Rodrigues de. As Demandas de Massa e o Projeto de Novo Código de Processo Civil. In: *Novas Tendências do Processo Civil*. *Salvador:* JusPodivm, 2014.

BENETI, Sídnei Agostinho. *Da conduta do juiz*. 2ª ed. São Paulo: Saraiva, 2000.

CABRAL, Antonio do Passo. O novo procedimento-modelo (musterverfahren) Alemão: uma alternativa às ações coletivas. *RePro – Revista de Processo*, São Paulo: RT, v. 147, maio, 2007.

CUNHA, Leonardo José Carneiro da. O regime processual das causas repetitivas. *RePro Revista de Processo* nº 179. São Paulo: Editora RT, 2010.

DURÇO, Karol Araújo. SOUZA, Flávia Lovisi Procópio de. O Incidente de Demandas Repetitivas no Projeto de Novo Código de Processo Civil. In: *O Novo Processo Civil, do Colégio de Presidentes dos Institutos dos Advogados do Brasil*. Porto Alegre: Magister, 2012.

GRECO FILHO, Vicente. *Direito Processual Civil Brasileiro*. São Paulo: Saraiva, 2003. v. 3.

LÉVY, Daniel de Andrade. O incidente de resolução de demanda repetitiva no anteprojeto do Novo Código de Processo Civil – exame à luz da *Group Litigation Order* britânica. *Revista de Processo*, São Paulo: RT, nº 196, ano 36, jun., 2011.

FERRAZ JÚNIOR, Tércio Sampaio Ferraz Junior. Julgar ou Gerenciar. In: *Folha de São Paulo* de 29.09.2014 –Al3, sessão opinião.

SILVEIRA ROSA, Renato Xavier da. *Precedentes no Processo Civil Brasileiro*: valorização e efetividade. Dissertação de Mestrado. Faculdade de Direito, Universidade de São Paulo. São Paulo, 2013.

REALE, Miguel. *Lições Preliminares de Direito*. 27ª ed. São Paulo: Saraiva, 2002.

VERBIC, Francisco. El incidente de resolución de demandas repetitivas em El prueto de nuevo Código Procesal Civil. *Revista de Informação Legislativa*, Brasília: Senado Federal, v. 190 – tomo I, abril-junho, 2011.

VOLPE, Luiz Henrique Camargo. *O Incidente de Resolução de Demandas Repetitivas no Projeto de Novo CPC*; a comparação entre a versão do Senado Federal e a da Câmara dos Deputados, em Novas Tendências do Processo Civil. Salvador: Editora JusPodivm, 2014.

VIAFORE, Daniele. As semelhanças e as diferenças entre o procedimento – modelo alemão musterverfahren e a proposta de um "incidente de resolução de demandas repetitivas" no PL 8.046/2010. *Revista de Processo*, São Paulo: RT, nº 217, março, 2013.

II ENCONTRO DE JOVENS PROCESSUALISTAS – *RePro*, vol. 227, págs. 435-452, São Paulo: Ed. RT, 2014

III FÓRUM DE PROCESSUALISTAS CIVIS – *RePro nº 233*, p. 295-325, São Paulo: Ed. RT, 2014.

— XII —

# Regularização dos desmontes de veículos: análise dos benefícios para a sociedade e para o mercado securitário

**Eduardo Della Giustina Martins**

Advogado na área de Direito dos Seguros e Responsabilidade Civil. Pós-Graduado em Processo Civil pela Faculdade Anhaguera/RS. Pós-Graduado em Direito dos Seguros pela Fundação do Ministério Público. Membro da Comissão de Seguros e Previdência Complementar da OAB/RS e do GRT-RS (AIDA)

**Eduardo Rodrigues Silva**

Advogado na área de Direito dos Seguros. Pós-Graduado pela FGV no curso de MBA em gestão empresarial. Vice-Presidente da Comissão de Seguros e Previdência Complementar da OAB/RS. Membro do GRT-RS (AIDA)

*Sumário:* 1. Introdução; 2. Caráter inovador da Lei 12.977/2014; 3. Redução do número de furto/roubo; 4. Redução do número de acidentes de trânsito causados por peças inadequadas; 5. Implementação do seguro popular; 6. Conclusão – eficácia condicionada à fiscalização; 7. Referências.

## 1. Introdução

O contrato de seguro, considerando o aspecto formal, tem a função precípua de garantir interesse e, tecnicamente, de assumir o risco, transferindo-o de determinada pessoa para uma companhia de seguros.[1]

Mediante o mecanismo do seguro existe a possibilidade de se socializarem, racional e estatisticamente, os prejuízos sofridos por pessoas de uma determinada sociedade.[2]

---

[1] POLIDO, Walter A. *Contrato de Seguro: novos paradigmas*. São Paulo: Roncarati, 2010.

[2] RIBEIRO, Amadeu Carvalhaes. *Direito de Seguros: resseguro, seguro direto e distribuição de serviços*. São Paulo: Atlas, 2006.

Vivemos em uma sociedade de risco, onde cada vez mais se criam mecanismos para lesar o patrimônio alheio. Falando estritamente do bem "veículo automotor", existe uma série de danos que podem alterar as características desse bem gerando prejuízos. Citam-se especificamente o acidente de trânsito, o furto e o roubo.[3]

E, quando pensamos no viés securitário, evidente que todos esses fatores agravam o valor do prêmio pago pelo segurado, bem como reduzem o lucro esperado pelas companhias seguradoras.

Com o intuito de combater os aludidos prejuízos, as companhias criam mecanismos próprios para reduzir a incidência desses crimes, tais como a obrigação da utilização de rastreadores e a aplicação da cláusula perfil para saber onde o veículo trafega, quantos quilômetros anda por semana e onde fica estacionado com frequência.

Para os consumidores, por sua vez, a preocupação existe não só pela violência empregada nas situações acima narradas, mas também pelo fato de muitos estarem inviabilizados de contratar o seguro, justamente pela influência desses fatores que oneram o prêmio a ser pago.

Logo, o Estado, diante da responsabilidade de combater a criminalidade e de diminuir a ocorrência dos acidentes de trânsito, deve criar meios e normas para reduzir a incidência cada vez mais crescente desses três fatores.[4] Nesse sentido, a Lei nº.12.977, sancionada em maio de 2014, prevê uma série de benefícios e consequências positivas para a sociedade. A aludida norma terá vigência de um ano após a publicação, ou seja, a partir de 21 de maio de 2015.

O cerne do trabalho consiste em regularizar os populares "desmanches", os quais se caracterizam por empresas cuja atividade visa à aquisição de veículos automotores terrestres para fins de desmontagem, seguida da comercialização dos componentes como peças de reposição ou sucata.

A regularização dos desmontes tem como principal consequência a redução do número de roubo/furto de veículos, tendo em vista ser esta a maior fonte de destinação e descarte desses bens advindos de delitos. O objetivo é acabar com essa demanda por produtos criminosos, tendo o projeto caráter eminentemente preventivo.

Afora esse cerne, que já gerará impacto direto no mercado securitário, soma-se ainda a possibilidade de redução do número de acidentes causados pelo uso de peças inadequadas, além da criação do Seguro Popular de Automóveis com a utilização de peças usadas, quando previsto expressamente na apólice.

Nessa esteira, o presente artigo propõe analisar a supracitada Lei, destacando que, em havendo o funcionamento adequado dos mecanismos previstos, assim como a necessária e imprescindível fiscalização por parte do Poder Público, inú-

---

[3] SILVA, Emanuel Maciel da. *A responsabilidade civil por furto de veículos em estabelecimentos comerciais e similares no Brasil*. Rio de Janeiro: Editora Forense, 2007.
[4] PIMENTA, Melisa Cunha. *Seguro de Responsabilidade Civil*. São Paulo: Editora Atlas, 2010.

meros serão os benefícios para a sociedade, bem como para o mercado securitário: seguradoras e consumidores.

## 2. Caráter inovador da Lei 12.977/2014

A principal inovação da Lei 12.977/2014 está no fato de se tratar de mecanismo preventivo, ou seja, que visa a evitar crimes e o aumento de acidentes de trânsito, e não remediá-los, após já terem se perfectibilizados.

Em síntese, a aludida lei inova, ao tentar sanar a origem do problema, e não as consequências. Quanto aos crimes de furto e roubo, por exemplo, inúmeros serviços já haviam sido criados, tais como o "Alerta veículos" (RS) e o Sinarf (nacional), todavia todos foram no sentido de minimizar as consequências do crime já praticado e, de fato, surtiram efeitos positivos, como o aumento do número de veículos recuperados.

Entretanto, inúmeras sequelas permanecem na sociedade, na ocorrência do crime de furto/roubo ou de um acidente de trânsito, sendo necessário criar um mecanismo eminentemente preventivo, que trouxesse resultados imediatos para a sociedade.

Mas como essa lei poderá reduzir o número de furto/roubo e de acidentes de trânsito?

A resposta é simples: com o advento da lei, todas as peças constantes nos desmontes deverão ser catalogadas e demarcadas; inseridas em um sistema que será criado (Sistema Nacional de Controle de Desmanches e Revenda de Peças Usadas); e, caso destinadas para reposição, deverão receber certificação técnica após as devidas retificações.

A legislação vigente prevê a obrigatoriedade de demarcação nas peças constantes nos veículos em apenas quatro pontos, porém, para os desmontes, nunca existiu nenhum requisito que os obrigasse a identificar as demais peças, quando determinado veículo era adquirido para o desmonte, dificultando a diferenciação entre peças legalizadas e peças oriundas do crime.

Melhor dizendo, sob a égide da Lei 9.503/1997, o art. 114[5] exige a demarcação por caracteres gravados no chassi ou no monobloco, reproduzidos em outras partes, conforme dispuser o Conselho Nacional de Trânsito (Contran).

O Contran, por sua vez, dispõe, no art. 2º[6] da Resolução nº 24/98, a obrigatoriedade da gravação do número de identificação veicular (VIN), além do chassi e do

---

[5] Art. 114. O veículo será identificado obrigatoriamente por caracteres gravados no chassi ou no monobloco, reproduzidos em outras partes, conforme dispuser o Contran.

[6] Art. 2º A gravação do número de identificação veicular (VIN) no chassi ou monobloco, deverá ser feita, no mínimo, em um ponto de localização. § 1º Além da gravação no chassi ou monobloco, os veículos serão identificados: I – na coluna da porta dianteira lateral direita; II – no compartimento do motor; III – em um dos pára-brisas e em um dos vidros traseiros, quando existentes; IV – em pelo menos dois vidros de cada lado do veículo, quando existentes.

monobloco, apenas na coluna da porta dianteira lateral direita; no compartimento do motor; em um dos para-brisas e em um dos vidros traseiros, quando existentes; e, em pelo menos dois vidros de cada lado do veículo, também quando existentes.

Portanto, atualmente são quatro os locais obrigatórios para a identificação do veículo: chassi, motor, coluna dianteira direita e vidros.

Logo, a primeira e principal conclusão é que todas as demais peças constantes em um veículo não têm identificação, isto é, a maioria das peças que pertencem a um automóvel, após retiradas do veículo, perdem a referência de origem, passando a ser peças sem procedência.

A consequência lógica disso é que, atualmente, mesmo que localizadas e encontradas milhares de peças em desmanches, não é possível saber qual a origem delas e se advindas dos crimes de furto e roubo ou de veículos leiloados de maneira legalizada.

O resultado disso é que, mesmo que atualmente exista rigorosa fiscalização nos desmontes de automóveis, torna-se impossível saber se o estabelecimento atua como receptador de produtos oriundos do crime ou se está comercializando peças legalizadas, advinda de leilões ou venda direta.

A exceção, conforme relatado anteriormente, ocorre somente com as peças que já têm a identificação veicular obrigatória, sendo estas a minoria, quando analisamos veículos modernos, os quais detém uma infinidade de componentes e peças.

Sob a vigência da Lei 12.977/2014, os desmontes deverão seguir um procedimento padrão, no momento da aquisição de veículo automotor: (i) a empresa de desmontagem deverá emitir a nota fiscal de entrada do veículo no ato de ingresso nas dependências da empresa;[7] (ii) o veículo somente poderá ser desmontado depois de expedida a certidão de baixa do registro;[8] (iii) o veículo deverá ser totalmente desmontado ou receber modificações que o deixem totalmente sem condições de voltar a circular.[9]

Caso o veículo venha a ser desmontado, a empresa de desmontagem deverá registrar, no banco de dados relatado anteriormente, as peças ou os conjuntos de peças usadas que serão destinadas à reutilização, inserindo no banco de dados todas as informações cadastrais exigidas capazes de informar a origem e a procedência das aludidas peças.

Dessa forma, todas as peças existentes dentro de uma empresa de desmonte passarão a ter como requisito obrigatório a identificação em todos os componentes dos veículos que serão comercializados como peças de reposição.

---

[7] Art. 6º A empresa de desmontagem deverá emitir a nota fiscal de entrada do veículo no ato de ingresso nas dependências da empresa.

[8] Art. 7º O veículo somente poderá ser desmontado depois de expedida a certidão de baixa do registro, nos termos do art. 126 da Lei no 9.503, de 23 de setembro de 1997 – Código de Trânsito Brasileiro.

[9] Art. 8º O veículo deverá ser totalmente desmontado ou receber modificações que o deixem totalmente sem condições de voltar a circular no prazo de 10 (dez) dias úteis após o ingresso nas dependências da unidade de desmontagem ou, conforme o caso, após a baixa do registro.

É evidente que, com a simples medida proposta pela lei, a maior fonte de receptação dos crimes de furto e roubo de veículos será facilmente fiscalizada, sendo possível diferenciar os desmontes que funcionarão de forma regular e aqueles que atuam como receptadores.

Isso porque as peças que não tiverem demarcação e não estiverem inseridas no sistema que será criado, não possibilitando a identificação da procedência, isto é, de qual veículo era originária, serão automaticamente consideradas peças oriundas do crime.

Dessarte, sob o aspecto da redução do crime de furto e roubo, o mecanismo de coibição será simples: exigir a obrigatoriedade de demarcação e a informação de origem e procedência em todas as peças de reposição.

Além desse caráter social do ponto de vista da redução da ocorrência de crimes, ainda subsiste a preocupação quanto às peças que serão reinseridas no mercado, ou seja, que retornarão a circular em outros veículos.

Para tanto, as peças deverão seguir um padrão de certificação técnica a ser elaborado pelo Contran, poderão e deverão sofrer reparos, voltando a circular somente aquelas que mantiverem preservados todos os requisitos técnicos de segurança, sendo as demais destinadas à sucata, nos termos do art. 10 da referida lei.[10]

A conclusão lógica é que, além de facilitar a plena identificação dos receptadores, a lei também se preocupa com as peças que serão reinseridas no mercado, de modo a evitar futuros acidentes em detrimento da utilização de peças extraviadas ou sem a certificação devida.

Portanto, conclui-se que a o texto legal é simples e necessita de informações técnicas complementares, todavia tem grande potencial de estabilizar e, a médio ou longo prazo, reduzir os três fatores anteriormente citados, beneficiando a sociedade (consumidores) e as companhias seguradoras de forma direta.

### 3. Redução do número de furto/roubo

Com a determinação expressa da obrigatoriedade de demarcação e posterior inclusão no sistema, oportunidade em que haverá a identificação de toda e qualquer peça constante em um desmonte, é possível vislumbrar os benefícios que atingirão direto e quase imediatamente a sociedade.

---

[10] Art. 10. Somente poderão ser destinadas à reposição as peças ou conjunto de peças usadas que atendam as exigências técnicas necessárias para sua reutilização, nos termos das normas do Contran. § 1º As normas do Contran deverão prever, entre outros elementos: I – os requisitos de segurança; II – o rol de peças ou conjunto de peças que não poderão ser destinados à reposição; III – os parâmetros e os critérios para a verificação das condições da peça ou conjunto de peças usadas para fins de reutilização; e IV – a forma de rastreabilidade. § 2º As peças ou conjunto de peças que não atenderem o disposto neste artigo serão destinados a sucata ou terão outra destinação final definida no prazo máximo de 20 (vinte) dias úteis da desmontagem do veículo do qual procedam, observadas, no que couber, as disposições do art. 17 desta Lei. § 3º É permitida a realização de reparos ou de pintura para a adequação das peças às condições de reutilização. § 4º É vedada a comercialização de qualquer tipo de peça ou conjunto de peças novas pela empresa de desmontagem.

O primeiro deles é a redução drástica do número de furtos e roubos de veículos, sendo a ideia inicial frear o crescimento desses crimes ou ao menos estabilizar os números que assolam a sociedade.

Como parâmetro, cita-se que, em 2011, foram roubados/furtados no Brasil 400.376 veículos, número que subiu para 435.981 em 2012, demonstrando que, além de ser necessária medida preventiva, urge a implementação de solução imediata visando estagnar esse significativo crescimento.[11]

As principais fontes de veículos furtados/roubados se dividem basicamente em (i) automóveis levados para o exterior; (ii) veículos duplicados (remonte, adulteração, transplante e enxerto); e (iii) desmanches, respondendo esta última por quase 80% da destinação do produto criminoso.[12]

O fato é que, com a regularização dos desmontes e a necessidade de identificação das peças em mais componentes para posterior reposição, seguida da aquisição mediante a expedição de notas fiscais e o consequente cadastro no Sistema Nacional de Controle de Desmanches e Revenda de Peças Usadas, evidente que a maior fonte de receptação do crime será praticamente extinguida.

Conforme destacado em momento anterior, mais de 2/3 dos veículos furtados/roubados são destinados aos "desmanches" ilegais, justamente pela facilidade de se desfazer do bem, – o qual é rapidamente desmontado, e as peças são alienadas separadamente –, além de obter a imediata contraprestação.

Por conseguinte, em havendo a regularização das empresas de desmontes, o crime de furto/roubo de veículos diminuirá automaticamente, tendo em vista que será difícil se desfazer do bem e, não haverão compradores, pelo fato de os mesmos correrem sérios riscos de serem identificados como receptadores.

A lei interferirá no conhecido paradigma da demanda x oferta. A demanda sempre existirá, na medida em que o número de veículos cresce de forma permanente no Brasil, entretanto a oferta sofrerá queda imediata de mais de 2/3, desestimulando aqueles que atuam nessa área. Outro desestímulo se atribuiu à reforma no Código Penal, o qual passou a classificar como furto qualificado conduzir e transportar carro furtado, com pena de dois a oito anos.

Soma-se ao benefício da diminuição da violência empregada nos crimes de roubo o fato de que apenas 22% da frota de veículos no Brasil é segurada. Logo, além da violência, existe o prejuízo material e a perda da produtividade daqueles que dependem do veículo para o sustento próprio e da família.

Por derradeiro, a despeito do que ocorrera na Argentina ao implementar lei análoga, outros fatores também tiveram reflexos positivos, tais como a redução do número de homicídios, latrocínios – onde os crimes de roubo de veículos

---

[11] Disponível em http://www.cnseg.org.br/fenseg/estatisticas. Acesso em 15/10/25014.
[12] SILVA, Michael César. *Contrato de Seguro de Automóveis: releitura à luz da nova principiologia do Direito Contratual*. São Paulo: Editora Lumen Juris, 2011.

representam quase 50% da sua totalidade – e de danos corporais e psicológicos pela violência empregada nos crimes de roubo de veículos.

## 4. Redução do número de acidentes de trânsito causados por peças inadequadas

Ao final do ano de 2012, o Brasil tinha mais de 76 milhões de veículos circulando, dos quais apenas 22,1% tinham seguro. Isso significa que mais de 59 milhões de veículos trafegavam sem a proteção patrimonial direta e, o mais alarmante, sem nenhum resguardo contra terceiros.[13]

Atualmente, a frota brasileira já chega a mais de 80 milhões de veículos em circulação. Constatou-se também que nos veículos com até 1 ano de uso, 87,2% tinham contrato de seguro; o número despencava para menos de 30% para os veículos a partir de 4 anos de uso.

O que deve ser questionado é o fato de saber se quando esses veículos que não têm seguro ou são acometidos de pequenos danos se envolvem em sinistros ou necessitam de reparos, a quem os proprietários recorrem para trocar as peças inutilizadas ou danificadas?

Imperioso destacar que as peças automotivas sem uso, sejam elas genuínas, originais ou paralelas, são de alto valor e, evidentemente, inatingíveis para aqueles que não têm condições de contratar seguros.

Portanto, a resposta é óbvia: para os desmanches, que, atualmente, acabam por adquirir peças sem nenhuma garantia técnica ou legal. E qual a consequência direta disso? O aumento do número de acidentes.

Trata-se de um ciclo contínuo e perigoso para a sociedade.

Segundo dados do Observatório Nacional de Segurança Viária, a não manutenção do veículo e o problema em componentes é uma das principais causas de acidentes, sendo, inclusive, responsável pelo dobro de acidentes daqueles decorrentes de ultrapassagem proibida.[14]

Ademais, chama-se a atenção para o fato de que existe um alto custo para a sociedade em virtude de acidentes de trânsito. Apenas a título de curiosidade, destaca-se que o custo de evento com morte em rodovias custa R$ 566.617,00, ao passo que um mero acidente sem vítimas custa R$ 22.808,00.[15]

Mas em que a lei pode cooperar nesse sentido?

Conforme já exposto, as peças terão de estar em perfeitas condições para serem reinseridas no mercado como peças de reposição. Ademais, se necessário for,

---

[13] Disponível em http://www.cnseg.org.br/fenseg/estatisticas. Acesso em 25/09/25014.
[14] Disponível em http://www.onsv.org.br/categoria/dados-informacao. Acesso em 8/10/2014.
[15] *Impactos Sociais e Econômicos dos Acidentes de Trânsito nas Aglomerações Urbanas.* Brasília, 2008.

sofrerão reparos técnicos, estando todas elas certificadas que poderão reintegrar novo veículos com segurança.

Por corolário lógico, os veículos mais antigos e que não tenham seguro, circularão em melhores condições, evitando acidentes pela deterioração ou por problemas em componentes, na medida em que terão acesso a peças com custo acessível, além de certificadas com normas de segurança.

Resumindo, o mercado paralelo de peças será regularizado, e as peças passarão a ter a devida certificação técnica.

Logo, o benefício para sociedade consistirá na (i) diminuição da violência no trânsito e (ii) na consequente redução do número de vítimas fatais ou com lesões graves. Somando-se a isso, tem-se que ocorrerá a redução de custos para a sociedade, o qual girou em torno de 40 bilhões em 2012, envolvendo acidentes de trânsito.

Destarte, o Projeto também colaborará, de forma lenta e gradual, com a redução do número de acidentes de trânsito, agregando benefícios de cunho financeiro e principalmente social para a sociedade.

## 5. Implementação do seguro popular

Durante o presente parecer, destacou-se à exaustão o fato de que até o final de 2012 apenas 22,1% da frota nacional de veículos tinham seguro, e essa realidade pouco mudou nos dias de hoje.

O objetivo é chamar a atenção para o fato de que existe ainda quase ¾ de mercado de consumidores a serem atingidos, mas, principalmente, para os perigos que a população está correndo, tendo em vista que está exposta em um a cada cinco acidentes, por estar envolvendo veículos sem que haja a proteção econômica do seguro.

Isso significa que, em 4/5 dos acidentes, pessoas poderão perder a sua fonte de renda, caso seja o veículo utilizado para o trabalho. Isso se imaginarmos um acidente sem vítimas. Nos casos em que houver vítimas, além da perda de produtividade por causa dos veículos envolvidos no sinistro, ainda poderá existir a perda de produtividade por lesões, danos corporais e até mesmo psicológicos.

A pergunta que deve ser respondida é: quem arcará com esses custos nos 4/5 de acidentes que ocorrem no nosso dia a dia sem que exista a contratação de seguro?

Em parte, a sociedade, por meio de serviços públicos, tais como a SAMU, o SUS e o INSS. Todavia, na maior parte, destacando-se os danos de falta de produtividade para cidadãos informais ou até mesmo autônomos, danos à propriedade etc., a resposta é: ninguém, ou seja, os envolvidos no acidente não terão suporte algum.

Segundo dados do Conselho Nacional das Seguradoras, dos 40 bilhões de prejuízos advindos de acidentes de trânsito em 2014, 43% se deram pela perda de produção, e 30%, por danos à propriedade.[16]

Se vivêssemos em um país onde os trabalhadores, em sua maioria, estivessem albergados pelo sistema de previdência social ou até mesmo privada, o desastre não seria tão grande. Entretanto, essa não é nossa realidade.

O fato é que, com o aumento da frota segurada, esse prejuízo seria disseminado e teria cobertura pelas seguradoras, fazendo as vezes de garantidora econômica do segurado. Porém, conforme citado em momento anterior, com o envelhecimento do veículo, o percentual da frota segurada despenca drasticamente, e essa característica tem uma elucidação lógica.

A explicação está no fato de o seguro de carros mais antigos ter um custo elevado em relação à desvalorização do bem. Alinha-se a essa ideia a estatística fornecida pelo Conselho Nacional das Seguradoras, cujas pesquisas demonstram que para um veículo novo o preço do seguro é de cerca de 2% do bem, enquanto para os veículos com mais de cinco anos pode chegar a 20% do valor.

E isso ocorre porque, independentemente da idade do veículo, na ocorrência de um sinistro, as peças substituídas deverão ser sem uso, sejam elas originais, genuínas ou paralelas. Por mais que não exista essa obrigação por parte do órgão regulador, salta aos olhos que a seguradora estaria assumindo um risco inestimável em utilizar peças usadas, na medida em que estaria fazendo o uso de peças que não teriam certificação técnica advinda dos órgãos competentes.

Para duplicar a frota segurada em poucos anos, a Lei 12.977/2014 se mostra deveras eficaz. Isso porque, com a regularização dos desmontes, ocorrerá um forte aquecimento do mercado de peças usadas, também denominado de mercado paralelo. Mas o mais importante não é apenas o aquecimento desse mercado, mas, sim, o fato de que o mesmo passará a ter peças legalizadas e com certificado de segurança, facilitando o uso por parte das seguradoras.

Frise-se que algumas seguradoras, visualizando esse nicho de mercado, inclusive já criaram desmontes e oficinas internas, para reaproveitar as peças oriundas de veículos sinistrados e, posteriormente, incluí-las nos veículos que serão albergados pelo Seguro Popular, quando será possível a utilização de peças usadas para o conserto.

Ademais, a Superintendência de Seguros Privados (Susep) passou a incentivar, antes mesmo da aprovação do Projeto, o uso dessas peças advindas desse novo mercado paralelo que emergirá para que o Seguro Popular engrene e aumente a frota segurada de veículos no Brasil.

O Seguro Popular terá as coberturas já existentes para o casco do veículo e para terceiros. A novidade residirá na possibilidade de utilização de peças usadas no veículo segurado. A contraprestação será de prêmios até 30% mais baixo do

---

[16] Disponível em http://www.cnseg.org.br/cnseg/estatisticas/mercado. Acesso em 12/9/2014.

que o mercado que utiliza peças sem uso, além da redução gradual que se espera em face da redução do crime de furto/roubo e acidentes de trânsito.

Por todo o exposto, conclui-se que a Lei 12.977/2014 trará mais esse benefício para a sociedade, garantindo o reembolso de mais perdas econômicas e o aumento da frota segurada no país.

## 6. Conclusão – eficácia condicionada à fiscalização

Na presente exposição, destacou-se a importância da Lei 12.977/2014, bem como os diversos benefícios que resultarão para a sociedade.

Entretanto, todas essas benesses estão condicionadas à efetiva fiscalização a ser realizada pelo Poder Público. Somente com a criação do Sistema Nacional de Controle de Desmanches e Revenda de Peças Usadas e a respectiva fiscalização do cadastro de notas fiscais e peças, é que os desmontes cadastrados e cometedores de crimes de receptação poderão ser identificados.

Destaca-se que a aludida lei detém diversas especificações quanto à forma de fiscalização por parte do Poder Público, e isso deverá ocorrer *in loco* e será de responsabilidade do órgão executivo de trânsito, devendo acontecer de forma periódica e independente de comunicação prévia.[17]

Ademais, existem severas punições na lei ora abordada, desde a aplicação de multas pecuniárias, passando pela suspensão da atividade e chegando até a interdição e a cassação do direito de atuar como empresa de desmonte.

Diante de todo o exposto, tem-se que, em havendo a devida fiscalização e as consequentes punições, todos os benefícios diretos e praticamente imediatos acima citados serão proporcionados à sociedade e atingirão também os consumidores, bem como as companhias seguradoras.

## 7. Referências

BRASIL. *Impactos Sociais e Econômicos dos Acidentes de Trânsito nas Aglomerações Urbanas*. Brasília, 2008.

CARLINI, Angélica. *Seguros e Resseguros* – Aspectos Técnicos, Jurídicos e Econômicos. São Paulo: Editora Saraiva, 2010.

PIMENTA, Melisa Cunha. *Seguro de Responsabilidade Civil*. São Paulo: Editora Atlas, 2010.

POLIDO, Walter A. *Contrato de Seguro*: novos paradigmas. São Paulo: Editora Roncarati, 2010.

---

[17] Art. 4º O funcionamento e o registro de que trata o art. 3º estão condicionados à comprovação pela empresa de desmontagem dos seguintes requisitos: § 6º É obrigatória a fiscalização in loco pelo órgão executivo de trânsito do Estado ou do Distrito Federal antes da concessão, da complementação ou da renovação do registro, assim como a realização de fiscalizações periódicas, independentemente de comunicação prévia. § 7º Na fiscalização in loco, o órgão executivo de trânsito do Estado ou do Distrito Federal deverá aferir, entre outros elementos, a conformidade da estrutura e das atividades de cada oficina de desmontagem com as normas do Contran.

RIBEIRO, Amadeu Carvalhaes. *Direito de Seguros*: resseguro, seguro direto e distribuição de serviços. São Paulo: Editora Atlas, 2006.

SILVA, Emanuel Maciel da. *A responsabilidade civil por furto de veículos em estabelecimentos comerciais e similares no Brasil*. Rio de Janeiro: Forense, 2007.

SILVA, Michael César. *Contrato de Seguro de Automóveis*: releitura à luz da nova principiologia do Direito Contratual. São Paulo: Lumen Juris, 2011.

*Impressão:*
Evangraf
Rua Waldomiro Schapke, 77 - POA/RS
Fone: (51) 3336.2466 - (51) 3336.0422
E-mail: evangraf.adm@terra.com.br